Die Seele der Dinge

Herausgegeben im Auftrag
des Internationalen Auschwitz Komitees, Berlin,
und der Gedenkstätte Deutscher Widerstand, Berlin

Éva Fahidi

Die Seele der Dinge

Aus dem Ungarischen von Doris Fischer

Lukas Verlag

Inhalt

Danksagung 7

Die Seele der Dinge 11

Vorwort 15

Die dreiundzwanzigste Stunde. Wer erinnert sich außer mir? 21

Die Fahídys/Fahidis – meine Familie väterlicherseits 31

Meine Großeltern mütterlicherseits, Alfréd Weisz und Ernesztína Gross 45

Mein Vater Dezső Fahidi 63

Irma Weisz, meine Mutter 77

Die »wahre Geschichte« meiner Geburt 97

Die Ballade von Alfréd Weisz 113

Asteria 121

Der sträfliche Optimismus 129

Ein verschlüsselter Schmerzensschrei 147

Ein Viehwaggon – 100 Jungochsen 151

Wo bin ich? 167

Who is who? 175

Meine Scheune 209

Die unvergessliche Begegnungswoche 233

Liste der am 13. August 1944 von Auschwitz nach Allendorf verschleppten eintausend Frauen 241

Danksagung

1990 luden der Magistrat von Stadtallendorf und Bürgermeister Manfred Vollmer tausend ehemalige Zwangsarbeiterinnen zu einer Zusammenkunft ein. Sie stand unter dem Motto: »Das Geheimnis der Versöhnung heißt Erinnerung«. Es waren jene tausend ungarischen Frauen, die im Lager Münchmühle, einem Außenlager des Konzentrationslagers Buchenwald nahe dem damaligen kaum tausendfünfhundert Einwohner zählenden Ort Allendorf, gehaust hatten und in den Munitionsfabriken verborgen im Wald Sklavenarbeit verrichten mussten. Zu ihnen hatte auch ich gehört. Nach dieser für uns unvergesslichen Woche, in der uns Menschen um Verzeihung baten, die damals mehrheitlich nicht einmal in Allendorf gelebt hatten oder noch gar nicht auf der Welt gewesen waren, wurde dort ein Dokumentations- und Informationszentrum geschaffen. Wir ehemaligen Häftlinge betrachten es als »unser Museum« und überließen ihm gerne alle Gegenstände, die uns vom Holocaust geblieben waren.

Der Direktor »unseres Museums«, Fritz Brinkmann-Frisch, bat mich schon damals, meine Erinnerungen aufzuschreiben. »Ich kann es nicht, es ist noch zu nah«, war meine Antwort, als alles fünfundvierzig Jahre zurücklag. Ich werde niemals das Gefühl haben, die beiden Lager, Auschwitz-Birkenau und Allendorf, verlassen zu können. Wer in Auschwitz-Birkenau gewesen ist, weiß, dass er sich nie davon befreien kann, auch wenn er vielleicht sein ganzes Leben lang nicht darüber spricht. Auschwitz-Birkenau steckt das ganze Leben lang in seinen Knochen, jeden Tag, wenn er morgens aufsteht oder sich abends zum Schlafen niederlegt, ob er daran denken will oder nicht. Nach einem neunundfünfzig Jahre andauernden Schweigen habe ich es schließlich über mich gebracht, meine Erinnerungen auf Deutsch niederzuschreiben. Die erste Fassung war viel kürzer als diese und wurde 2004 vom Magistrat der Stadt Stadtallendorf in einem schmalen Bändchen veröffentlicht.

Ich hatte nie die Absicht, es auch auf Ungarisch zu tun. Dass ich mich dennoch dazu entschloss und nun einen viel umfassenderen Bericht schrieb, ist dem sanften, aber hartnäckigen Drängen meines ungarischen Verlegers Péter Guti von Tudomány Kiadó, Budapest, zu verdanken. Damit mein Buch *Anima Rerum. A Dolgok Lelke* wunderschön wurde, hat er nicht nur alles für ein ansprechendes Äußeres getan – vom schönen Cover bis zum ästhetischen Drucktypus –, sondern auch sein Herz und seine Seele hineingelegt. 2005 konnte es erstmals erscheinen.

Am 27. März 2004 versammelten sich die Einwohner von Stadtallendorf im großen Saal der neuen Stadthalle. »Wer kann sich noch erinnern, was er am 27. März 1945 genau zu dieser Tageszeit getan hat?«, fragte ich die Anwesenden. Es war kaum jemand da, der damals schon erwachsen gewesen wäre und sich nach beinahe sechzig Jahren noch daran hätte erinnern können. Ich erinnerte mich aber umso mehr, denn damals verließen wir »unser« Lager, wir »evakuierten« die Münchmühle, es war nur noch ein halber Schritt bis zur Befreiung.

Am 27. März 2004 erlebte ich zum ersten Mal, dass mir Menschen zuhörten, wenn ich vom Holocaust sprach. Ich hege die Hoffnung, dass sich von denen, die mir im Laufe der Jahre zugehört haben, der eine oder andere auch noch am nächsten Tag an meine Worte erinnert. An die Jugend gerichtet sagte ich damals, ein großes Übel der Welt sei die Unwissenheit. Wer keine Kenntnisse und keine Werte hat, den kann man alles mögliche glauben machen, denn er weiß nicht, was die Wahrheit ist, er kennt die Fakten nicht. Und an alle gerichtet fuhr ich fort, es bedürfe großer Lebenserfahrung, um zu begreifen, dass der Hass ein ganz abscheuliches Gefühl ist und Menschen aus Angst hassen. Wer seine Angst hinter sich lassen kann, muss nicht mehr hassen.

Mein damaliger erster Moderator in Stadtallendorf war Götz Aly. Ich danke ihm nicht nur für diesen Abend, an dem er für mein kleines Büchlein lobende Worte fand, sondern auch für sein Buch »Das letzte Kapitel«. Niemand außer ihm hat den Holocaust in Ungarn so genau beschrieben. Eigentlich hätte dieses Buch aus der Feder eines ungarischen Historikers stammen müssen.

Einer meiner größten Wünsche war es, meine Erinnerungen auch in Deutschland für deutsche Leserinnen und Leser zugänglich zu machen, auch wenn mein Buch nur eines unter unendlich vielen mit einer ähnlichen Thematik sein würde. Die Affinität meiner Familie zur deutschen Sprache, ihre Verehrung der deutschen Klassiker, hauptsächlich der Musik und Literatur, die Tatsache, dass ich mit drei Sprachen, Ungarisch, Slowakisch und eben auch Deutsch, aufgewachsen bin, machen diesen Wunsch verständlich. Glückliche Umstände brachten es mit sich, dass Christoph Heubner, Vize-Präsident des Internationalen Auschwitz Komitees, Berlin, und Johannes Tuchel, Leiter der Gedenkstätte Deutscher Widerstand, Berlin, mich in meinem Wunsch materiell und moralisch unterstützten. Ich möchte beiden und den Institutionen, die sie vertreten, meinen großen Dank dafür aussprechen, das Erscheinen der deutschsprachigen Ausgabe ermöglicht und finanziell gefördert zu haben. Zu besonderem Dank bin ich Ute Stiepani, der Stellvertretenden Leiterin der Gedenkstätte Deutscher Widerstand, verpflichtet. Sie hat sich um alles gekümmert, was mit dem Erscheinen des Buches zusammenhängt, die Redaktion des deutschen Textes übernommen, außerdem zahlreiche nützliche Ratschläge gegeben und mir darüber hinaus ihre Freundschaft geschenkt. Einen großen Dank schulde ich meiner Übersetzerin Doris Fischer, der es gelungen ist, die Stimmung des ungarischen Textes in jeder Nuance adäquat wiederzugeben.

Auch am Ende seines Lebens hat der Mensch das Bedürfnis, sich in dem Glauben zu wiegen, etwas Sinnvolles und Wichtiges zu tun. Allen, die geholfen haben und weiterhin helfen, dass das Buch in seiner jetzigen Form erscheinen kann, spreche ich meine Dankbarkeit aus, besonders Susanne Goldstein vom Internationalen Auschwitz Komitee und dem Verleger Frank Böttcher vom Lukas Verlag für Kunst- und Geistesgeschichte Berlin, der das seine dazu getan hat, dass mein Buch jetzt auch in einer deutschen Ausgabe vorliegt.

Von denjenigen, die mein Buch lesen, wünsche ich mir, dass sie darüber nachdenken mögen.

Budapest *Éva Fahidi*

Megéltem a legtöbbet és a legnagyszerűbbet, az emberi sorsot. Más és jobb nem is történhetett velem.

Ich habe das Höchste und das Großartigste erlebt, das menschliche Schicksal. Etwas anderes und besseres hätte mir gar nicht widerfahren können.

Sándor Márai: Kräuterbuch – Kapitel aus drei Leben

Die Seele der Dinge

Wer von Euch kann sich vorstellen, niemanden und nichts, rein gar nichts zu haben?

Ihr steht auf dem Appellplatz, splitternackt. Es gibt nichts, auf der ganzen Welt nichts, das Euch gehören würde. Was gehört einem Menschen überhaupt, was macht den Menschen aus? Die Ausstrahlung seiner Persönlichkeit, sein im Unbewussten verankerter moralischer Halt? In diesem Augenblick gibt es nur die Hoffnung, dass das, was ist, schnell vorbeigehen möge. Es kommt nur darauf an, noch fünf Schlucke von der Plörre zu bekommen und dann zur richtigen Seite selektiert zu werden.

So erging es mir.

Und neunzehn Monate später kehrte ich auf einmal wieder zurück. In die Stadt, aus der man mich verschleppt hatte, in das Haus, in dem ich geboren wurde, in das Haus meines Vaters und meiner Mutter, also mein eigenes Haus. Ich werde aus meinem eigenen Haus hinausgeworfen. Darin wohnen jetzt fremde Familien. Von dem, was ich gewesen bin, ist nichts übriggeblieben, nur die Erinnerung.

Ich läute an der Haustür unseres ehemaligen Gärtners. Alle laufen schnell zusammen. Die Frau umarmt mich weinend und trocknet sich die Augen in der Schürze. »Wo sind die anderen?«, fragt sie. Ihre kleine Tochter, die so alt ist wie meine jüngere Schwester, hat immer deren Kleider geerbt. Sie bringt ein paar Leibchen meiner kleinen Schwester und ein Nachthemd. »Wenn vielleicht Gilike auch wieder kommt, vielleicht passen ihr die Sachen noch …«

Dann taucht eine liebe Dienstmagd auf, die vom Gehöft mit in unser Haus nach Debrecen gekommen war und der wir zu ihrer Hochzeit Holz für die Wohnzimmermöbel geschenkt hatten. Auch sie umarmt mich weinend. Sie bringt das Kochbuch, das sie eigenhändig bei uns geschrieben hat. Es enthält Randbemerkungen wie: »Im Rezept stehen 20 dkg Zucker, aber wir nehmen nur 10 dkg.« »Wir«, weil auch sie das Gefühl hatte, zu uns zu gehören.

Nachbarn kommen mit Fotografien …

Ich forsche nach all dem, was meine Erinnerungen greifbar machen und bestätigen kann. Belege für meine mir schon unwirklich erscheinende, unwiederbringliche Kindheit, die dem Leben vor Auschwitz-Birkenau angehört, das sich in Luft aufgelöst hat. Das vielleicht nie wirklich mein eigenes gewesen ist?

Und so sammeln sich Gegenstände. Gegenstände, die Zeugnis ablegen von einer verlorenen Vergangenheit. Gegenstände, die eine Seele haben, die zu mir sprechen. Die »wahre« Geschichten erzählen.

Sie sind von unermesslichem Wert. Irgendwann haben mein Vater, meine Mutter und meine kleine Schwester sie berührt.

Die Silberhochzeit meiner Großeltern mütterlicherseits 1929 in Ógyalla (heute Hurbanovo in der Slowakei, damals Tschechoslowakei).
Im Vordergrund in der Mitte meine Großeltern Alfréd Weisz und Ernesztína Gross. Vorne links meine Eltern Irma Weisz und Dezső Fahidi. Vorne rechts meine Tante Hédi Weisz und ihr Mann Dr. Géza Weil. Hinten die unverheirateten Kinder meiner Großeltern: Pál, Miklós, Natália, Imre und Sándor Weisz. Ganz vorne auf dem Boden sitzend ich selbst im Alter von vier Jahren und Gerti Weil im Alter von anderthalb Jahren.
Foto: Privatbesitz

Éva Fahidi im Sommer 2022
Foto: Peter Guti

Vorwort

Der Magistrat von Stadtallendorf machte im Jahr 1989 die ehemaligen Zwangsarbeiterinnen und Zwangsarbeiter der Sprengstoffwerke im Herrenwald bei Allendorf ausfindig. Sie waren während des Zweiten Weltkriegs als Häftlinge dorthin verschleppt worden. Bei diesen Sprengstoffbetrieben handelte es sich um eine der größten Anlagen dieser Art im »Dritten Reich«. Tausende von Häftlingen und Kriegsgefangenen wurden hier unter menschenunwürdigen Bedingungen zur Zwangsarbeit für die nationalsozialistische Rüstungsindustrie gezwungen.

In Deutschland haben die nach dem Krieg geborenen Generationen damit begonnen, das aufzuarbeiten, was ihre Eltern und Großeltern als Anhänger und Komplizen oder auch nur als Zeugen der Nationalsozialisten vor ihnen zu verheimlichen suchten. In Stadtallendorf – aus Allendorf war nach dem Krieg Stadtallendorf geworden – verendeten in den Sechzigerjahren des vorigen Jahrhunderts auf mysteriöse Weise die Kühe auf den Feldern. Als man der Sache nachging, stellte sich heraus, dass das Gras auf den Weiden giftig war. Schließlich fand man die Ursache: Rückstände der Chemikalie Trinitrotoluol, die der ehemalige Rüstungsbetrieb dort im Freien gelagert hatte. Es waren Schulkinder, die nicht nur die Unterlagen über diese Rüstungsfabrik erforschten, sondern auch Belege dafür fanden, dass Tausende von Zwangsarbeiterinnen und Zwangsarbeitern dort in der Fabrik gearbeitet und in Lagern gehaust hatten.

Im Jahr 1990 lud der Magistrat uns ehemalige Häftlinge zu einer Begegnungswoche nach Stadtallendorf ein und bat uns um Vergebung. Als wir vom August 1944 bis zum März 1945 als Zwangsarbeiterinnen dort gewesen waren, hatte Allendorf gerade einmal tausendfünfhundert Einwohner und nicht wie das heutige Stadtallendorf etwa zweiundzwanzigtausend. Diejenigen, die uns einluden, waren zum größten Teil Zugewanderte, sie oder ihre Familien hatten persönlich gar nichts mit uns zu tun. Wir konnten gar nicht fassen, wie

Deutschland sich verändert hatte. Während der Begegnungswoche wurden wir unglaublich verwöhnt, junge Freiwillige kümmerten sich um uns, sie begleiteten uns zur ehemaligen Fabrik und zum Schauplatz des ehemaligen Lagers. Prominente Vertreter der Stadt, des Landes und verschiedener gesellschaftlicher Gruppen hielten Ansprachen und baten um Verzeihung. Die Schulkinder hatten uns zu Ehren ein Programm organisiert. Diese Woche werden wir nie vergessen.

Der Kontrast zu Ungarn, wo es sich nicht ziemte, über die Deportationen zu sprechen, wurde noch deutlicher. Dort handelte man gemäß dem Sprichwort: Im Haus des Henkers spricht man nicht vom Strick.

Zwei Jahre nach der Begegnungswoche wurde in Stadtallendorf ein Dokumentations- und Informationszentrum eröffnet. Hier sind jetzt Dokumente und Gegenstände ausgestellt, die an »unser« Lager und an die Fabrik erinnern, »Reliquien«, die wir, die ehemaligen Häftlinge, aufbewahrt hatten: ein Kleidungsstück, ein Bezugsschein für Milch, ein Personalausweis, ein Foto. Wir haben dem Zentrum alles gegeben, denn wir hatten das Gefühl, dort gehört es hin. Untereinander nennen wir Häftlinge es auch »unser Museum«. Denn in ihm wird die Erinnerung an unser Leid bewahrt und wachgehalten. Aus ganz Deutschland kommen Schülerinnen und Schüler, Soldaten, Feuerwehrleute, Menschen aus allen Gesellschaftsschichten nach Stadtallendorf, um es anzuschauen. »Unser Museum« ist lebendig, jedes Jahr kommen viele Besucherinnen und Besucher. Der Direktor schickt uns jährlich einen Rechenschaftsbericht über die Aktivitäten des Informationszentrums.

Nur der Ordnung halber erwähne ich hier Folgendes, und ich versuche, mich dabei emotionslos auf die nüchternen Fakten zu beschränken: Es hat neunundfünfzig Jahre gedauert, bis endlich ein ungarischer Ministerpräsident aussprach, dass es Ungarn waren, die den Holocaust ihrer fast sechshunderttausend jüdischen Mitbürgerinnen und Mitbürger organisiert haben. Genau so viel Zeit musste vergehen, bis in Ungarn ein Holocaust Gedenkzentrum eingerichtet wurde. Das erübrigt jeden Kommentar.

Der Direktor des Dokumentationszentrums von Stadtallendorf bat mich schon in den Neunzigerjahren des vorigen Jahrhunderts, meine Erinnerungen aufzuschreiben. 2004 gab ich dem Drängen nach und schrieb einen kurzen Text in deutscher Sprache mit dem Titel: »Anima Rerum. Meine Münchmühle in Allendorf.« Ich hatte eigentlich gedacht: »Was zum Teufel soll das nach so langer Zeit, wo doch die Regale in den Bibliotheken voll stehen mit Holocaustliteratur?« Zu meiner größten Überraschung war das Büchlein schon nach kurzer Zeit vergriffen. Ich habe mehrfach in Deutschland daraus vorgelesen. Bei einer Lesung auf einer Pressekonferenz in Berlin wurden sechs meiner Büchlein gestohlen. Das betrachte ich als einen meiner größten Erfolge und bin sehr stolz darauf.

Meine Familie und meine Freunde haben mich gedrängt, meine Erinnerungen auch auf Ungarisch festzuhalten. Die ungarische Fassung dieses Buches war das Resultat. Ich betrachte mich deswegen nicht als Schriftstellerin, aber ich möchte auf meine Weise dazu beitragen, dass unsere Geschichte nicht in Vergessenheit gerät.

Wenn man alt ist, denkt man gern an seine Jugend zurück, an die Zeit, als man noch im Besitz all seiner Kräfte und Fähigkeiten war, als man Eltern hatte, denen man wichtig war und die für einen sorgten.

Trotz allem, was das Leben mir zugefügt hat, fühle ich mich als vom Schicksal begünstigt, denn achtzehneinhalb Jahre lang hatte ich ein Zuhause, Vater und Mutter, eine Schwester und Großeltern, beinahe zwanzig Cousins und Cousinen, zahlreiche Verwandte. Mein Leben war aufregend und ereignisreich, voll Musik und Literatur, Sport und Bewegung. Ich habe in der Stadt und auf dem Gehöft in der Puszta am Moor gelebt, umgeben von vielen Haus- und wild lebenden Tieren. Unzählbar viele Menschen haben mich liebevoll behandelt. Damals war das für mich selbstverständlich.

In der Morgendämmerung des 1. Juli 1944 auf der Rampe von Auschwitz-Birkenau war meine Jugend vorbei. Alles wurde mit einer Handbewegung zunichtegemacht, mit der Handbewegung, durch die Mengele mich auf die eine, meine Eltern und meine Schwester auf die andere Seite schickte.

In meiner Kindheit gab es in meiner Umgebung viele Menschen, die vom Leben und vom Ersten Weltkrieg gezeichnet waren. Sie haben immer viel erzählt – mein Großvater mütterlicherseits, meine Onkel und die Knechte auf dem Gehöft. Das Erlebte hatte sich im Laufe der Zeit durch den Vorgang des Erzählens verändert, und ich beobachtete, dass die Geschichten eine bestimmte Form, fast den Charakter eines Märchens annahmen, immer abgerundeter klangen und stets in der Lobpreisung ihres eigenen Heldentums mündeten, wenn von ihnen persönlich die Rede war und über die Schauplätze des Ersten Weltkrieges gesprochen wurde. Dadurch bin ich gegenüber stereotypen Geschichten misstrauisch geworden.

Wenn man alt ist, schaut man in etwa so auf das Leben wie ein Wanderer vom Berggipfel auf die Landschaft unter sich. Man sieht alles gleichzeitig, die Nähe und die Ferne. Und weil man alles gleichzeitig sieht, sind die Zeitschichten im Gedächtnis nicht chronologisch geordnet, sie fließen vielmehr ineinander, und so kann man in der Erinnerung an mehreren Orten gleichzeitig sein.

Die Erinnerung an meine behütete Kindheit hat mich mein ganzes Leben lang begleitet. Worte zu finden, die diese Kindheit begreifbar und die Atmosphäre, in der ich groß wurde, spürbar machen, fällt mir schwer. In der Tiefe meiner Seele klammere ich mich an diese achtzehneinhalb Jahre. Die damals erfahrene menschliche Wärme hat mir Kraft gegeben, und sie wird wohl noch ausreichen, solange es nötig ist.

Auschwitz-Birkenau am 1. Juli 2003
Foto: Privatbesitz

Die dreiundzwanzigste Stunde. Wer erinnert sich außer mir?

Wer Auschwitz-Birkenau überlebt hat, hat zwei Leben. Ein Leben vor Auschwitz und ein Leben nach Auschwitz.

In dem Leben danach ist Auschwitz-Birkenau immer gegenwärtig. Unabhängig davon, wie lange es währt, unabhängig davon, ob man es aus dem Bewusstsein verdrängt, ob man darüber sprechen oder schweigen will. Auschwitz-Birkenau ist immer da, in jedem Augenblick, tief innen, im Körper und in der Seele.

Nach jahrzehntelangem Bangen und Zaudern beschloss ich endlich, freiwillig nach Auschwitz zu fahren. Am 1. Juli 2003, also genau neunundfünfzig Jahre, nachdem ich mit meiner Familie am 1. Juli 1944 früh am Morgen die Rampe betreten hatte, traf ich in Auschwitz-Birkenau ein. Ich wollte mich allein alldem noch einmal aussetzen, woran ich mich erinnerte. Ich könnte auch sagen, ich ging nach Hause. So wie die Menschen einiger Nomadenstämme die Knochen ihrer Ahnen mit sich schleppen, wenn sie weiterziehen, weil sie sich nur dort zu Hause fühlen, wo sich die irdischen Überreste ihrer Vorfahren befinden. Wenn man dort seine Wurzeln hat, wo Eltern, Großeltern und Verwandte begraben sind, dürfte ich Birkenau nie verlassen haben. Nicht nur die Asche meiner engsten Familienangehörigen wurde dort in den Sumpf geschüttet. Wenn ich die weiteren Mitglieder meiner Familie zusammenzähle, komme ich auf beinahe fünfzig Personen. Schon oft kam mir der Gedanke, dass ich sie im Stich gelassen habe. Mein richtiger Platz wäre dort bei ihnen, bei ihrer Asche im Birkenauer Sumpf.

Ich hatte Angst vor dieser Begegnung.

Vor der Begegnung mit der mir so gut bekannten Landschaft, mit dem übelriechenden Sumpf, den vielen Baracken, dem elektrischen Stacheldrahtzaun und den Wachtürmen, die das ganze Lager umgaben und von denen aus wir ständig bewacht wurden.

Ich hatte Angst, alles wieder durchleben zu müssen, das Eingepferchtsein, die Demütigung, die Unbarmherzigkeit, das Gebrüll, Dreck und Gestank, Hunger und Durst. Angst davor, das entsetzliche Gefühl der Unsicherheit, der Willkür, der Orientierungslosigkeit, alles das, was Birkenau für mich bedeutete, wiedererleben zu müssen.

Die Begegnung war erschütternd. Aber auf eine andere Art, als ich erwartet hatte.

Was ich sah, berührte mich nicht.

Auschwitz war zur Touristenattraktion geworden. Das wahre Auschwitz kam nicht zum Vorschein.

Birkenau empfing mich mit einer klaren, reinen Luft, mit einem lauen, leichten Wind. Die Landschaft war mir vollkommen fremd geworden. Die frische, mit dichtem grünem Gras bewachsene Wiese vermittelte ein angenehmes Gefühl von Ruhe. Wiesenblumen lachten mich an. Überall herrschten Frieden und Schönheit. Meine Augen suchten eine Schafherde, einen Hirten mit seiner Flöte, sie hätten in das idyllische Bild gepasst. Stattdessen fanden sie einen bizarren Wald von Schornsteinen, Überreste der Heizung, deren Rohre an den Baracken entlangliefen und in diese Schornsteine mündeten.

Wo war die Lagerstraße? Wo war der Appellplatz?

Am Rande dieser Landschaft, exakt angeordnet wie in einem Barockgarten, standen die Ruinen der gesprengten Krematorien.

Hier bin ich nie in meinem Leben gewesen.

Und doch habe ich hier die erschütterndsten Dinge erlebt, Dinge, die fortan mein Leben prägten und die mich zeitlebens wie ein Alpdruck belasten sollten. Was kann dieser Ort, der mir jetzt nichts sagt und der nichts wiedergibt von dem, was damals war, dann einem Außenstehenden bedeuten?

Wie kann man heute erzählen, schildern, spüren lassen und vermitteln, was in Auschwitz-Birkenau bis zur Mitte der Vierzigerjahre geschah? Wie kann man es den Nachkommen der Überlebenden erklären, die zum Teil selbst von den Traumata ihrer Eltern gezeichnet sind?

Wie kann man heute Auschwitz-Birkenau erklären, wenn Nichtbetroffene nach dem Unbegreiflichen fragen, wenn sie versuchen, das Unfassbare zu fassen ?

Ich kann nicht verstehen, dass es bis heute noch keine ungarische Regierung für wichtig erachtet hat, auf dem Gelände der gesprengten Krematorien eine Gedenktafel für die ungarischen Juden errichten zu lassen, auf dem auch in ungarischer Sprache daran erinnert wird, dass hier ab Mitte Mai 1944 in der Rekordzeit von acht Wochen dreihundertvierzigtausend jüdische Ungarinnen und Ungarn ungeachtet ihres Alters oder ihres Geschlechts verbrannt wurden.

Wie viele von denen, die sich erinnern können, sind heute noch am Leben?

Niemand von ihnen ist unter siebzig Jahre alt. Die meisten werden über achtzig Jahre alt sein. Ich kenne niemanden, der älter als neunzig ist. Von denjenigen, die wie ich über achtzig Jahre alt sind, sterben jeden Tag Hunderte in der Welt.

Und wie lange werden wir, die wir uns erinnern können, noch leben?

Jahrzehntelang habe ich mit aller Kraft versucht, die Bilder von Auschwitz-Birkenau zu verdrängen und in die tiefsten Schichten meines Unterbewusstseins zu verbannen. Aber die Erinnerungen an Auschwitz sind unauslöschlich. Und oft frage ich mich, wem es so geht wie mir, mit wem ich diese Bilder teile.

Wer erinnert sich wie ich an die körperlich spürbare äußerste Anspannung, die uns ununterbrochen plagte, da wir nicht wussten, welche Katastrophe im nächsten Moment über uns hereinbrechen würde? Wer hat das ständige Geschrei noch in den Ohren? In Auschwitz-Birkenau wurde nicht gesprochen. Die Kapos*, die Blockältesten, die Stubendienste, die SS-Mannschaft, die Wache, aber auch die LKW-Fahrer konnten sich nur auf eine Weise ausdrücken: schreiend.

Wer erinnert sich noch daran, wie wir auf engstem Raum eingepfercht waren, so dass wir uns keinen Schritt bewegen konnten, ohne an jemanden zu stoßen?

Wer erinnert sich noch daran, wie die mit Basaltsteinen gepflasterte Lagerstraße in Auschwitz-Birkenau aussah, damals, als wir dort waren? Wo jeder Grashalm, der aus den spitzen grauen Steinen hervorlugte, durch täglich tausend und abertausend Schritte mit Schuhen oder Stiefeln zertreten wurde?

Wer erinnert sich noch an die frühmorgens und abends abgehaltenen Appelle? Daran, dass wir stundenlang auf den spitzen grauen Steinen mit zum Himmel empor gestreckten Armen auf den Knien ausharren mussten, weil der Zählappell nicht stimmte? Daran, dass das Mädchen aus dem Lagerbereich B II b, das zu seiner Mutter in den Lagerbereich B II c hinübergelaufen war, von der Wache gefunden wurde und beide vor unseren Augen so lange mit Peitschenhieben geprügelt wurden, bis sie sich nicht mehr regten?

Wer erinnert sich an den Sumpf, an diesen Sumpf, der die einzige für uns erreichbare Wasserquelle war, nur dazu geeignet, uns noch mehr leiden zu machen? Der Sumpf war dreckig, übelriechend und verseucht, unbrauchbar, um daraus zu trinken oder sich darin zu waschen. Wer kann mir eine Antwort auf die Frage geben, wie wir es aushielten, den ganzen Tag der Versuchung zu widerstehen, unsere Stirn oder unsere Hände mit dem stinkenden Wasser zu befeuchten oder unseren Durst damit zu löschen, an Tagen, an denen draußen unter der glühenden Julisonne unsere Haut ver-

* Kapos waren Häftlinge mit Funktionen, die von der SS ausgesucht wurden, ihre Mithäftlinge zu beaufsichtigen. Sie erhielten dafür gewisse Privilegien, konnten aber jederzeit ihre Position wieder verlieren.

brannte und wir die Baracken, die nur als Unterkunft zum Schlafen dienten, nicht betreten durften?

Wer erinnert sich an die Peitschenhiebe am Wasserspeicher und an den Lastwagenfahrer, der das Wasser brachte? Irgendwann, ich glaube, zu der Zeit, als die Lagerabschnitte B II und B III* gebaut wurden, wurde ein Wasserspeicher aufgestellt, der für maximal hundert Personen bemessen war. Der Speicher wurde täglich ein einziges Mal nachgefüllt. Als ich dort war, waren wir mehr als zehntausend Personen in diesem Lager. In der Sommerhitze war der Speicher die einzige Möglichkeit, reines Wasser zu bekommen. Der Fahrer, der das Wasser brachte, peitschte vergnügt die durstende Menge, die sich wie eine wilde, gierige Horde vor dem Speicher drängte. Am liebsten peitschte er dem Glücklichen, dem es wie durch ein Wunder gelungen war, doch einige Tropfen Wasser im Gedränge zu bewahren, das Gefäß aus der Hand.

Wer erinnert sich an die schwere Luft, an den Rauch, der unweit unserer Baracken Tag und Nacht aus den Krematorien zum Himmel emporstieg? Und als wir die Kapos fragten, wo unsere Mütter, unsere Kinder, unsere kleinen Geschwister, unsere Großeltern, unsere Tanten und Onkel waren, alle, die wir ohne Abschied an der Rampe hatten verlassen müssen, die, wie uns gesagt worden war, wieder zu uns gebracht werden sollten, da lachten sie gemein, zeigten auf den Rauch und sagten höhnisch: »Da!«

Und wir wollten es nicht glauben. »Warum«, so fragten wir uns, »warum sind diese Kapos so grausam, warum erzählen sie uns so unglaubliche Geschichten?«

Unsere Blockälteste, Schoschanka, werde ich nie vergessen. Sie war zusammen mit fünf Geschwistern und Cousinen noch im Jahr 1942 aus der Tschechoslowakei deportiert worden. Damals standen unsere Baracken noch nicht, es gab nur Schnee, Schnee und die Wachhunde und weiter weg die Baracken der SS. Die Deportierten mussten das Lager bauen. Sie arbeiteten im Schnee, konnten sich

* Die Lagerabschnitte B II und B III dienten auch als Durchgangslager für ungarische Jüdinnen.

monatelang nur mit Schnee waschen, sich nirgends aufwärmen. Von den sechs Mädchen, die gemeinsam hergekommen waren, blieb nur Schoschanka am Leben. Heute weiß ich, weshalb sie uns so höhnisch den Rauch zeigte. Konnte man überhaupt ein Mensch bleiben, wenn man auch nur einen einzigen Tag in Auschwitz-Birkenau verbracht hatte? Und was wurde aus einem Menschen, der fünf seiner Geschwister und Cousinen überlebte, der sein eigenes Leben um den Preis kaum vorstellbaren physischen Leidens und kaum vorstellbarer Erniedrigung bewahren konnte? Wie viele Niederträchtigkeiten, die ein menschliches Gewissen lebenslang belasten, musste er begehen, um zu überleben? Um in Auschwitz-Birkenau jahrelang am Leben bleiben zu können, musste man im wahrsten Sinne über Leichen gehen. Dabei Mensch zu bleiben, war unmöglich.

Wer erinnert sich noch an die dicke Blockälteste, die den ganzen Tag neben der Tür ihrer Baracke stand und wie eine Wahnsinnige ständig wiederholte: »Ich bin eine Politische, ich bin eine Politische!« So wollte sie sich aus der vermeintlich gemeinen Masse, die sie umgab, herausheben. Aber auch mit einem Nicht-Auschwitz-Auge gesehen war sie dick wie ein Schwein. Alles fraß sie denen, die in ihrem Block waren, weg. Und sie schämte sich nicht dafür.

Wer erinnert sich an das »Revier«, den Krankenbau im Lager, zwei Blöcke entfernt von meiner Baracke? Da wurden bei jedem Appell die in Decken verpackten Leichen hingebracht. Ich war glücklich, als ich eines Tages entdeckte, dass unsere geliebte Kinderärztin aus Debrecen, Tante Kató Horváth, als Lagerärztin im »Revier« arbeitete. Wir mochten sie alle, sie war ein liebenswertes Wesen. Wenn wir krank waren, behandelte sie uns Kinder wie Erwachsene. Sie erklärte uns immer, was mit uns los war, was wir gegen unsere Krankheiten tun konnten, und wenn sie uns eine Spritze geben musste, überzeugte sie uns davon, dass das zwar unangenehm, aber heilsam sei. Dass sie in unmittelbarer Nähe erreichbar war, gab mir ein angenehmes Gefühl von Sicherheit. Als ich mich aber mit der Ruhr ansteckte und zu ihr ins »Revier« ging, schrie sie mich an, warf mich hinaus und rief mir hinterher: »Ich will Dich hier nie wieder sehen, hörst Du? Sonst setzt es was!« Ich dachte, sie sei verrückt geworden. Damals wusste ich nicht, dass sie mich dadurch retten wollte.

Wer erinnert sich noch, wie die »Speisen« geteilt wurden? An das Geschirr, das dem Gepäck jedes Deportierten entnommen wurde und das Eigentum einer Fünfergruppe bildete? Aus einer Kasserolle, einem Topf oder einem Essnapf aßen wir zu fünft, ohne Essbesteck und natürlich ohne Möglichkeit, das Geschirr hinterher zu spülen. Auf dem Gelände unseres Lagers waren an vielen Stellen kleine Häufchen von Chlor verstreut. Wir benutzten das Chlor zum »Spülen« anstatt Wasser, weil das Wasser rar war. Noch heute bin ich, wenn ich Chlor rieche, sofort wieder in Auschwitz-Birkenau. Leider stinkt in Budapest das ganze Badezimmer sofort nach Chlor, wenn man eine Wanne mit Wasser einlaufen lässt.

Wer erinnert sich noch an die »Auschwitzer Küche«? In der Früh bekamen wir etwas in unseren Essnapf, das so braun wie Kaffee aussah, aber kaum so schmeckte. Diesen »Kaffee« tranken wir, indem zunächst jede von uns Fünfen zwei Schlucke nahm, dann, je nachdem, was übriggeblieben war, noch einen Schluck oder zwei. Wir waren noch nicht von den Auschwitzer »Wolfsgesetzen« durchdrungen. Wir zählten noch die Schlucke, um jeder die gleiche Menge zu sichern.

Wer erinnert sich noch außer mir, wie das nach »Auschwitzer Rezept« gekochte Dörrgemüse schmeckte? Eigentlich handelt es sich dabei um ein aus getrocknetem Gemüse zubereitetes Gericht, das unter bürgerlichen Verhältnissen recht schmackhaft ist. In Auschwitz-Birkenau konnte man nicht wissen, was sich im Kessel befand: Gras, Zweige, Blätter, Undefinierbares. Und der Gestank dieses »Gemüses« bleibt unvergessen. Wir aber ermunterten uns gegenseitig, das ungenießbare Etwas herunterzuwürgen, weil wir gesund und stark bleiben mussten, um zu überleben.

Wer erinnert sich noch an den Geschmack des widerlichen Breis, den man nicht einmal mit der größten Mühe bei übermäßigem Hunger herunterschlucken konnte? Der Brei war so übersüß, dass mir nach dem ersten Schluck übel wurde und ich nicht weiteressen konnte. Welche Zutaten braucht man, um solch einen Geschmack zu produzieren?

Wer erinnert sich noch an die Baracke? Wir lagen auf dem kahlen Boden, ohne Kissen, ohne Leintuch, ohne Decke, wie die Heringe in der Dose, hundert Frauen auf zwanzig Quadratmetern. Falls sich eine umdrehen wollte, musste das die ganze Reihe tun.

Niemand, der in Auschwitz-Birkenau war, wird die täglichen Erniedrigungen an den Latrinen vergessen können.

Zu meinem Bedauern hatte ich nie die Möglichkeit, die originalen Baupläne für das Lager zu studieren. Durch die tägliche Praxis aber erfuhr ich, dass die gründlich durchdachte Todesfabrik sogar unter Berücksichtigung der engen Zeitplanung reibungslos funktioniert hätte, hätte die Zahl der Lagerinsassen das geplante Maß nicht weit überschritten. Diese Zahl überstieg jedoch die Planung um mindestens das Zehnfache. Die ungarischen Behörden hatten die Deportationen ihrer jüdischen Mitbürgerinnen und Mitbürger in ungeahnter Geschwindigkeit durchgeführt, so dass die Planung hinterherhinkte. Dementsprechend weniger Latrinen standen zur Verfügung.

… und deshalb kam dann dem Kübel eine entsprechende Bedeutung zu.

Der Kübel war, so könnte man sagen, die »Vorlatrine«. Jeder volle Kübel musste die eigentliche Latrine erreichen. Die oben erwähnte Überfüllung des Lagers hatte nämlich zur Folge, dass auch die erforderliche Anzahl von Kübeln nicht vorhanden war, und es war ein fester Bestandteil des Auschwitzer »Landschaftsbildes«, dass der Kübel nie leer war. Ich könnte auch sagen: Der Kübel war immer voll. Um vom Kübel Gebrauch machen zu können, musste man ihn leeren. Also musste man ihn anheben. Dem Gesetz der Schwerkraft entsprechend schwappte der Inhalt in der Regel trotz größter Vorsicht über und ergoss sich über unsere Hände, unsere Füße, unsere Kleidung. Bei der Latrine angekommen, musste der Kübel, damit man seinen Inhalt in die Latrine gießen konnte, leicht gekippt werden, was zur Folge hatte, dass wir mit ihm erneut nähere Bekanntschaft machten, wiederum sowohl unsere Hände, unsere Füße, unsere Kleidung. Und es gab keine Seife, kein Handtuch, kein Wasser.

Ich kann und will die Erniedrigung und das Leiden nicht vergessen. Wie aber kann ich den mir Nächsten und Liebsten, auch den Familienmitgliedern, die damals nicht mit mir dort waren, das Auschwitz, das Birkenau vermitteln, wie ich es erleben musste?

Wo damals kein einziger Grashalm überleben konnte, wo die spitzen grauen Steine die Lagerstraße pflasterten, wo wir bis zur Ohnmacht Appell standen, prägt heute eine idyllische Natur das Bild der Landschaft.

Das Gras der Zeit wächst. Und es deckt das wahre Auschwitz, das wahre Birkenau zu.

Mein Großvater väterlicherseits Adolf (Ábrahám) Fahídy im Alter von siebenundsiebzig Jahren, 1937 in Kaschau (Košice)
Foto: Privatbesitz

Die Fahídys / Fahidis – meine Familie väterlicherseits

Mein Onkel Miklós Fahidi, ehemaliger Amtsarzt in Kaschau in der Ostslowakei (ungarisch Kassa, slowakisch Košice), wurde 1939 von der Familie beauftragt, für alle Familienmitglieder Abstammungsurkunden und Nachweise über ihre Staatsangehörigkeit zu beschaffen.

Onkel Miklós überlebte den Krieg als Arzt in Mauthausen. Bevor er deportiert wurde, hatte er die Kopien der Dokumente, die er beschafft hatte, versteckt, aber ein Teil ist trotzdem verlorengegangen. Als ich Mitte der Vierzigerjahre die verlorenen Papiere ersetzen lassen wollte, stellte sich heraus, dass das unmöglich war. Die jüdischen Gemeindebücher waren in Ungarn während der deutschen Besatzung und in der Zeit unmittelbar danach vernichtet worden. Sie waren auf immer verloren.

Die Originale unserer Dokumente hatten wir von 1939 an an die verschiedensten Behörden einsenden müssen, um zu beweisen, dass wir, die Fahídys oder Fahidis, schon vor 1848 in Ungarn gelebt hatten und folglich ungarische Staatsbürger waren. Unsere Nachforschungen hatten eindeutig ergeben, unsere Vorfahren hießen schon immer Fahídy – mit einem i oder mit einem y am Ende – und nicht Fuchs oder Feigenbaum. Viele ungarische Juden hatten einen deutschen Familiennamen. Wenn sie einen ungarischen Nachnamen annahmen, wählten sie meistens einen, der mit demselben Buchstaben begann. Wir hatten also unseren Namen nicht magyarisiert, wie das viele Juden getan hatten. Des Weiteren stellte sich heraus, dass alle mir bekannten Fahidis aus dem Dorf Fehérgyarmat oder seiner Umgebung kommen. Wohin auch immer das Schicksal Mitglieder der Familie Fahídy geführt haben mag, sie stammen doch alle aus derselben Wurzel, und alle Fahídys auf der ganzen Welt sind miteinander verwandt. Vor einigen Jahren kamen übrigens im Abstand von drei Tagen zwei Joe Fahídys zur Welt, einer in Kanada, einer in Großbritannien.

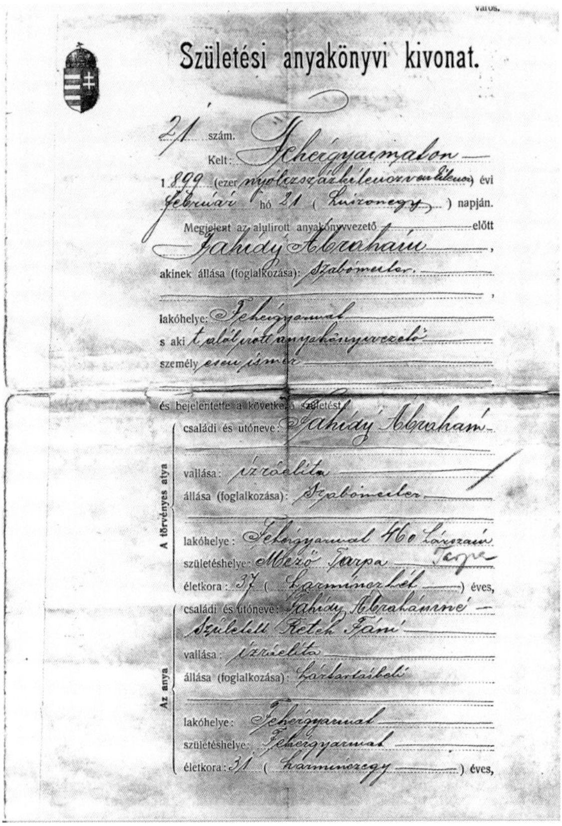

Születési anyakönyvi kivonat.

21 szám.

Kelt: Fehérgyarmaton

1899 (ezer nyolczszázkilenczvenkilencz) évi

február hó 21 (huszonegy) napján.

Megjelent az alulirott anyakönyvvezető előtt

Fahídy Ábrahám,

akinek állása (foglalkozása): szabómester,

lakóhelye: Fehérgyarmat

s aki

személy

és bejelentette a következő születést:

A törvényes atya

családi és utóneve: Fahídy Ábrahám

vallása: izraelita

állása (foglalkozása): szabómester

lakóhelye: Fehérgyarmat 460 házszám

születéshelye: Mező Tarpa

életkora: 37 (harminczhét) éves,

Az anya

családi és utóneve: Fahídy Ábrahámné született Retek Fáni

vallása: izraelita

állása (foglalkozása): háztartásbeli

lakóhelye: Fehérgyarmat

születéshelye: Fehérgyarmat

életkora: 31 (harminczegy) éves,

Faksimile der Geburtsurkunde von Herman Fahídy, geboren am 14. Februar 1899 in Fehérgyarmat als Sohn von Ábrahám Fahídy und seiner Frau Fáni, geborene Retek
Quelle: Privatbesitz

Mein Großvater Ábrahám Fahídy, der sich später Adolf Fahídy nannte, war der älteste Fahídy, den ich kennengelernt habe. Er blieb mir immer irgendwie fremd, und manchmal fürchtete ich mich vor ihm. Er war kein richtiger Großvater. Er streichelte mir nie über den Kopf, ließ mich nie auf seinem Schoß sitzen, erzählte mir nie Märchen. Ich mochte ihn nicht. Umso weniger, als ich ihn mit meinem anderen Großvater verglich. Der andere, der Großvater mütterlicherseits, war für mich der interessanteste und anziehendste Mensch, den es gab. Ihn verehrte ich.

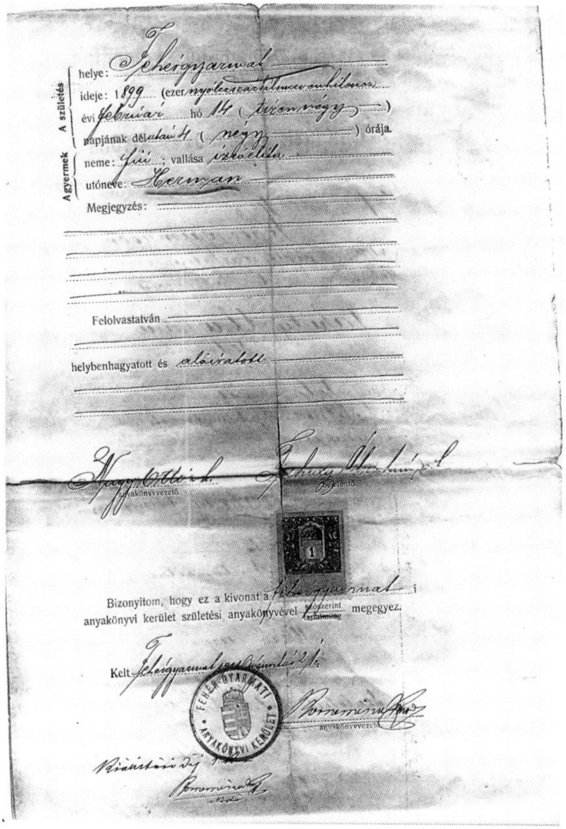
A születés helye: Fehérgyarmat
ideje: 1899 (ezer nyolcszázkilencvenkilenc)
évi február hó 14 (tizennégy)
napjának délután 4 (négy) órája.
A gyermek neme: fiú ; vallása izraelita
utóneve: Herman
Megjegyzés:

Felolvastatván

helybenhagyatott és aláiratott

anyakönyvvezető. bejelentő.

Bizonyitom, hogy ez a kivonat a fehérgyarmati anyakönyvi kerület születési anyakönyvével szószerint megegyez.

Kelt Fehérgyarmat

FEHÉR-GYARMATI ANYAKÖNYVI KERÜLET

anyakönyvvezető.

Ábrahám Fahídy war ein frommer Jude. Er betete jeden Morgen zu seinem Gott, der ihm nicht nur bei der Erzeugung von acht Söhnen und zwei Töchtern in der ersten und dann noch einmal von zwei Töchtern in der zweiten Ehe behilflich war, sondern ihm auch zu den nötigen Mitteln verhalf, um seine vielen Kinder zu ernähren und zu erziehen.

Seine berufliche Laufbahn begann er mit einer bescheidenen Schneiderei in Fehérgyarmat, die er so erfolgreich betrieb, dass er sich nach einigen Jahren eine größere Werkstatt mit mehreren Lehrburschen in der schönen Stadt Kaschau leisten konnte. Durch seine Geschicklichkeit brachte er es als Schneidermeister bald zu einigem Ansehen.

Die älteren Fahídy-/Fahidi-Brüder
Foto: Privatbesitz

Wie mag das Leben meiner Großeltern Ábrahám und Fáni wohl ausgesehen haben? Zwischen ihrem ersten und ihrem letzten Kind bestand ein Altersunterschied von vierundzwanzig Jahren. Die Älteren waren schon ausgeflogen, als die Jüngeren geboren wurden. Genauer gesagt mussten die ersten acht Kinder, da sie alle Jungen waren, nach der Bar Mizwa, die bei den Juden den Übergang ins Erwachsenenalter markiert, also schon mit dreizehn Jahren, auf eigenen Füßen stehen und sich ihr Schulgeld selbst verdienen. Alle Kinder haben es zu etwas gebracht. Drei der Brüder machten das Abitur, die anderen absolvierten die Bürgerschule. Einer der Söhne schlug die medizinische Laufbahn ein, ein anderer wurde Professor. Die weiteren Geschwister wurden Kaufleute, Bankangestellte oder Unternehmer. Keiner der Söhne wollte Handwerker werden, nur die Töchter erlernten das Nähen.

Die älteste Tochter, Gizella, hatte in der Innenstadt von Budapest eine elegante Schneiderwerkstatt mit zwölf Lehrmädchen. Sie nähte und verkaufte bezaubernde Kinderkleider.

Unsere Familie war sparsam, nicht weil sie je auf das Sparen angewiesen gewesen wäre, sondern aus prinzipiellen Gründen. Das zeigte sich zum Beispiel im Umgang mit der Kleidung für die Kinder. Ich war sowohl auf mütterlicher als auf väterlicher Seite das erste Enkelkind. Das verschaffte mir automatisch gewisse Vorrechte. So wurde für mich an Kleidung immer das, was ich brauchte, neu angeschafft. Innerhalb der Familie wurden diese Kleidungsstücke dann, je nach Bedarf, weitergereicht, bis sie irgendwann schließlich wieder bei meiner jüngeren Schwester landeten.

Als ich meinen Großvater Ábrahám Fahídy kennenlernte, hieß er schon Adolf Fahídy. Seinen wunderschön klingenden biblischen Vornamen hatte er aufgegeben, weil er ihm zu jüdisch erschien. Zu seiner Entschuldigung sei angeführt, dass er damals, Ende des vorvorigen Jahrhunderts, noch nicht wissen konnte, welche kompromittierende Zukunft diesem Namen bevorstand.

Mein Großvater war hager und hochgewachsen, feingliedrig wie ein Vogel. Seine tief liegenden, großen, grauen Augen blickten meist staunend und streng in die Welt. Sein Aussehen strahlte etwas Asketisches aus.

Von ihm habe ich die Hände, die tief liegenden grauen Augen, die Liebe und Wertschätzung für die Nähnadel und für alle handwerklichen Tätigkeiten geerbt.

Einmal im Jahr besuchte er uns. Und da er tief religiös war, ging seiner Ankunft ein großes Trara voraus. Unsere gewohnte Lebensordnung, insbesondere unsere Essgewohnheiten, gerieten dadurch völlig durcheinander. Wir lebten ständig unkoscher, bei uns wurden jährlich mehrere Schweine geschlachtet. In Adolf Fahídys Magen hingegen durfte kein Brösel aus dieser Küche gelangen, denn die Speisen für meinen Großvater mussten absolut koscher sein, genau wie die Schalen und Töpfe, in denen die Nahrungsmittel aufbewahrt wurden. Das war ziemlich aufwendig, denn dazu war zweierlei Geschirr nötig, eins für Fleisch und eins für die mit Milch zubereiteten Speisen. Dieses Geschirr galt es auch separat aufzubewahren und abzuwaschen. Deshalb mussten wir alles, was er aß, aus einer absolut koscheren Küche bringen lassen. All das hatte manch maliziöse Bemerkung meiner Mutter zur Folge, lobenswerterweise allerdings nie in Gegenwart meines Vaters.

Mein Großvater pflegte uns immer im Frühsommer zu besuchen, und die lila Akazien in der Gartenlaube schienen ihre Blütenpracht just in dieser Zeit einzig deshalb zu entfalten, damit Adolf Fahídy dort sein tägliches Morgengebet verrichten konnte. Als Kind wirkte dieses Gebet mit allem, was dazu gehörte, z. B. den Gebetsriemen, auf mich immer befremdlich, es machte mir sogar Angst.

Später entdeckte ich, dass mein Großvater jedes Mal sofort, kaum dass er sein Davenieren* beendet hatte, ein Stamperl mit der besten Sorte hausgebrannten Maulbeerschnapses in einem Zuge leerte. Da kam mir der verwegene Gedanke, meinem Großvater könnte das Beten dem Schnaps zuliebe ein so dringliches Bedürfnis sein. Was zur Folge hatte, dass ich ihm gegenüber fortan etwas milder gestimmt war.

Als ich schließlich erwachsen war, erinnerte ich mich aus einer ganz anderen Perspektive an seine morgendlichen Gebete. Mir war inzwischen klar geworden, wie ein Mensch, der einen Glauben hat, seinen Weg durch das Leben betrachtet. Sein Glaube ermöglicht es ihm, sich alles zu erklären, was ihm widerfährt. Er hilft ihm über das, was er in seinem Leben verliert, hinweg. All sein Leiden ergibt einen Sinn für ihn. Ein Mensch, der gläubig ist, ist zu beneiden. Er kann sich glücklich schätzen.

Dass ich zu meinem Großvater kein herzliches Verhältnis hatte, hatte auch damit zu tun, dass er ständig über den Baum meckerte, der das Fenster meines Zimmers beschattete. Ich liebte diesen Baum! Aber Großpapa wurde nicht müde, immer wieder zu betonen, dass er gefällt werden müsse. Unser Nachbar, Onkel Janataka, der für uns als Gärtner arbeitete, hatte nämlich bei der Okulierung sicherheitshalber zwei Augen in den Sämling gesetzt, allerdings irrtümlich zwei verschiedene, eine Kirsche und eine Weichsel, das ist das österreichische Wort für Sauerkirsche. Das wurde erst klar, als der Setzling unter meinem Fenster zu einem kräftigen Bäumchen heranwuchs, das Blüten und Früchte hervorbrachte. Und der Baum gedieh prächtig! Niemand außer mir besaß einen solchen Baum, von dem man gleichzeitig Kirschen und Weichseln ernten konnte. Wenn ich auf ihm herumkletterte, um mir in seiner Krone ein schönes Plätzchen zum Lesen zu suchen, dann boten mir seine Äste sicheren Halt. Und diesen wundervollen Baum wollte mein Großvater abholzen lassen! Und das nur deshalb, weil sein Gott nur Bäume mit ausschließlich einer Frucht kannte! Folglich

* Jiddisch für beten.

war alles andere widernatürlich und musste ausgerottet werden. Wer und was wurde nicht schon alles im Namen Gottes auf dieser Erde vernichtet!

Andererseits war mein Großvater ein durchaus moderner Geist, offen für alles Neue. Schließlich hatte er in dem Bestreben sich anzupassen seinen Vornamen Ábrahám geopfert und sich fortan Adolf genannt. Auf seine Werkstatt, der ersten in Kaschau mit elektrischem Licht, war er sehr stolz. So brauchten seine Lehrlinge und Gehilfen, wenn es dunkel wurde, nicht mehr beim schwachen Licht einer Kerze oder einer Petroleum- oder Öllampe zu arbeiten. Seine Offenheit allem Modernen gegenüber hatte aber – wie so viele Dinge auf Erden – deutliche Grenzen. Als 1936 sein geliebter fünfter Sohn Dezső, mein Vater, nicht in seine Fußstapfen trat und sich entschloss, den uralten Glauben seiner Ahnen aufzugeben, das heilige Christentum anzunehmen und mit seiner Familie zum Katholizismus zu konvertieren, verfiel Adolf Fahídy in tiefe Trauer. Das ging über seine Bereitschaft, sich zu assimilieren, weit hinaus. Nach alter Sitte streute er Asche auf sein Haupt, zerriss sein Gewand, verbannte uns aus seinem Herzen, trauerte und verstieß uns. Er hat uns nie verziehen.

Jahrzehnte vergingen, bis ich kritisch zu hinterfragen wagte, was mein Vater getan hatte. Die Liste der »ungefragten Fragen« begann mit der verspäteten Überlegung: Warum tat er das? Wie konnte er, der doch genug Verstand hatte, hoffen, dass uns der Glaubensübertritt helfen würde? Freilich wollte er uns retten. Es ist sicherlich sehr schwer, zu sich selbst zu stehen in Zeiten, in denen alles gegen dich spricht. Aber ich glaube, dass man unter allen Umständen dazu stehen sollte, wer man ist. Dass man sich nicht verleugnen soll.

Nach meinem elften Lebensjahr wurde ich streng katholisch erzogen, was mich seelisch ziemlich verstörte. Wir waren keine frommen Juden gewesen. Erst, als wir katholisch geworden waren, wurde ich plötzlich mit Dogmen konfrontiert. Bis dahin hatte man mich gelehrt, ich solle den Dingen immer auf den Grund gehen, wenn mir etwas nicht verständlich war. Aber Dogmen haben keine logische Erklärung. Glauben kann ich an das, was ich verstehe. So bin ich jetzt wenn auch keine religiöse, so doch eine bewusste Jüdin. Was sonst hätte ich nach Auschwitz auch sein können?

Was für ein Mensch mag wohl meine Großmutter Fáni Retek gewesen sein? Das ungarische Wort »retek« bedeutet »Radieschen«. Leider habe ich sie, deren Name für mich wie Musik klingt, nie kennengelernt. Ich weiß nur, dass sie die Tochter jenes Schneiders in Fehérgyarmat war, der meinen Großvater in die Geheimnisse der Schneiderkunst einführte. Im Gegensatz zu ihrem Mann war sie wohl, wie man mir sagte, recht stämmig und vierschrötig. Das kann man auch daraus schließen, dass ihre Söhne, die ihr glichen, mindestens 1,80 m groß waren. Zu ihnen gehörten mein Vater Dezső, mein Onkel Antal und mein Onkel Herman. Für mich verkörperten sie den »Geist der Fahídys«, zu dessen Aufrechterhaltung ich erzogen wurde, auf den es sich ziemte, stolz zu sein. Wenn ich an meine Großmutter Fáni denke, fällt mir eine jüdische Redensart ein: »Entweder eine Frau ist schwanger oder sie stillt ein Kind, sonst ist sie krank.« Meine Großmutter brachte elf Kinder zur Welt. Nur ein einziges starb als kleines Kind, was damals eine große Seltenheit war. Fáni Fahídy gebar also elf Kinder und zog zehn groß. Als sie den Hauptteil dieser Aufgabe erfüllt hatte, gab sie ihre Seele ermattet ihrem Schöpfer zurück.

Mein Großvater trauerte zunächst treu – ganz, wie es sich gehört – um seine Fáni. Angesichts der Tatsache, dass einige seiner Kinder noch in seinem Hause lebten und nach einer fürsorglichen Hand verlangten, folgte er aber bald dem göttlichen Befehl: »Seid fruchtbar und mehret Euch!«, und verheiratete sich neu. Diesmal musste er sich damit begnügen, dass seine Manneskraft ihm nur noch zu zwei schönen Töchterchen verhalf. Beide, Rózsika und Szerénke, wurden später in Auschwitz-Birkenau vergast und verbrannt.

Vollkommen unabhängig von den politischen, wirtschaftlichen und historischen Umständen, unabhängig von den seither vielfach diskutierten und unter verschiedenen Aspekten beleuchteten Tatsachen, Beurteilungen, Widerlegungen und Erklärungen war der Versailler Vertrag – in Ungarn entsprach dem der Pakt von Trianon – für unsere Familie eine persönliche Katastrophe.

Die in ihm festgelegten Grenzen zerrissen unsere Familie sowohl auf der väterlichen als auch auf der mütterlichen Seite und führten im Alltag und im familiären Leben zu deutlichen Beeinträchtigungen. Nicht nur deshalb, weil wir jetzt einen Reisepass brauchten, um uns treffen zu können, sondern auch deswegen, weil wir uns nicht mehr so oft sehen konnten, wie wir es gern getan hätten, weil wir Grenzen, die wir nie akzeptierten, zu überwinden hatten. Auf unsere eigene Weise versuchten wir, dieses Unrecht mit so viel Zoll- und Devisenschwindel wie möglich zu vergelten und uns für die Absurdität, dass man Blumen und Geschenke nur gegen Zollgebühr über die Grenze tragen durfte, zu rächen. Die Grenze, die es am Vortag noch nicht gegeben hatte, war uns einfach unbegreiflich. Für uns lag auf der einen wie auf der anderen Seite der Grenze ungarisches Gebiet.

Der Vertrag von Trianon hatte zur Folge, dass mein Großpapa, ohne sein Haus zu verlassen, eines schönen Morgens in der Tschechoslowakei aufwachte, wo er doch daran gewöhnt war, dass die Sonne für ihn in Ungarn auf- und unterging. Und aus Fahídy Adolf wurde auf einmal Adolf Fahídy. Seine Töchter hießen Fahidyova, für uns ein Zungenbrecher, obschon wir alle die slowakische Sprache gut beherrschten. Das war nicht alles. Kurz danach wurde er zum Narodny Vibor – dem Ortsvorstand – vorgeladen. Dort gab man ihm den Rat, seinen gefährlich ungarisch klingenden Namen Fahídy aufzugeben und sich Fučik zu nennen oder einen ähnlich schön tschechisch klingenden Namen anzunehmen. Wütend antwortete mein Großvater: »Ich wurde als Ungar geboren und als Ungar will ich sterben! Meinen Namen Fahídy gebe ich nicht auf!«

So wurde aus Fahídy Adolf ein gefährliches ungarisches Element, und er musste sich wöchentlich oder monatlich auf der Polizeistation in – damals schon – Košice melden. Trotzdem gab er seinen Namen nicht auf. Zur Strafe verweigerte man ihm jahrelang den Reisepass.

Auch unsere Familie gliederte sich – wie so viele andere – in einen armen und in einen reichen Teil der Verwandtschaft. Die Reichen hielten fest zusammen. Dazu trugen die gemeinsamen Unternehmen, die sie gegründet hatten, bei. Auch untereinander schlossen sie Verträge ab, die sie strikt und sehr korrekt einhielten, als ob sie Fremde wären. Wenn sie sich untereinander Geld liehen, zahlten sie es zwar ohne Zinsen, aber auf Heller und Pfennig fristgerecht zurück. Das hatte seinen Grund. In der Werteskala stand nämlich die Familie ganz oben. Und etwas so Gemeines (wenngleich sehr Wichtiges) wie das Geld durfte auf keinen Fall ihren Zusammenhalt gefährden. Daraus erklärt sich auch, dass die armen Verwandten regelmäßig von der reichen Verwandtschaft unterstützt wurden. Sie bekamen Geld, Kleidung, was auch immer sie benötigten, und wurden hin und wieder eingeladen.

Meine Großeltern Adolf und Fáni Fahídy verstanden etwas von Kindererziehung, obwohl sie vielleicht nicht einmal sechs Jahre zur Schule gegangen waren. Ich denke, das liegt in dem begründet, was ich schon vorher angedeutet habe: Jeder in der Familie wusste, was seine Pflicht war, was er zu tun und zu lassen hatte, was schlecht und was gut war. Jeder zollte den ehrenwerten Traditionen unserer Familie Achtung. Gewisse Slogans, die wir so oft hörten, bis sie uns in Fleisch und Blut übergegangen waren, gab es für uns als Kinder schon damals, auch wenn sie nicht so genannt wurden.

Man durfte zum Beispiel nicht lügen. Nicht nur deshalb, weil, wie uns gesagt wurde, ein Lügner schneller erwischt würde als ein hinkender Hund, sondern vor allem, weil das Lügen eines Fahídys nicht würdig war. Lügen haben kurze Beine, und werden sie aufgedeckt, dann muss man sich schämen. Manchmal drohten die Erwachsenen uns Kindern auch mit drastischen Strafen, um uns vom Lügen abzuhalten. »In der Mitte Deines Rückens ziehe ich die Zunge heraus, wenn Du lügst!«, hörte man von meiner Mutter, die zu temperamentvollen Ausbrüchen neigte, welche auf uns allerdings eher theatralisch und erheiternd wirkten als ernst. Ich stellte mir dann vor, wie meine Mutter mit einer riesigen Zange auf meinem Rücken herumstocherte, meine Zunge jedoch nicht fand. Wie sollte sie dort auch hinkommen? Letzten Endes war es für uns am besten, unsere Streiche zu verraten, bevor sie aufflogen. Einer Strafe entgingen wir dadurch zwar nicht, aber zumindest erleichterte die Beichte unser Gewissen.

Es dauerte sehr lange, bis mir die Vorteile der »Pia fraus« – des frommen Betrugs – klar wurden. Man darf gar nicht daran denken, was wäre, würde man immer die Wahrheit sagen! So sage ich einer lieben ehemaligen Mitschülerin, wenn ich ihr nach vielen Jahren wieder begegne, doch lieber: »Du siehst ja blendend aus!«, statt sie mit der Wahrheit zu konfrontieren, indem ich erschrocken feststelle: »Mein Gott, Du bist aber alt und runzlig geworden, man mag ja kaum hinschauen!«

Seit meiner Kindheit haben sich die Zeiten geändert. »Sagst Du die Wahrheit, schlägt man Dir den Schädel ein«, so lautet ein ungarisches Sprichwort. Damals waren wir stolz darauf, dass wir waren, wie wir waren. Wir waren stolz darauf, dass mein Großvater ein Schneider war und meine Tante eine Näherin. Darauf, dass wir eine große Familie hatten. Darauf, dass wir von ehrlicher Arbeit lebten und dass wir einander liebten und uns gegenseitig unterstützten, wenn es nötig war. Dass wir uns aufeinander verlassen konnten.

In diesem Zusammenhang habe ich mit großem Interesse die Ahnenforschung verfolgt, die seit der Wende 1989 eine Renaissance erlebt hat und deren Ergebnisse mich schon oft schmunzeln ließen. In nahezu jeder Familie findet sich nämlich mindestens eine vornehme polnische Gräfin unter den Vorfahren. Die Fahidis waren selbstbewusste Plebejer, die sich ihrer Vorfahren, die von körperlicher Arbeit gelebt hatten, nicht schämten. Zum Glück dachte auch unsere aus ganz anderem Milieu stammende Mutter so. Wahrscheinlich sind der Fleiß und die Gewissenhaftigkeit, mit der wir unsere Aufgaben erfüllten, ein Vermächtnis meiner Großeltern Fáni und Adolf. Rückblickend scheint mir jedenfalls, dass alle Familienmitglieder von einem außerordentlichen Tatendrang erfüllt waren.

Noch etwas spielte in unserer Erziehung eine große Rolle, etwas, das nach meinen Beobachtungen heutzutage manchmal in Vergessenheit zu geraten scheint: Wenn ich jemandem mein Wort gegeben habe, dann muss darauf Verlass sein. Das bezog sich auch auf die Pünktlichkeit. Noch heute schäme ich mich sehr, wenn ich unpünktlich bin. Dabei könnte ich mich doch inzwischen ganz einfach damit entschuldigen, dass nur mein Alter daran schuld ist, wenn ich für den Weg statt zwanzig Minuten inzwischen das Doppelte an Zeit benötige. Auch wenn sie mir niemand verübeln würde, ist mir jede Verspätung – aus welchen Gründen auch immer – außerordentlich peinlich.

Seinerzeit zählte bei uns das gesprochene Wort, das man jemandem gab, mehr als das geschriebene. Einerseits verinnerlichte ich in diesem Zusammenhang die Verlässlichkeit des gegebenen Wortes, andererseits aber erahnte ich seine Nähe zur Heuchelei.

Jeden Tag wurde ich genötigt, meinen Eltern etwas zu versprechen, obwohl ich wusste, dass ich dieses Versprechen nicht halten würde. Alle Welt wusste das – ich selbst wusste es, meine Eltern wussten es, Ruth, meine Erzieherin, wusste es auch, Großmutti, Großpapa, jede Katze und jeder Hund im Hof, die Pferde und Schweine im Stall, die Schafe auf der Wiese, die Störche auf dem Dach –, alle wussten, dass ich mein Wort nicht halten würde, weder heute noch morgen noch übermorgen, nie. Weil ich meine Suppe nie im Leben essen würde, auch wenn ich es bei jedem gesegneten Mittagessen versprechen musste.

Das gemeinsame Essen der Suppe war eine monotone Zeremonie, die jeden Tag abgehalten wurde. Wie es auf dem Lande üblich war, war unsere Kost recht deftig. In Debrecen wurden ganz gewiss zwei Schweine jährlich geschlachtet – und wer weiß, wie viele auf dem Gehöft geschlachtet wurden. Gekocht wurde mit so viel Schweinefett, dass auf unserer Suppe glänzende Fettaugen schwammen. Viele Speisen wurden mit Mehl angedickt. Schon damals schwante mir, dass man Fett und Einbrenne irgendwann als ein zentrales Problem der Ernährung ansehen würde.

Sobald bei uns der mächtige Suppentopf auf dem Tisch stand, verging mir unwiderruflich der Appetit, denn wenn bei uns die Suppe serviert wurde, hing sofort im ganzen Esszimmer der schwere Geruch von Fett und Einbrenne. Während alle anderen das Mittagessen längst vergessen hatten, die Erwachsenen längst ihren Kaffee tranken, wurde meine Suppe mindestens dreimal hinausgetragen, aufgewärmt und dann erneut vor meine Nase gestellt. Was blieb, war der Geruch. Die Suppe konnte ich nicht essen. Und dann kamen meine Mutter oder mein Vater und sagten:

»Du bist ein böses, unartiges Mädchen, weil Du diese leckere Suppe nicht essen magst. Wenn Du wüsstest, wie viele arme Kinder es auf der Welt gibt, die sich die Finger lecken würden, wenn sie eine solche Suppe essen dürften. Also versprich jetzt sofort, dass Du morgen Deine Suppe isst!!!«

Damals habe ich das alles nicht begriffen. Ich verstand die Erwachsenen nicht. Wozu zum Kuckuck spielten wir tagtäglich dieses Theater, wenn jeder wusste, dass es zu keinem Erfolg führen würde?

»Was Hunger bedeutet, weiß nur derjenige, der selbst hungern musste.« Nach dem Juli 1944 erfuhr ich im Lager in Allendorf am eigenen Leib, was dieser Satz heißt. Jeden Morgen gab es zum

Frühstück Einbrennsuppe, die ihren Namen kaum verdiente. In der ansonsten wässrigen, aber immerhin warmen Brühe fand sich am Boden des Kessels allenfalls hier und da ein Mehlklumpen. Abhängig davon, ob man sehr hungrig oder noch hungriger als sehr hungrig war, stellte man sich an den Anfang oder an das Ende der Reihe. Wer vorne stand, hatte den Vorteil, dass er seine Schüssel schnell mit der Plempe aufgefüllt bekam. Hinten zu stehen war aufregender, denn voller Vorfreude hoffte man, das Glück wäre einem hold und ein Klumpen Mehl vom Kesselboden würde sich auf den Teller verirren. Wenn sich diese Hoffnung erfüllte, war das ein geradezu himmlisches Gefühl! Da fielen mir irgendwann die ungenießbaren Suppen von zu Hause wieder ein. Und im Geiste zählte ich all die Suppen, die ich nicht gegessen hatte.

Anfang des zwanzigsten Jahrhunderts hatte das Wort »Ehre« noch eine andere Bedeutung. Ich denke nicht an das dumme Theaterspiel zwischen hohlköpfigen Krakeelern, das in Duellen endete. Das Unternehmen Gebrüder Fahidi Holzhandel AG, das 1924 durch meinen Vater und seinen Bruder Antal in Debrecen gegründet wurde, lebte von der Ehrbarkeit seiner Kundschaft. Vor allem die Schreiner, Möbeltischler, Handwerker, die kleinen Beamten, aber auch Bauern, fast alle, die ein Haus bauten, kauften dazu Holz auf Kredit. Der Kredit galt mehrere Jahre, manchmal Jahrzehnte, und wenn auch der Ausfall versichert war, barg das trotzdem Risiken. Die Gläubiger trugen die Risiken selbstverständlich, weil sie wussten, man würde sie nicht betrügen. Den Menschen waren ihre Reputation und ihre Kreditwürdigkeit wichtig, sie wollten sie nicht verlieren.

Gut und Böse zu unterscheiden, habe ich vor allem bei meiner Mutter gelernt: Man darf auf keinen Fall dulden, dass einem etwas Böses angetan wird. Aber es ist genauso schlimm, einem anderen etwas Böses zuzufügen, sei es auch nur versehentlich. Vielleicht ist es das Geheimnis des Glücks, nie gezwungen zu sein, etwas Schlechtes zu tun. Wie oft habe ich in Auschwitz-Birkenau und in Allendorf daran denken müssen.

Ernesztína Gross und Alfréd Weisz, aufgenommen auf dem Gehöft Nagytanya in den 1930er Jahren
Foto: Privatbesitz

Meine Großeltern mütterlicherseits, Alfréd Weisz und Ernesztína Gross

Es gab auf Erden kein Paar, das schlechter zusammengepasst hätte.

Das habe ich natürlich erst viel später erkannt, als ihre Asche längst im Morast von Auschwitz-Birkenau versunken war und ich mich als Erwachsene mit wütendem Schmerz gegen die Unwiederbringlichkeit der Kindheit auflehnte, vergeblich, wie ich natürlich wusste. Für mich waren sie meine Großeltern, Großeltern wie aus dem Bilderbuch.

Ich war das erste Enkelkind, ihr Liebling, ihr Goldinko, auf Deutsch: ihr Goldstück.

Mein Großvater war eine imposante Erscheinung, groß, korpulent, früh kahl geworden, ein gutmütiger, manchmal jedoch unbeherrschter Mann, zuweilen wie der strenge Herrgott selbst, eine anerkannte allmächtige Autorität. Aber wenn man ihn um etwas bat, dann gab er, wenn es sein musste, sein letztes Hemd her. Trotzdem kam es vor, dass man sich vor ihm fürchtete. Er glich einem sanftmütigen, aber unberechenbaren Löwen. Wenn er gut gelaunt war, was zum Glück ziemlich oft vorkam, war er für alles zu haben, aber plötzlich, völlig unvorhergesehen, konnte er anfangen zu brüllen.

Und er brüllte ausgesprochen gern.

In jungen Jahren liebte er es geradezu, seine wortreichen Flüche mit seiner lautstarken Tenorstimme so ertönen zu lassen, dass die Wände bebten. Wie Hagelschauer prasselten sie hernieder. Sie begannen immer mit »Herrgott, Sakrament!« und endeten jeweils mit »Ich bin doch kein Hundsfott Marias!« Dazwischen ergossen sich Kaskaden von Wörtern, wobei zu seiner Ehrenrettung erwähnt werden muss, dass all die heute gebräuchlichen vulgären Ausdrücke, die sich mit Vorliebe auf den Akt der Fortpflanzung oder wie in einem der gebräuchlichsten ungarischen Flüche auf die Position eines gewissen Körperteils des Pferdes beziehen, bei ihm nicht vorkamen. Im Übrigen erstarrte man lediglich beim ersten Fluch vor Schreck, bereits beim zweiten wusste man, dass das Schimpfen meinem Großvater nur als Sicherheitsventil diente, durch das er Dampf abließ, wenn der Druck innen zu hoch wurde. Und tatsächlich: Kaum war mit dem »Hundsfott Marias« der letzte Akkord verklungen, da lachte mein Großvater auch schon wieder.

Das Aufregendste an ihm aber war der ganz besondere Pferdeduft, den er verströmte.

Das lag nicht etwa daran, dass er sich ständig bei den Pferden aufhielt. Schließlich rochen auch die Kutscher nach Pferden, ganz zu schweigen von den Pferden selbst. Bei meinem Großvater jedoch ging dieser Duft darüber hinaus, weil er Pferde liebte, vergötterte, weil sie sein Lebensinhalt waren, sein Stolz, sein Ein und Alles. Nach den Pferden aber rangierte gleich an nächster Stelle ich, sein Goldinko.

Neben seiner Begeisterung für Pferde nahm mein Großvater kaum zur Kenntnis, dass er mit seiner Ernesztína immerhin sieben Kinder in die Welt gesetzt hatte. Das lag natürlich vor allem daran, dass die ersten drei »nur« Mädchen geworden waren und darum gar nicht zählten. Als dann schließlich doch noch vier Buben folgten, hatte er das Interesse an der Sache selbst schon verloren. Zumindest zu Hause. Und vorrangig eben, was das Aufziehen der Kinder betraf.

Zum Glück gab es für ihn die Lipizzaner, da hatte er immer etwas zu tun. Aber ich will mich meinem Großvater gegenüber nicht ungerecht zeigen. Ich versuche ja zu verstehen, dass in einer anständigen jüdischen Familie das Erstgeborene selbstverständlich ein Bub zu sein hatte. Und bei ihm hatte das halt nicht geklappt. Als praktischer Mensch erzog er deshalb sein erstes Kind, Irma, meine Mutter, wie einen Jungen. Und er liebte sie auch sehr und erzog sie ganz nach seinem Ebenbild. Sozusagen als Entschädigung.

Als seine Tochter schließlich ins heiratsfähige Alter kam, bewachte er sie wie ein Zerberus. Alle drei Töchter hatte er auf eine höhere Mädchenschule nach Trencsénteplice (Slowakisch: Trencianske Teplice) geschickt, wo sehr auf ihre Moral geachtet wurde und sie zum täglichen Spaziergang allenfalls auf die Gänsewiese geführt wurden. Am liebsten waren meinem Großvater die wenigen Monate, in denen seine beiden jüngeren Töchter im Internat blieben, während seine geliebte Irma bei ihm in Ógyalla war.

Irma nun war darauf erpicht, bald zu heiraten. Diesem Vorsatz entsprechend kleidete sie sich jeden Morgen ausnehmend hübsch und mit großer Sorgfalt, so, als könnte sie im Laufe des Tages wer weiß wem begegnen. Schließlich konnte man nie wissen, wer als Gast hereinschneien würde. Und was tat der liebe Herrgott? Er ließ eines Tages tatsächlich jemanden hereinschneien. Und dieser Jemand war ein entfernter Großneffe unserer Nachbarin, der alten Gräfin Konkoly Thége.

Sie war eine achtbare Matrone, immer ganz in Schwarz gekleidet. Der Großteil ihrer Familie war nach dem Vertrag von Trianon nach Ungarn übersiedelt und hatte die arme alte Gräfin offenbar als Hüterin des Hauses auf dem Gehöft in der Tschechoslowakei zurückgelassen. Von der Landwirtschaft jedenfalls verstand sie nicht viel. Ihre Hunde siezte sie, das Personal duzte sie. Bei uns hingegen herrschten, nebenbei bemerkt, plebejische Sitten, egal, wer, ob Mensch, ob Tier, jeder wurde geduzt. Ganz anders als im Hause der Gräfin war der Handkuss bei uns verboten, ich vermute, aus rein hygienischen Gründen.

Mein Großvater, der wie gesagt ein tüchtiger Landwirt war, konnte nicht lange mit ansehen, wie die Bediensteten und vor allem der Verwalter die arme Gräfin vor aller Augen an der Nase herumführten. So wurde er bald der Vertraute der alten Frau und flüsterte ihr zu, was sie zu tun hatte.

Aus der großen Sippschaft Konkoly Thége verschlug es nur selten jemanden nach Ógyalla. Aber eines Tages verirrte sich jener entfernte Großneffe der Gräfin dorthin, dessen Namen in unserem Familienlegendarium zwar nicht vermerkt ist, dafür aber umso deutlicher das Ereignis als solches.

Irma nun – daran hegte Alfréd Weisz keinerlei Zweifel – war eine begehrenswerte junge Frau. Erstens war sie seine Tochter, zweitens war sie ihm ähnlich, und nicht zuletzt hatte sie, wie jedermann wusste, eine schöne Aussteuer zu erwarten.

Und Alfréd Weisz war nicht dumm. Er durchschaute schnell, dass Irma Feuer für den jungen Mann gefangen hatte und sich noch ordentlicher als sonst herausputzte, seit der nachbarliche Großneffe ihre Vorzüge erkannt hatte und sich nicht zu schade war, jeden Tag herüberzukommen. Ihm war aber auch klar, dass seine über alles geliebte Tochter keine Chance hatte, durch eine nicht standesgemäße Heirat – vornehm ausgedrückt eine Mesalliance – in die Familie der alten Gräfin aufgenommen zu werden. Den jungen Seladon aber konnte man ja nicht einfach hinauswerfen. Also wartete Alfréd Weisz geduldig wie eine Spinne in ihrem Netz auf seine Gelegenheit. Und diese Gelegenheit kam schließlich.

Niemand von uns weiß, bei welcher Gelegenheit ein Gentry* meinem Großvater auf den Schlips getreten ist. Aber dass gelbe Reitstiefel für ihn den Inbegriff des Gentrytums überhaupt darstellten und er gelbe Reitstiefel zutiefst verachtete, das wussten wir. Wir selbst durften, vermutlich aus diesem Grunde, nur schwarze Reitstiefel tragen. Es geschah nun eines schönen Vormittags, an dem der morgendliche Regen die Natur weitgehend unter Wasser gesetzt hatte, dass Irmas Ritter in gelben Reitstiefeln daherkam. Vom Wintergarten aus konnte man erkennen, wie eben diese Stiefel von einem Pferd abstiegen und sich zwischen den Pfützen vorsichtig dem Haus näherten. Eines größeren Anlasses bedurfte es für Alfréd Weisz nicht, um rot zu sehen. Er riss die Verandatür auf und brüllte in seinem vollsten und schönsten Tenor:

»In mein Haus setzt kein Mensch in gelben Reitstiefeln auch nur einen Fuß!! Ich bin doch kein Gentry!! Ich bin ein Saujude!! Marsch, hinaus!!!«

Der arme Ritter wich vor Schreck so schnell zu seinem Pferd zurück, dass er – Gott möge meinem Großvater verzeihen – rücklings in die nächste Pfütze fiel und man nur noch seine gelbgestiefelten Beine himmelwärts strampeln sah.

Danach hörten und sahen wir nur noch selten von der alten Gräfin. Erst Jahrzehnte später wurde sie wieder zum Gesprächsthema, als bei uns wie üblich an einem Freitagnachmittag das Silber in einer festgelegten Reihenfolge geputzt wurde – Ordnung war ein heiliges Prinzip in unserem Debrecener Haushalt. Als meine Mutter lange Zeit zuvor meinen Vater geheiratet hatte – sicher fiel der Gräfin seinerzeit ein Stein vom Herzen, weil ihre Familie dadurch standesgemäß außer Gefahr war –, hatte sie von der Gräfin eine schöne Schale mit Fuß geschenkt bekommen. Da sie aus Silber war, musste auch sie der wöchentlichen Putzprozedur unterzogen werden. Mithilfe eines Tuches aus Hirschleder und eines in denaturiertem Alkohol gelösten Talkums – bei Mustern wurde zusätzlich eine

* Als Gentry bezeichnet man in Ungarn die Schicht des Kleinadels oder einen Angehörigen dieser Schicht.

weiche Zahnbürste herangezogen – sollte sie, als sie an der Reihe war, auf Hochglanz gebracht werden.

Eines Freitagnachmittags jedoch geschah es, dass dieses Hochzeitsgeschenk eine zunehmend gelbliche Färbung annahm. Unglaublich: Die Schale war aus Messing! Lediglich die Oberfläche war versilbert! Das hätten wir der Gräfin nun wirklich nicht zugetraut!

Der Geburtsurkunde meiner Mutter konnte ich entnehmen, dass Alfréd achtundzwanzig Jahre alt war und Ernesztína sechsundzwanzig, als ihr erstes Kind, meine Mutter Irma, geboren wurde. Damals, als meine Großeltern sich, wie es sich gehörte, ein Jahr zuvor geheiratet hatten, galt mein Großvater schon als Hagestolz und meine Großmutter als alte Jungfer.

Als ich im Jahre 1945 von der Deportation zurückkehrte, bekam ich von einem lieben Nachbarn Fotos zurück, darunter eines, das meine Großeltern Ernesztína und Alfréd zeigt. Ich habe dieses Bild damals lange und ausgiebig betrachtet. Mein Großvater Alfréd sah genauso aus, wie ich ihn in Erinnerung hatte. Aber statt Ernesztína schaute mich eine Märchenhexe mit einer großen Nase an. Trotzdem habe ich meine Großmutter immer wunderschön gefunden, und das wird sie für mich auch auf immer und ewig bleiben. Meine große Nase und auch den Buckel habe ich übrigens von ihr geerbt. Aber da beides von ihr stammt, ist es gut.

Wie Alfréd und Ernesztína ein Paar wurden?

Sicherlich nicht, wie wir es aus dem Märchen kennen. Mein Großvater war nicht der Prinz auf dem weißen Pferd, der eines Tages unter Ernesztínas Fenster stand, um sie, von Leidenschaft ergriffen, auf sein Zauberschloss zu entführen und zu der Seinen zu machen. Und Ernesztína war nicht die, deren Schönheit die begehrten Junggesellen des Landes allabendlich unter ihr Fenster lockte und schließlich an Prinz Alfréds seidener Leiter hinunterkletterte, ihn auserwählend und ihm folgend, um an seiner Seite glücklich zu werden, frei nach dem Motto: »Und wenn sie nicht gestorben sind, dann leben sie noch heute.«

Wie ich schon erwähnte, hatte es die Natur mit Ernesztína nicht gut gemeint, hinten hatte sie sie mit einem Buckel und vorne mit einem überdimensionalen Gesichtserker ausgestattet. Alfréd hingegen war von der Natur regelrecht verwöhnt worden. Er wusste um seine Wirkung und benahm sich dementsprechend. Als gehörte ihm die ganze Welt! In Wirklichkeit aber war er arm wie eine Kirchenmaus, ein richtig armer Schlucker.

Ernesztínas Vater hingegen hatte zwar ein hässliches Entlein zur Tochter, aber als Trostpflaster besaß er jede Menge Geld. Und so hatte er genug, um seinem hässlichen Töchterchen die damals bestmögliche Erziehung bieten zu können. Sie sprach, wie alle in der Familie, Französisch und von Kindesbeinen an Ungarisch, Deutsch und Slowakisch, spielte Klavier, konnte singen, nähen, sticken, verstand sich auf allerlei Handarbeiten und darauf, einen großen Haushalt zu führen. Ich brauche wohl nichts hinzuzufügen, um zu verdeutlichen, dass das Happy Ending zwischen Alfréd und Ernesztína vorprogrammiert war.

Ob Ernesztína in Alfréd verliebt war? Ich glaube, sie konnte gar nicht anders. Ich an ihrer Stelle hätte mich jedenfalls augenblicklich in ihn verguckt. Ich befürchte allerdings, dass es bei meinem Großvater anders war und er – zumindest am Anfang – wegen der großen Mitgift eher ein Auge zudrückte, was seine Gefühle für Ernesztína betraf. Damals konnte er noch nicht wissen, dass meine Großmutter die klügste und beste Frau der Welt war. Und für mich wie gesagt auch die schönste. Sie war klug genug, um nur das zu sehen und zur Kenntnis zu nehmen, was gut für sie war. War etwas nicht gut für sie, dann sah sie elegant darüber hinweg. Ihren Alfréd aber verwöhnte sie. Wenn er krank war, pflegte sie ihn. Jeden Fehler verzieh sie ihm. Jeden Fehltritt und jede Sünde vergab sie ihm schon im Voraus. Sein Gebrüll ertrug sie mit einem lieben Lächeln. All seinen Launen gab sie nach. Mit einem Wort: Sie vergötterte ihn. Sie war in der Stadt aufgewachsen, aber für Alfréd kehrte sie nicht nur der Stadt, ihren Freundinnen und Verwandten, den Konzerten und dem Theater den Rücken, um sich auf dem Gehöft um das Vieh zu kümmern und um Obst, Gemüse und Heilkräuter anzubauen und zu sammeln. Sie wurde dort sogar richtig heimisch.

Auf Großpapas Schreibtisch stand immer ein Porträt. Nicht etwa von Franz Joseph, dazu fühlte er sich ihm viel zu vertraut, sondern, wie er zu sagen pflegte, von Ferenc Jóska. Wenn dieser Ferenc Jóska meinem Großpapa zwischen seinen Ställen in Ógyalla entgegengekommen wäre, hätte er ihn sicherlich geduzt und mit den Worten »Servus humillimus« herzlich begrüßt. Für meinen Großpapa gehörte Ferenc Jóska zur Familie. Jedenfalls nach dem »Ausgleich«*. Möglich, dass er, wie so viele Habsburger, Antisemit war, aber nach dem »Ausgleich« hat er viel für die Juden getan, sie durften Erfolg haben, studieren, glücklich werden. Und dafür waren sie ihm dankbar.

Der Bruder Sámuel meines Großpapas, Onkel Szami, war Vorsteher der jüdischen Gemeinde in Nagyszombat, und er ließ dem Ferenc Jóska von einer Gesandtschaft im Namen seiner Gemeinde zum jüdischen Neujahrstag immer eine mächtige gebratene Gans auf einem riesigen Silbertablett auf die Burg nach Wien bringen. Ferenc Jóska sollte wenigstens einmal im Jahr erfahren, wie ein richtiger Gänsebraten mundet.

Mein Großvater war ein wirklich hervorragender Landwirt. Er verstand sich nicht nur auf Pferde, er konnte alles und organisierte einfach alles, was auf dem Hof anfiel. Und alles, was auf dem Gehöft passierte, wurde in ein dickes, großes Buch eingetragen.

Dieses Buch hatte seinen Platz im Büro, in der ersten Stube, die links vom Flur abging. In diesem Büro waren sehr wichtige Dinge beheimatet: die Wertheimkasse, die Winchester, d.h. die Repetiergewehre, das Telefon und natürlich der große Schreibtisch.

Der Flur, der dorthin führte, war mit großen, roten, rechteckigen Steinplatten ausgelegt. Kaum zu glauben, dass der Keller des ehemaligen kleinen Palastes an der Ecke Zrínyi-Straße/Nádor-Straße in Budapest, der jetzt die von George Soros gegründete Central European University beherbergt, mit genau den gleichen roten Steinplatten gepflastert ist wie einst der Flur im Wohnhaus unseres Gehöfts. Solange das Außenhandelsunternehmen Metalimpex, in dem ich arbeitete, dort in den oberen Stockwerken seinen Sitz hatte, sah ich häufig von oben auf diese Steine hinunter, und bei ihrem Anblick wurde mir jedes Mal warm ums Herz.

* Unter dem »Ausgleich« versteht man die Vereinbarungen zwischen Österreich und Ungarn von 1867, die das Kaisertum Österreich in die k.u.k. Doppelmonarchie Österreich-Ungarn umwandelten.

Mein Großvater liebte es, damit zu prahlen, dass es auf seinem Gehöft keinen Quadratmeter gebe, auf den nicht jährlich so und soviel Dünger geschleppt worden wäre. Auch das stand in dem großen Buch, er konnte es nachweisen. Ins große Buch wurde ebenfalls eingetragen, wenn ein Fohlen, ein Kalb geboren wurde, sogar mit der Angabe ihrer Namen. Bei Lämmern, Ferkeln, Enten und Federvieh wurde allerdings nur die Anzahl vermerkt. Weiterhin wurde notiert, auf welchem Feld was und wie viel angebaut wurde. Jedes Jahr wurden Beginn, Ende und Ertrag der Ernte vermerkt und außerdem, wie viele Tiere es insgesamt auf dem Gehöft gab. Auch was man wöchentlich ein- oder zweimal nach Miskolc auf den Markt brachte und dort verkaufte, wurde aufgeschrieben. Das große Buch war so etwas wie die Bibel, geradezu alles war darin zu finden. Ich würde ein Königreich dafür geben, wenn ich es noch einmal in meinen Händen halten könnte.

Wie das Leben auf dem Lande war? Das hat niemand ergreifender beschrieben als der ungarische Schriftsteller Gyula Illyés (1902–1983) in seinem Buch »Das Pusztavolk«. Die Hierarchie auf dem Gehöft wurde mindestens ebenso strikt eingehalten wie am spanischen Hof die Etikette. Obwohl die Menschen keine verschiedenfarbigen Punkte auf der Stirn trugen, gab es eine strenge soziale Ordnung, einem Kastenwesen gleich, und von einer Kaste in die andere gelangte man nur durch ein Wunder. Im Grunde aber war das Leben in jeder Kaste armselig, in der einen konnte man kaum überleben, in der anderen noch weniger.

Diejenigen auf der obersten Sprosse der Hierarchie lebten in gesonderten Häusern in einer gesonderten Reihe. Als erster Onkel Vígh, der Alleinherrscher in der Schlosserwerkstatt, der Maschinist, der sich mit allen Maschinen und Gerätschaften bestens auskannte und sie instandhielt, von der Kühne & Nagel-Dampfmaschine über den Mähdrescher und den Aufzug bis hin zum Hofherr-Schrantz-Traktor. Er besaß genauso eine Schrotflinte wie wir. Die Feldhüter hingegen hatten statt Schrot Salz in ihren Flinten. Für einen »Rabsic«*, das heißt einen Wilderer, muss es sich äußerst unangenehm angefühlt haben, wenn er damit am Gesäß getroffen

* Das Wort »Rabsic«, ausgesprochen »Rabschitz«, kommt vom deutschen »Raubschütz«.

wurde. Denn mit einer Salzflinte gehörte es sich, genau dahin zu zielen. Und hinterher konnte dann der ertappte Dieb noch tagelang sein Hinterteil in einem Fass mit Wasser kühlen.

Onkel Vígh besaß in irgendeinem Dorf in der Umgebung ein eigenes Haus. Für uns spielte er versorgungstechnisch eine wichtige Rolle. Im Winter schickte er nämlich jede Woche vom Gehöft eine Gänseleber, einen Fasan oder ein Kaninchen, zu Ostern ein Milchlamm, zu Silvester ein Ferkel. Von der Gans wollten wir immer nur das Beste, die Leber. Onkel Vígh legte sie zwischen zwei auseinandergefaltete Schachteln. An den Hals der Fasane, Kaninchen, Lämmchen oder Ferkel band Onkel Vígh immer ein Stück Schnur, um daran ein kleines Stück harter Pappe mit unserer Debrecener Adresse zu befestigen. Gab er ein Tier so für den Versand präpariert auf, erhielten wir es prompt am nächsten Tag. Und das, obwohl die Ungarische Post auch damals Ungarische Post hieß. Mit dem Unterschied, dass sie seinerzeit noch funktionierte.

Die zweite wichtige Autorität auf dem Gehöft war Jánosi, der Schäfer, ein Mann von hagerer Gestalt, der sich immer kerzengerade hielt. Ihm gebührte Ehrfurcht, denn er stammte aus einer alten Schäferdynastie. Sein Vater war auch Schäfer gewesen, dessen Vater ebenfalls und auch dessen Vater. Man bekam ihn nur selten zu Gesicht, da er sich draußen bei seinen Schafen aufhielt. Meistens schlief er auch dort in irgendeinem Unterschlupf aus Maisstroh oder Schilf. Seine Frau hatte schlehdornschwarze Augen wie sonst keine und ihre Schürze war stets so gestärkt, dass sie bei jeder Bewegung knisterte. Das Haus der Schäfersleute war das letzte an dem einen Ende des Gehöfts. Daran schloss sich der Raum an, in dem der Gomolya-Käse und der Liptauer nach einem besonderen Verfahren hergestellt wurden.

Dem Leser, der sich dafür interessiert, möchte ich an dieser Stelle die besondere Rezeptur für den Gomolya-Käse verraten, denn ich gehöre nicht zu denjenigen, die ihre Rezepte eifersüchtig hüten. Ich freue mich vielmehr darüber, wenn jemand nach ihnen kochen und backen möchte. Wenn ich in einem solchen Falle ein Rezept abschreibe, um es anschließend weiterzureichen, vermerke ich allerdings beim Abschreiben jede noch so kleine Kleinigkeit – aus Angst, dass bei jemandem etwas nicht klappen könnte, was mir selber gelingt. Das sei vorab bemerkt. Jetzt aber endlich das Rezept!

Gomolya-Käse

1. Man nehme mindestens tausend Schafe, melke sie und gieße die so gewonnene Milch in Dreißigliter-Schöpfgefäße aus Messing. 2. Anschließend nehme man das Ferment vom kleinen Wandregal, tropfe davon zehn Tropfen in jedes Gefäß und warte geduldig eine kleine Weile, bis die geimpfte Milch anfängt, sauer zu stocken. 3. Dann kremple man die Ärmel hoch und wasche sich die Hände. 4. Und auf geht's: Jetzt knete man die gesäuerte Milch, damit sich innerhalb einer Minute die Molke absetze. 5. Man nehme sodann die auf dem Wandregal bereitliegenden Küchentücher und gieße in jedes so viel von der Dickmilch, wie für jeweils einen Gomolya-Käse benötigt wird. 6. Schließlich binde man die Küchentücher jeweils an ihren vier Zipfeln zusammen und hänge jedes Tuch an einen Haken. 7. Nicht vergessen sollte man, vorher kleine Tröge unter die Haken zu stellen, um die heraustropfende Molke aufzufangen. 8. Nun nehme man einen Topf, in dem man diese Flüssigkeit auf dem Herd erwärme. Oben dürfte sich jetzt der Molkenkäse, quasi als Nebenprodukt, absetzen. 9. Wenn der Gomolya ausgetropft ist, schreibe man das Datum darauf und stelle ihn auf das Wandregal draußen am Haus, damit er dort trocknen kann. 10. Wenn er hart genug geworden ist, schrubbe man den Fliegendreck mit heißem Wasser ab und bringe den Käse zum Markt nach Miskolc, um ihn dort zu verkaufen. 11. Vor dem Verkauf vergesse man nicht das Wichtigste, nämlich dem Käse den WA-Stempel (WA steht für: Weisz Alfréd) aufzudrücken. Denn nach diesem Markenzeichen wird auf dem Markt Ausschau gehalten. 12. Wenn man dann noch viel Zeit hat oder Irma danach zumute ist, raspele man einen Teil des Gomolya, verknete ihn mit etwas Salz und lege ihn in hübsche kleine Holzgefäße, die der Wagenmacher eigens für diesen Zweck hergestellt hat. Oder man lege den Käse in den Eiskeller, damit er dort wartet, bis wir kommen oder jemand vom Gehöft ihn uns nach Debrecen bringt.

Was den soeben erwähnten WA-Stempel betrifft, so muss ich noch erzählen, dass er auch auf jede Wassermelone gedrückt wurde, und zwar dann, wenn sie noch nicht größer war als zehn Zentimeter. So wuchsen die Melone und der Stempel gleichermaßen. Eine Wassermelone, die etwas auf sich hielt, musste zur damaligen Zeit etwa zehn Kilo schwer und das Stempelzeichen darauf etwa fünfzehn Zentimeter groß sein. Auch das war ein Markenzeichen. Außerdem wurden Stiere, Hammel, Kühe und Schafe auf dem Rücken mit den Initialen meines Großvaters gekennzeichnet, um ihn als Besitzer auszuweisen. Es kam überhaupt nicht in Frage, dass etwas, das Alfréd Weisz gehörte, in einen anderen Besitz überging. Damals konnte mein Großvater nicht ahnen, dass es später Judengesetze, dass es Deportationen geben würde und dass sein Vieh mit den WA-Monogrammen in alle Windrichtungen verschleppt werden würde.

Sehr aufregend fand ich auch den Schmied und den Wagenmacher, wenngleich ich ihre Namen vergessen habe. Der Schmied war nach Absprache immer nur zu bestimmten Gelegenheiten da. Das Gehöft besaß zwar eine eigene Schmiede, aber der Schmied kam mit seinem Sohn ein- oder zweimal im Monat aus einem benachbarten Dorf. Dann behuften sie die Tiere und erledigten alle anfallenden Schmiedearbeiten. Dort habe ich gelernt: »Ein Schmied ist kein Schmied, zwei Schmiede ergeben einen halben Schmied, drei Schmiede machen einen Schmied«, ein ungarisches Sprichwort, das besagt, dass immer noch einer mehr für die Arbeit gebraucht wird. Unvergessen bleiben mir die herrlich hell-metallenen Klänge, die die Schmiede produzierten, wenn sie die Hufeisen im Feuer bearbeiteten. Ich könnte sie von morgens bis abends hören.

Der Wagenbauer stellte auch die Räder her und war zugleich ein geschickter Tischler, ein Alleskönner, was Holzarbeiten betraf. Für mich schnitzte er einst einen kleinen wunderschön verzierten Schemel. Tulpen und Ranken schmückten die Seiten, und auf der Sitzfläche war mein Name eingeschnitzt. Auf diesem Schemel stand meine kleine Schwester Gilike unter dem vergitterten Fenster des Viehwaggons, in den man uns hineingepfercht hatte, um uns nach Auschwitz-Birkenau zu deportieren. Was mag aus meinem Schemel geworden sein, nachdem die »Kanadier«* ihn aus dem Waggon

* In einem besonderen Bereich des Lagers, genannt »Kanada«, wurden die Besitztümer der Häftlinge gesammelt und sortiert. Die dort arbeitenden Häftlinge nannte man »Kanadier« oder »Kanadahäftlinge«.

geräumt und auf die Rampe in Birkenau gestellt hatten? Nahm ihn jemand mit in seine Baracke? Oder traten sie ihn mit ihren Stiefeln und stampften ihn kaputt?

Jeden Abend erschien Onkel Pesta Hegyi, der Verwalter des Gehöfts, im Büro. Ich habe als Kind nie verstanden, wieso er der Verwalter sein sollte, denn der Verwalter war doch mein Großvater. Pesta Hegyi wurden dann die Aufgaben für den folgenden Tag mitgeteilt, und er verteilte sie an diejenigen, die sie ausführen mussten: an die Fuhrknechte, die Klein- und Großknechte und an die Tagelöhner und Handlanger.

Wenn ich an meine Kindheit zurückdenke, dann tun mir die heutigen Stadtkinder leid, die nur noch zu besonderen Gelegenheiten mit der Natur in Berührung kommen. Wenn sie Glück haben, machen sie ein paar Mal im Jahr einen Ausflug, laufen im Winter Ski, im Sommer besuchen sie vielleicht ein Ferienlager im Wald oder fahren für ein paar Wochen ans Meer. Aber der große Teil ihres Lebens spielt sich in den steinernen Mauern der Stadt ab. Ich hatte das Glück, in Debrecen in einem Haus mit Garten und auf dem Gehöft umgeben von vielen Tieren aufzuwachsen, und solange ich denken kann, war es für mich wichtig, einen kleinen Garten zu haben, für den ich sorgen konnte. Jedes Jahr verbrachten wir den August auf dem Gehöft, aber ich hatte das Gefühl, als würden wir immer dort wohnen und in Debrecen nur zur Schule gehen. Das Leben auf dem Hof war so reich an Erlebnissen, und ich erfuhr während dieses einen Monats so viel Wunderbares, dass es offenbar für das ganze Jahr ausreichte.

Am Schönsten aber war die weite Ebene.

Der ungarische Dichter Sándor Petőfi (1823–1849) spricht mir aus der Seele, wenn er schreibt, dass ihm die romantischen Karpaten gestohlen bleiben können – wegen der zugegebenermaßen recht staubigen Debrecener Luft wurden wir jedes Jahr dorthin zur Kur geschickt –, wo auch immer auf der Welt, selbst in der Wüste, gebe es keine faszinierendere Landschaft als die Ebene. Kein betörenderes Gefühl kenne ich, als auf einem freien Felde zu stehen und um mich herum die endlose Freiheit zu spüren, dort, wo der Himmel die Erde berührt, wo in der Ferne vielleicht ein oder zwei vom Blitz getroffene Baumstämme zu sehen sind, wo die Grillen zirpen und Milane ihre Kreise ziehen.

Nirgendwo ist ein Gewitter so schön wie auf der Ebene. Ganz plötzlich wird es totenstill, jedes Tier verstummt, selbst die Fliege hört zu summen auf. Dunkle Wolken jagen am Himmel, der Horizont wird tintenschwarz, Blitze zucken zur Erde nieder. Die Tiere rücken ängstlich zusammen, Hunde schmiegen sich jaulend an ihre Herrchen. Das Gewitter hat eine unaufhaltsame Macht. Mit seinem pfeifenden Wind und stürmischen Regen erreicht es auch den hintersten Winkel. Ich liebe Gewitter. Dreimal erlebte ich in unmittelbarer Nähe einen Blitzschlag, und doch blieb keine Furcht in mir.

Auf unserem Gehöft herrschte im August meistens große Trockenheit. Die Zuckerrüben und der Mais dürsteten nach dem auch von den Landarbeitern ersehnten Regen, und schließlich, wenn es soweit war, konnte man spüren, wie der ausgedörrte Boden den segensreichen Regen dankbar aufsog. Keinen schöneren Duft gibt es als den der Erde nach dem Regen. Dieser Duft ist der Lohn des Regens.

Eine andere schier unerschöpfliche Quelle für Erlebnisse war für uns das Moor.

Wenn wir im August dorthin kamen, benahm es sich recht zivilisiert. Wir bewegten uns mit vollkommener Sicherheit auf dem ausgetretenen Pfad, der durch das Moor führte. Aber diejenigen, die das ganze Jahr über auf dem Gehöft lebten, lernten die anderen Gesichter des Moores kennen und erzählten uns von ihnen. Im Frühling, in der Zeit der großen Überflutungen der Theiß, wuchs das Moor gewaltig.

»Hier auf dem Feld, wo wir jetzt stehen, schlug das Wasser Wellen«, erzählten sie. »Wir trieben die Schweine ins Wasser, damit es ordentlich aufgewirbelt wurde. Und mit bloßen Händen fingen wir so große Fische«, zeigten sie mit ihren Händen.

Wenn das Wasser wieder zurückgegangen war, musste der Weg durch das Moor neu ausgetrampelt werden. Diese Aufgabe oblag einem alten Pferd, immer demselben. Dort, wo es entlanglief, wurde das Schilf geschnitten. So entstand der Weg. Jedes Jahr aufs Neue. Weil der Winter, der Schnee und die Überflutung den alten Weg immer wieder zerstörten.

Das Schilf ist mit nichts vergleichbar. Nicht nur das Schilfrohr, sondern auch die vielen Wasserpflanzen verleihen ihm seine einzigartige Schönheit: Binsen, Ried, Rohrkolben und Wasserfaden und an seinem Ufer Vergissmeinnicht, Sumpfdotterblume, Minze, Klee, Knabenkraut, Hahnenfuß, wilder Sauerampfer, den wir roh verzehrten, und vieles andere, was heute geschützt oder ausgestorben ist. Und das allabendliche Froschkonzert! Wer das Surren des Schilfes nicht gehört hat, diese tausend unverwechselbaren Stimmen, das unermüdliche Orchester der Frösche, der kann István Fekete* nicht wirklich begreifen. Denn es ist etwas anderes zu lesen, als zu erleben.

In dem Moor nahe unserem Gehöft gab es alle nur erdenklichen Wasservögel. Störche, verschiedene Arten von Reihern, Kiebitze, Wasserhühner, Blässhühner, Rohrammern, Rohrsänger und wer weiß was für Vögel waren meine täglichen Begleiter. Unzählige Schwärme von Wildgänsen und Flugenten zogen am Himmel über uns hinweg. Störche brüteten damals buchstäblich auf jedem Dach, auch in Baumkronen, ganze Hundertschaften versammelten sich im August auf dem Feld und übten für ihre große Reise, bevor sie gen Süden losflogen.

Eines Sommers schossen wir versehentlich einen Storch am Flügel an. Großmutter schiente den Flügel zwar sofort, aber bis zur großen Reise war der Storch nicht genesen. Für den Armen war gar nicht daran zu denken, mit seinen Kameraden fortzufliegen. Wir tauften ihn Gólya Géza, was auf Deutsch Stefan Storch heißt. Er überwinterte in unserer Küche unter den fürsorglichen Fittichen meiner Großmutter. Den ganzen Winter über war er sehr traurig, obwohl er verwöhnt und mit rohem Fleisch gefüttert wurde. Wir alle fürchteten um sein Leben, und wenn wir von Debrecen aus zum Gehöft telefonierten, lautete unsere erste Frage stets: »Wie geht es Gólya Géza?« Wir waren überglücklich, als unsere Großmutter uns schließlich berichtete, dass sie ihn freigelassen hatte, sobald der erste Storch in der Nähe des Hofes aufgetaucht war. Er flog davon, als wäre er nie dort gewesen.

Beschämt denke ich heute daran zurück, dass ich seinerzeit gerne meinen Hut aufsetzte, der mit Seidenreiherfedern geschmückt war, um damit stolz auf dem Korso von Debrecen zu flanieren. Es gab niemanden sonst, der solche Federn besaß. Mein Onkel Sanyi hatte sie mir geschickt. Damals gab es von allem viel, auch Seidenreiher.

* István Fekete, ungarischer Schriftsteller, 1900–1970.

Heute sind fast alle Vogelarten, die ich aus meiner Kindheit kenne, geschützt, wenn es sie überhaupt noch gibt.

Da es auf unserem Gehöft keinen Strom gab, benutzten wir Petroleumlampen unterschiedlicher Art. Sie wurden in den Ställen, auch im Schweinestall, in der kleinen Küche und auf den Kornspeichern aufgehängt. Die Lampe stand in einem breiten Ring, der seitlich mit einer kleinen Metallscheibe verbunden war, an ihr war ein Haken als Aufhängevorrichtung angebracht. Die Metallscheibe hatte eine hitzeableitende Funktion. Diese Lampensorte gab es bei uns in unterschiedlichen Größen, je nach Bedarf.

Viel aufregender waren jedoch die Lampen in den Wohnräumen. Sie standen auf künstlerisch gestalteten, wertvollen Füßen aus Alt-Wien- oder Rosenthal-Porzellan, verziert mit Grazien, mythologischen Gestalten oder interessanten Tieren, die tanzten oder ihre Zähne fletschten. Die Lampenschirme waren aus Porzellan oder aus Glas.

Im günstigeren Fall hingen sie von der Decke, durch eine einfache Schnecke wurden sie hoch- oder heruntergezogen. Ungünstigeren Falls standen sie auf dem Tisch. Dann mussten wir immer sehr aufpassen, und wenn irgendetwas auf dem Tisch umfiel, war es meistens die Lampe.

Wenn wir auch keinen Strom hatten, so besaßen wir sehr wohl ein Telefon. Es bestand aus einem kleinen Kasten an der Wand, in dem sich das Gerät befand, einer Kurbel und aus je einem Hörer mit Sprechmuschel und einem extra Hörer ohne Mikrophon zum Mithören. Das Telefonieren geriet so immer zu einem gemeinschaftlichen Ereignis. Nicht nur weil von vornherein auf der Seite des Anrufenden mindestens zwei Personen mithören konnten – und auch meistens mitgehört haben –, sondern auch, weil, ob man es wollte oder nicht, das Fräulein vom Amt, dessen Aufgabe es war, die Verbindung zwischen den Gesprächspartnern herzustellen, die Gespräche mithörte.

Ein einfaches Gespräch lief wie folgt ab: Derjenige, der telefonieren wollte, begab sich in das Büro des Gehöfts, schritt dort zur Wand, nahm den Hörer ab und drehte mehrmals kräftig an der Kurbel. Den dadurch initiierten Klingelton hörte das Amtsfräulein im Dorf, das nun seinerseits den Kopfhörer abnahm und also sprach: »Hallo!« »Hallo!«, lautete dann die übliche Antwort des Telefonierenden vom Gehöft.

»Mit wem darf ich verbinden?«, so anschließend das Fräulein vom Amt. Nach der Antwort auf diese ihre Frage nahm sie einen Draht, der in einem kleinen Bananenstecker endete, und steckte diesen in das entsprechende Loch in der Schalttafel, die vor ihr an der Wand hing.

Bevor die beiden Partner das Gespräch aufnehmen konnten, vergingen aber noch mindestens zwei Minuten, vorausgesetzt, das Fräulein hatte sich beeilt. Überhaupt trug das Fräulein vom Amt eine große Verantwortung. Schließlich musste es – gewollt oder ungewollt – das Gespräch mit anhören. Das konnte aber durchaus von Vorteil sein. Wenn man nämlich wollte, dass sich eine Nachricht schnell im Dorf verbreitete, selber aber keine Zeit hatte hinzufahren, um die Neuigkeit unters Volk zu bringen, dann brauchte man nur ein Telefonat zu führen. Denn wer hätte je von einem Postfräulein gehört, das nicht neugierig gewesen wäre und das interessante Gesprächsinhalte diskret behandelte, nur um sich auf seine Pflicht zu beschränken?

Außer dem Telefon gehörte auch der Gewehrhalter, in dem die Winchester mit dem Kolben nach oben in Reih und Glied nebeneinander standen, zur festen Büroeinrichtung. Diese Gewehre durften wir zwar durchaus zweckentsprechend benutzen – dazu komme ich gleich –, es war uns aber strikt verboten, mit ihnen zu spielen, auch wenn wir davon überzeugt waren, dass sie nicht geladen waren. Auch zum Spaß durften wir nicht herumschießen, und niemals durften wir ein Gewehr auf einen Menschen oder auf ein auf dem Gehöft gezüchtetes Tier richten. Auf dem Weg zum Gehöft mussten wir immer an einem bestimmten Baum oder an einem bestimmten Gebüsch das Gewehr leeren. Schießen durften wir, wenn es nötig war, wenn wir Kaninchen oder Hasen, wilde Enten, Fasane, Wachteln, Rebhühner essen wollten. Das war besonders dann der Fall, wenn wir hohen Besuch erwarteten, zum Beispiel den Obergespan, den Stadtschreiber oder den Amtsrichter mit Entourage. Großvater ließ solche Gäste in der Regel mit einer Kutsche von der Bahnstation abholen. Je nachdem, wem was gebührte, schickte er entweder einen Zwei- oder einen Vierspänner. Mit einem Automobil reisten damals nicht viele, selbst die ganz hohen Herrschaften nicht. Allerdings hätte es sich auch schwierig gestaltet, auf den ungepflasterten Straßen mit dem Auto zu fahren.

Unser Paradekutscher war Jani Móré, der Sohn von Onkel Móré. Er war ein schöner Mann, der seine Livree und den mit Bändern geschmückten Hut mit sichtlichem Stolz trug. Ich erinnere mich sehr gut an seine schönen, starken Männerhände, mit denen er die Zügel hielt. Man sah ihnen an, wofür sie alles zu gebrauchen waren. Die Finger waren muskulös und wohlproportioniert. Am Schönsten aber waren seine Fingernägel mit ihren weißen, ebenmäßigen Halbmonden, die fast bis zur Nagelmitte reichten.

Mein Großvater selbst fuhr nur selten in der Kutsche. Stattdessen bereiste und inspizierte er sein Reich täglich in einem einfachen zweirädrigen Karren. Dann wurde sein alter ausgemusterter Freund Sultan eingespannt, der sich nicht von der Stelle rührte, solange die Zügel nicht in den Händen meines Großvaters lagen. Ich durfte mich neben meinen Großvater auf den Karren setzen. Das war für mich eine geradezu himmlische Freude. Damals wusste Großpapa nicht, dass man ihn zusammen mit Ernesztína im April 1944 schließlich doch in eine seiner Kutschen setzen würde, um beide in das Ghetto von Mezőcsát zu bringen, aus dem niemand zurückkehrte. Auch sie nicht.

Mein Vater Dezső Fahidi

Von meinem Vater existiert kein richtiges Portraitfoto. Ich habe von ihm nur das Bild, das ich in meiner Erinnerung bewahrt habe. So bleibt er für mich, wie er war, von keiner Retusche verzerrt.

Die vier ältesten Fahidi-Brüder waren robuste, kräftige Burschen. Als sie jung waren, erfreuten sie sich bei den Jugendlichen in Fehérgyarmat großen Ansehens, denn sie waren als Raufbolde bekannt. Als sich einmal Burschen aus dem Ort den Scherz erlaubten, Tauben in der Synagoge fliegen zu lassen, prügelten die Fahidi-Brüder die Lust an solchen Streichen gründlich aus ihnen heraus. Anschließend gingen sie in die katholische Kirche, um die freundliche Leihgabe zu retournieren.

Noch eine Episode wurde in der Familie erzählt: Zwei dieser vier Fahidi-Brüder waren mit der Bahn unterwegs, als jemand im Abteil anfing, auf die Juden zu schimpfen.

»Wer war das?«, wollte der eine Bruder wissen. Niemand meldete sich. »Also, Bruder, fangen wir an!«, sagte der jüngere. Daraufhin expedierten sie sämtliche Reisenden ins benachbarte Coupé. »Wer der Meinung ist, dass wir stinken, soll nicht mit uns reisen.«

Mein Vater war anders. Sowohl im Aussehen als auch im Wesen. Er war von feinerem Körperbau, und er mochte keinen Streit. Er las und meditierte gern und versuchte, soviel er nur konnte zu lernen.

Für mich hatte mein Vater zwei Gesichter. Nicht ein weinendes und ein lachendes. Nein, er hatte ein Vatergesicht für den Tagesgebrauch und ein Papagesicht für den Abend.

Mein Vater war Frühaufsteher, und als ich noch nicht zur Schule ging, sah ich ihn werktags immer erst am frühen Vormittag, wenn Ruth, meine Erzieherin, mich an die Hand nahm und wir ihm die Jause ins Holzlager vorbeibrachten. Dort kümmerte er sich nicht viel um mich, ich durfte zwischen den Holzstapeln herumlaufen, hinaufklettern und herunterspringen, auch wenn sie hoch gestapelt waren.

Ich mochte es sehr, wenn er dieses Vatergesicht hatte, obwohl ich es ein bisschen fürchtete, weil es so respekteinflößend war. Aber es imponierte mir auch. Einmal wurde ich von einem netten Mann aus dem Dorf am Tor des Holzlagers gefragt:

»Von wem ist das kleine Fräulein die Tochter?« Er wollte wissen, ob ich die Tochter meines Onkels Antal oder meines Vaters Dezső war. Ich richtete mich auf, blickte ihm in die Augen und verkündete stolz:

»Von meinem Vater!!!«

Die »Gebrüder Fahidi Holzhandels AG« gründeten mein Vater und sein Bruder Antal 1924 in Debrecen. Mein Vater war der »schöne«, Antal der »dicke« Fahidi. Im Allgemeinen aber wurden sie von allen, auch von den Arbeitern, Herr Dezső und Herr Toni genannt.

Antal war sehr groß und ziemlich korpulent, von der Seite betrachtet hatte er die Form eines auf dem spitzen Ende stehenden Tympanons. Er hatte lockiges, blondes Haar, blaue Augen und weiche, gepolsterte Hände. Er liebte es, am Tor der Holzhandlung zu stehen und mit jedem, der vorbeikam, ein paar freundliche Worte zu wechseln. Die Käufer aus der Provinz verhandelten ausschließlich mit ihm, sie kauften nur, was Toni ihnen empfahl.

Auf seinen Bauch schien er stolz zu sein!

Er dekorierte ihn mit seiner goldenen Omega-Taschenuhr, die an einer goldenen Kette hing. Schon das allein hätte ausgereicht, damit man merkte, wie hoch dieser Bauch bei ihm im Kurs stand. Aber in der Mitte der Uhrkette hing noch ein kleiner Anhänger. Es war ein goldenes Medaillon mit einem Emaillebild auf der Vorderseite, das einen himmelblauen, fliegenden Schmetterling darstellte. Dieser Schmetterling ist für mich die Verkörperung der Liebe und Geduld, die Onkel Toni mir entgegenbrachte. Er nahm mich gern auf den Schoß, und ich durfte immer mit dem Medaillon an der Uhrkette spielen.

Ich sagte: »Schletterming« – Toni musste lachen und sagte:

»Schmetterling.«

»Nein«, sagte ich, »Schletterming«. Toni antwortete darauf wieder nur mit:

»Schmetterling.«

Das konnten wir ohne zu ermüden minutenlang spielen. Das letzte Wort aber hatte immer ich, wobei ich mit großem Ernst

Die Autorin im Alter von dreizehn Monaten
Foto: Privatbesitz

und voller Überzeugung in seine blauen Augen schauend darauf beharrte:

»Schletterming!!!«

Am 26. Juni 1944 waren Onkel Tonis blaue Augen in seinem geschwollenen Gesicht nicht mehr wahrnehmbar. Bevor er in den Waggon gepfercht wurde, hatte man ihn in der Ziegelei noch schnell bis zur Unkenntlichkeit zusammengeschlagen. Unsere tüchtigen Gendarmen hatten versucht, aus ihm herauszuprügeln, wo seine Berge von Gold versteckt wären.

Das Tagesgesicht trug mein Vater auch während des Mittagessens, bei dem sich täglich dasselbe Drama abspielte, das manchmal mit einer Strafe endete. Für meine Weigerung, auch nur einen Bissen zu essen, wurde ich ins Badezimmer eingeschlossen. Je mehr darauf bestanden wurde, dass ich aß, umso weniger war ich dazu bereit.

Wieso das Badezimmer auch die Funktion einer Folterkammer erhielt, ist leicht zu verstehen, wenn man weiß, dass es ein Fenster zum Garten hatte. Man sah genau auf die Sandkiste, die Schaukel, das Reck, die Ringe, den Barren und den Stufenbarren. Je länger ich aus dem Fenster schaute, umso elender fühlte ich mich, ich wurde als Gefangene gehalten, gewaltsam eingeschlossen, durfte nicht hinaus zu meiner geliebten Sandkiste, der Schaukel, den Ringen, dem Barren. Um wie viel schöner wäre es, da draußen herumzuspringen, als hier drinnen zu schmachten. Und dann brach mir auch noch der Schmerz das Herz, denn eigentlich wollte ich doch immer ein liebes Mädchen sein, und nun waren Vater und Mutter böse auf mich.

Ich muss um die fünfzehn Jahre alt gewesen sein, als nicht mehr ich, sondern meine jüngere Schwester Gilike in das Badezimmer eingeschlossen wurde, wenn sie etwas angestellt hatte. Auf einmal sagte mein Vater mit dem Tagesgesicht zu meiner Mutter:

»Irmchen, das arme Kind ist seit mindestens fünf Minuten im Badezimmer eingeschlossen. Gehen Sie endlich hinein, schlagen Sie ihr zweimal sanft auf den Po, lassen Sie sie versprechen, dass sie so etwas nie wieder tut, und lassen Sie sie frei!!!«

»Immer soll ich die unangenehmen Aufgaben erledigen, gehen Sie selbst hinein und schlagen Sie ihr auf den Po, wenn Sie das Herz dazu haben!«, so meine Mutter. Ich war fassungslos und glaubte, nicht richtig zu hören. Hatten sie wohl über mich auch so gesprochen, wenn ich im Bad eingeschlossen war? Also liebten sie mich, auch wenn ich garstig gewesen war und sie mich bestraften???

Das Papagesicht setzte mein Vater ausschließlich am Abend auf.

Nach den strengen Regeln unseres Hauses mussten die Kinder um acht Uhr gebadet sein und mit geputzten Zähnen im Bett liegen. Während der ersten acht Jahre meines Lebens, vor Gilikes Geburt, wurde ich meistens von Papa gebadet. Ich erinnere mich noch an die Bewegung, mit der er mich in der Wanne aufstellte, mir den Bademantel überwarf, mich heraushob und auf den Tisch stellte und mich rubbelte und rubbelte, damit ich nicht fror. Das Beste kam zum Schluss: Er hob mich hoch wie einen Schmetterling, setzte mich auf die Schulter, trug mich zu meinem Bett, legte mich hinein, nahm sich einen Stuhl und erzählte.

Mein abendlicher Papa las nicht aus einem Buch vor, das haben andere tagsüber getan. Er erzählte frei. Weil mein Abendpapa ein weiser Mann war. Jede Geschichte fing so an:

»Es war einmal ein Mädchen namens Éva.«

Wenn aber eine Geschichte so anfing und alles, was geschah, mit Éva geschah, musste es eine wahre Geschichte sein. Also war das, was mein Abendpapa mir erzählte, eine »wahre Geschichte«, wahr vom ersten bis zum letzten Buchstaben.

Die Geschichten waren sehr interessant. Inspirieren ließ sich mein Vater bald von der Bibel, bald von historischen Begebenheiten, manchmal von Naturereignissen. Mein Papa erzählte von fremden Ländern, von Himmelskörpern, vom Nordlicht, von Flüssen, Meeren, Regen und Wolken. Also auch »richtig« wahre Geschichten. Eine davon ist mir besonders in Erinnerung geblieben. Sie handelte vom Ausbruch des Vesuvs. Auch diese Geschichte fing damit an, dass es einmal ein Mädchen namens Éva gab.

»Wenn Du einmal größer bist, nehmen wir Dich mit nach Italien, dort kannst Du Dir dann alles selbst ansehen«, sagte mein Vater.

Ich war also gewissermaßen schon im Voraus in Italien am Fuße des Vesuvs, und zwar gerade als der Vulkan ausbrach. Laut und Unheil verkündend fing er an zu dröhnen, der Lärm steigerte sich zu einem ohrenbetäubenden Donnergeräusch, und alsbald brach ein dichter Steinhagel hervor, der ins Tal hinunterprasselte und alles, was in seinen Weg fiel, zerstörte: Bäume, Sträucher, Gebäude, alles. Schwarzer Rauch verdeckte die Sonne, es wurde so dunkel wie im Inneren der Erde. Plötzlich zischten, knatterten und prasselten die Funken wie bei einem Feuerwerk, und alles, was die Funken berührten, fing Feuer. Der ganze Berg brannte!! Schlagartig wurde es taghell: Brandrote Lava schoss springbrunnenartig aus der Mitte des Berges hervor und ergoss sich über den Hang, rücksichtslos alles unter sich begrabend.

Ich sah und hörte alles, fühlte sogar Rauch und Brandgeruch, sah die in die Wolken flüchtenden Vögel, die sich angstvoll zusammendrängenden Tiere, und mein Herz schnürte sich vor Furcht zusammen.

»Ich kann Dir das auch auf einem Bild zeigen, wenn es Dich interessiert« – und mein Vater holte den entsprechenden Band* des Großen Révai Lexikons an mein Bett. Hätte er das bloß nicht getan!!! Ich bin mit dem Großen Révai Lexikon aufgewachsen.

* Band 19, Vár – Zsűri, Bilder zwischen Seite 476 und Seite 477.

Ich liebte es über alles, es war voller Entdeckungen, mit farbigen und schwarz-weißen Abbildungen, ich konnte mich bis zu einem halben Tag darin versenken.

Aber verehrtes Redaktionskomitee des Großen Révai Lexikons! Noch heute frage ich Sie fassungslos, wie Sie ein so vielseitiges und aufregendes Thema wie den Ausbruch eines Vulkans mit so langweiligen, schematischen, phantasielosen und hässlichen Bildern illustrieren konnten. Auf Ihrem Bild raucht ein armseliger Hügel ruhig vor sich hin, fast könnte man sagen: friedlich und heiter.

Für mich hatten sich Himmel und Erde berührt, und der Boden hatte geschwankt, und nun war ich sehr, sehr enttäuscht. Wo war auf diesen Bildern all das, was mein Vater mit dem Papagesicht mir so wunderbar erzählt hatte, was er mich sehen und hören ließ?

Das schrie nach Rache! Meine Riesenenttäuschung musste ich sofort vergelten, und weil außer meinem Vater niemand da war, kriegte er meine Wut ab. Ich musste ihm etwas sehr Verletzendes und Schmerzliches sagen:

»Ich dachte, dass mein Papa ein weiser Mann wäre. Dabei weiß er das alles nur aus einem Buch!« – Ich wollte ihm mindestens so weh tun, wie mir die Enttäuschung weh getan hatte. Er war da und deshalb kriegte er die Prügel ab.

Mein Vater war, genau wie seine Brüder, mit dreizehn Jahren gezwungen, selbst für seinen Unterhalt zu sorgen, wenn er etwas lernen wollte. Sein Kapital bestand lediglich aus seinem Verstand, also galt es, ihn anzuwenden. Zum Glück gibt es in jeder Schule schlechte Schüler. Und geradezu gesetzmäßig gibt es auch solche schlechten Schüler, die einen tüchtigen Vater haben. Damit war das Schulgeldproblem meines Vaters gelöst: Er gab Nachhilfeunterricht. Und er las, las und las, alles, was ihm in die Hände fiel. Er verschlang die Klassiker der ungarischen Literatur und der Weltliteratur und entwickelte dabei seinen eigenen literarischen Geschmack. Er liebte den Dichter Dániel Berzsenyi. Sein Steckenpferd war der freie, gewählte Stil, die ungezierte, unaffektierte, richtig betonte ungarische Sprache. Welchen Weg musste er zurücklegen, um es von der Schneiderwerkstatt in Fehérgyarmat so weit zu bringen!?

Er war in jeder Hinsicht ein Selfmademan. Seine geschäftlichen Unternehmungen bereitete er umsichtig und sorgfältig vor. Er holte Meinungen von Anwälten und Fachleuten ein, las die nötige Literatur. Wenn er sich aber einmal entschieden hatte, handelte er schnell und entschlossen und sicherte alles vertraglich ab. Nicht zuletzt dadurch schuf er sich seine materielle Basis.

Sein erstes Unternehmen war der mit Hilfe der Mitgift meiner Mutter aufgezogene Holzhandel. Zum Holz führte ihn seine Liebe zur Natur, denn er musste für seinen Beruf viel in den Wald gehen. Er lernte alles über Holz. Schon anhand eines kleinen Stücks erkannte er, von welchem Baum es stammte, wie alt dieser war und wofür man sein Holz verwenden konnte. In seinem Lager herrschte beispielhafte Ordnung. Das Holz wurde mit Ehrfurcht behandelt. Bau- und Möbelhölzer wurden jahrelang getrocknet, in luftigen, überdachten Schuppen aufbewahrt, nach Größe und Qualität sortiert und immer wieder gewendet.

Im Holzlager gab es zwei fest angestellte Arbeiter, die beide Sándor hießen. Der eine war Sándor Kányádi, der andere Sándor Orbán. Sie arbeiteten vermutlich beide für einen Hungerlohn. Da sie charakterlich sehr verschieden waren, wurden sie unterschiedlich mit ihrer Armut fertig. Frau Kányádi trug ordentlich gebügelte Kleidung, war sauber und adrett, doch an Familie Orbán konnte meine Mutter ihre Wohltätigkeitsleidenschaft ausleben.

Orbán hatte unabhängig von der Tageszeit stets eine ziemliche Alkoholfahne. Er versäumte es nie, meinem Vater an jedem großen Feiertag und an seinem Namens- und Geburtstag zu gratulieren. Vermutlich tat das auch der andere Sándor, aber daran kann ich mich nicht erinnern. Umso mehr an die Gratulationen von Sándor Orbán. Er zitierte nämlich jedes Mal ausführlich aus dem »Kapital« von Marx. Das musste dann die ganze Familie, ohne mit der Wimper zu zucken, über sich ergehen lassen. Am Ende bekam er ein Honorar für den Vortrag. Und meine Mutter hatte schon am Vortag Frau Orbán die notwendige Mehl-, Fett- und Zuckerration zukommen lassen, damit die Familie nicht verhungerte.

Ungarn hatte sich nur halbherzig auf die Teilnahme am Krieg vorbereitet. Unter den schnell wechselnden Regierungen gab es lange Zeit einen Kampf zwischen den anglophil und den deutsch Orientierten. Einigkeit bestand darin, dass im ganzen Land Vorräte an lebenswichtigen Artikeln angelegt werden sollten. Im Hinblick auf den Krieg, der an unseren Grenzen anklopfte, war Verbandszeug eine Ware von Priorität. Einer der Brüder meines Vaters, Herman Lajos, genannt Lujzi, war in dieser Branche bewandert. Mit ihm zusammen gründete mein Vater in Budapest die Firma »Fahídy Verbandszeug«. Da es sich um ein Familienunternehmen handelte, kam es mit recht wenig Betriebskosten aus. Es beschäftigte lediglich einen Buchhalter und einige Hilfsarbeiter. Mein Onkel Lujzi gewann mit seinem guten Auftreten und großartigen Verhandlungsgeschick eine öffentliche Ausschreibung nach der anderen. Oft hing der Erfolg von zehn bis zwanzig Hellern ab! Das öffentliche Leben war auch damals keine Versammlung von Engeln und Gralsrittern, aber niemand hätte riskiert, jemanden zu bestechen, der über eine öffentliche Ausschreibung entschied.

Als Ende der Dreißigerjahre die Idee entstand, in der Hortobágy-Puszta Reis anzubauen, gründete mein Vater neben seiner Debrecener Holzhandlung die »Hajdu Schäl- und Mahlmühle«. Ende der Vierzigerjahre wurde aus mir unerfindlichen Gründen eine Stilllegungskampagne gegen die Mühlen geführt, der auch die Mühle meines Vaters zum Opfer fiel.

Ich habe unsere Mühle deshalb in so guter Erinnerung, weil mir meine Bitten oft mit der Begründung abgeschlagen wurden, dafür sei jetzt kein Geld da, es werde zum Aufbau der Mühle benötigt. Als ich fünfzehn oder sechzehn Jahre alt war, wollte ich so erwachsen aussehen wie die Mehrheit meiner Klassenkameradinnen, was so viel hieß, dass ich wie sie, die viel Beneideten, seidene Strümpfe, hochhackige Schuhe und einen Pelzmantel tragen wollte. Auch wenn sie so etwas nicht zur Schule trugen, denn dort trug man Schuluniform mit dicken schwarzen Strümpfen. Vergeblich bedrängte ich meine Eltern. Selbst an Festtagen trug ich nur Matrosenblusen und durfte höchstens einmal Söckchen anziehen. Und da ich immer Probleme mit der Haltung und den Füßen hatte, fertigte Onkel Hadnagy für mich orthopädische Schuhe an. Die musste ich anziehen, ob es mir passte oder nicht. Ich hätte mein Leben für einen Pelzmantel gegeben.

Zwei Jahre später bekam ich dann aber doch meinen Pelz. Er hat gute Dienste geleistet. Allerdings nicht mir. Bevor wir deportiert wurden, verteilten wir den größten Teil unserer Sachen an Freunde, Bekannte und Nachbarn. Meinen geliebten Pelzmantel bekam der

Apotheker Szoboszlai, unser lieber Nachbar und Freund, zur Aufbewahrung. Seine Frau, Tante Irene, hat ihn im kalten Luftschutzkeller getragen. Wenigstens sie hat er gewärmt, während ich in einem einzigen Overall ohne Unterwäsche und ohne Strümpfe den Winter 1944/45 überstehen musste. So wie mir ging es Tausenden, die in die Mühlräder der deutschen Kriegsmaschinerie geraten waren.

Zu dem Gehöft kam mein Vater eher zufällig. Mein Großvater Alfréd hat solange die Heiligen hochgelobt und von sich gesagt, er sei kein »Hundsfott Marias«, bis er eine Reihe von Krankheiten bekam, Angina Pectoris, Bluthochdruck, Gefäßverengung usw. Als meine Eltern heirateten, thronte mein Großvater noch allmächtig in Ógyalla. Dann, als er immer kränker wurde, als sein einstmals schallender Tenor sich zum Bariton verdunkelte, glich er immer mehr einem zahnlosen Löwen. Der Arme brüllte umsonst. Seine Wutanfälle beeindruckten niemanden mehr, sie wirkten theatralisch und blieben wirkungslos. Seine Umgebung belächelte ihn nachsichtig hinter seinem Rücken.

Von Debrecen aus war es äußerst schwierig, sich um seine Gesundheit zu kümmern, und der Familienrat beschloss, dass er nach Ungarn übersiedeln sollte (Ógyalla gehörte seit 1919 zur Tschechoslowakei). Meine Mutter wollte das um jeden Preis, denn sie war diejenige, die Alfréd am nächsten stand. Sie war ihm auch am ähnlichsten.

So wurde das Gehöft Nagytanya (auf Deutsch etwa: Großhof) in der Puszta seine neue Heimat, wo er noch jahrelang mit größerem und kleinerem Erfolg wirtschaftete. Aber es fiel ihm immer schwerer. Ein neuerlicher Familienrat erkor dann meinen Vater, das Wirtschaftsgenie, dem immer alles gelang, wenn er es denn wollte, zum neuen Leiter des Gehöfts aus. Damals tauchte in unserem Haus landwirtschaftliche Fachliteratur auf. Mein Vater engagierte sich mit aller Kraft. Was das Ergebnis betraf, so erwies sich der Entschluss des Familienrats als richtig: Der Hof blühte unter seinen Händen wieder auf.

Das hatte auch mit der schon erwähnten Wertheimkasse im Büro des Gutshofs zu tun. Denn bislang hatte man zwar in das bewusste große Buch eingetragen, was in die Kasse eingenommen, nicht aber, was ihr entnommen worden war. Als mein Vater einführte, dass es genauso wichtig war, die Ausgaben zu kontrollieren, wurde der Saldo plötzlich wieder positiv.

Zwei Brüder meiner Mutter lebten ebenfalls auf dem Gehöft: »Herr Pali« und »Herr Sanyi«. Sie hielten neben dem Gemüsegarten das aus praktischen Gründen angelegte Luzernenfeld in Ordnung. Bei der Ernte mussten Pali und Sanyi in einer Reihe mit dem Ernteleiter arbeiten. Jede Phase der Ernte erforderte körperliche Schwerstarbeit. Jemand, für den es nicht die tägliche Arbeit ist, kann nur mit der Sense mähen, wenn er sich ständig fit hält. Es wäre entsetzlich peinlich gewesen, wenn ausgerechnet die Herren Pali und Sanyi nicht mit dem Ernteleiter hätten mithalten können und hinter der Reihe zurückgeblieben wären. Aus diesem Grunde mähten die beiden, um sich fit zu halten, regelmäßig das große Luzernenfeld.

Als mein Vater eine Sense in die Hand nahm – zum ersten und letzten Mal in seinem Leben –, mähten Tagelöhner das Heu. Man brauchte sehr viel Heu für das Vieh. Im Frühjahr wurde mindestens zweimal Heu gemäht und das Gras noch in den verstecktesten Gräben und Eckchen geschnitten. Als Lohn erhielten die Tagelöhner jeden fünften Hocken des Heus. Mein Vater versuchte, heldenhaft zu mähen, musste jedoch bald einsehen, dass er es nicht lernen würde. Doch er verstand jetzt, was für eine enorme physische Anstrengung es bedeutete. Und da er große Achtung vor schwerer Arbeit hatte, erhöhte er den Anteil der Tagelöhner. Sie erhielten fortan ein Viertel statt ein Fünftel des gemähten Heus, was die Gutsherren der benachbarten Höfe stark verärgerte.

Auch die »Arisierung« seines Vermögens hatte mein Vater sorgfältig geplant, sogenannte Freunde wurden seine Strohmänner. Die Zeilen des bekannten Gedichts von János Arany: »Blutgeruch lockt des Nachts das Wild...«* erwiesen sich als sehr zutreffend – viele wollten ein Stück vom Besitz meines Vaters abbekommen. Er hielt die Fäden bis zum letzten Moment in der Hand, selbst noch im Ghetto. Er vertraute seinen Freunden. Wie konnte es sein, dass er nicht wusste, dass sich das wahre Gesicht eines Menschen erst im Unglück zeigt? Es blieb mir überlassen, nach meiner Heimkehr von

* Aus: János Arany (ungarischer Dichter und Schriftsteller, 1817–1882): Die Barden von Wales.

der Deportation die berühmten »ehrlichen« Freunde zur Rechenschaft zu ziehen.

Am 4. November 1945 kehrte ich nach Debrecen zurück.

Graue Wolkenfetzen hingen am Himmel, genau wie am 19. März 1944, als Ungarn von der deutschen Wehrmacht besetzt wurde. Fast neunzehn Monate waren seitdem vergangen, aber ich war nicht um neunzehn Monate gealtert, sondern um ein ganzes Leben. Gerade war ich noch ein Kind gewesen und dann ohne Übergang ein alter Mensch geworden. Ich hatte nichts und niemanden und musste vollkommen auf mich gestellt, mutterseelenallein in der großen Welt bestehen.

Debrecen war eine kleine Stadt, in der jeder jeden kannte. Die Nachricht, dass ich zurückgekommen war, verbreitete sich in Windeseile. Ich wohnte bei der Familie des Hausarztes meines Vaters, der Familie Barta. Kaum hatte ich die Tür hinter mir zugemacht, als das Telefon klingelte: Familie Vágó und Familie Barabás, sie hätten noch, was meine Mutter ihnen zum Aufbewahren gegeben hatte, wann sie es bringen könnten?

Während des Krieges waren alle, die es irgendwie konnten, aus Debrecen geflohen. Auch die Familien Vágó und Barabás. Die Vágós hatten das Essbesteck in Verwahrung genommen, das für meine Aussteuer bestimmt war – ich benutze es noch heute. Bei der Familie Barabás standen zwei große Kisten von uns. Sie hatten sie auf der Flucht mitgeschleppt und nach dem Krieg wieder zurücktransportiert. In beiden Familien wurden darüber keine großen Worte verloren.

Von der Familie Rácz meldete sich niemand. Sie waren unsere Nachbarn gewesen und zählten zu unseren engsten, aufrichtigsten Freunden. Ihnen hatte ich aus Auschwitz-Birkenau die berühmte »Waldseepostkarte« geschickt. Als die Nazis 1944 die Juden Ungarns nach Auschwitz verschleppten, mussten diese eine Postkarte mit »schönen Grüßen aus Waldsee«, einem Ort in Thüringen, verschicken und behaupten, dass es ihnen gut gehe. Onkel Lajos war vor unserer Deportation gestorben, Tante Magda und ihr Sohn Csongor waren in den Westen geflohen und lebten vom Erlös unserer Sachen. Von der Familie Szoboszlai rief auch niemand an. Sie wohnten gegenüber von unserem Haus, wo auch ihre Apotheke war. Ich ging zu ihnen. Tante Irene hatte sich im

Luftschutzbunker in meinem Pelzmantel gewärmt. Ich öffnete ihren Schrank. Er war voll mit der Bettwäsche meiner Mutter mit dem aufgestickten Monogramm. Ich nahm sie heraus. Ich schlug die Tagesdecke von ihrem Bett zurück. Es war mit der Bettwäsche meiner Mutter bezogen.

»Bitte zieh das Bettzeug ab, Tante Irene, ich wasche es dann schon selbst aus.«

Willkommen in Ungarn! Als Eichmann aussagen musste, behauptete er, dass es in keinem der von Deutschland besetzten Länder so viele Denunzianten gegeben habe wie in Ungarn, selbstverständlich anonyme.

Ich bin noch nicht richtig zu Hause, da erhalte auch ich einen anonymen Anruf, in dem mir mitgeteilt wird, dass sich das Hutschenreuther Geschirr meiner Mutter auf einem Gehöft in der Nähe von Debrecen befände. Zusammen mit einem Polizeifahnder und versehen mit einem Durchsuchungsbefehl begebe ich mich dorthin. Aus einer Vorratskiste ragt die Tülle der Teekanne heraus. Dann kommt fast das ganze Service zum Vorschein. Ich benutze es noch heute.

Meine Mutter war damit geneckt worden, dass sie in Pfarrer János Szabó einen Hausfreund gefunden hätte. Seine Besuche waren wohl hauptsächlich ihrer unwiderstehlichen Kochkunst geschuldet, insbesondere wusste er ihr Pilz-, Schinken- und Käsehaschee zu schätzen. Ihm hatten wir eine Liste mit einem Gewicht von etwa 100 g anvertraut, in der uns wichtige Gegenstände aufgeführt waren. Als ich wieder zu Hause war, bat ich ihn um diese Liste. Er wohnte mittlerweile nicht mehr in Debrecen. Er schrieb mir: »Ich hatte wirklich Wichtigeres zu tun, als an Eure Liste zu denken.« Von mir wird der kein Haschee mehr bekommen.

Meine wütende Suche galt nicht nur den übriggebliebenen Gegenständen. Sie galt in erster Linie meinem Vater und meiner Mutter und ihrer Auffassung, wonach man die Arbeit, die zur Herstellung eines Gegenstandes erforderlich war, würdigen solle. Diese Gegenstände hatten mit ihrer Schönheit dem bürgerlichen Leben den Rahmen gegeben, in dem unsere Familie und ähnliche Familien gelebt hatten, den Rahmen, der meine Kindheit in den ersten Jahrzehnten des zwanzigsten Jahrhunderts bestimmt hat.

Meine Mutter im Jahre 1923, im Alter von achtzehn Jahren, als mein Vater sich in sie verliebte. Dieses Bild hat meine Mutter ihrem Vater nie zu zeigen gewagt, auch als sie ihre Rollen schon lange getauscht hatten und meine Mutter für ihn sorgte. Denn das Bild war ja so frivol…
Foto: Privatbesitz

Irma Weisz, meine Mutter

Ich war fünfundsiebzig Jahre alt, als ich endlich mit meiner Mutter Frieden schloss und dieses Foto an die Wand hängte. Davor hätte ich, wenn ich nur an meine Mutter dachte, vor Wut schreien können: Wozu hatte sie mich zur Welt gebracht, wozu geliebt, erzogen, verwöhnt, um mich dann im Stich zu lassen? Mich mutterseelenallein zurückzulassen?

Das Leben mit ihr war eine Freude.

In unserer Familie gab es auf die Frage: »Was ist der Sinn unseres Lebens?«, die die Philosophen seit Jahrtausenden beschäftigt und sie zu großen Werke inspiriert hat, eine einfache Antwort. Mit derselben Selbstverständlichkeit, wie die Nacht auf den Tag folgt, wussten wir: Der Sinn unseres Leben besteht darin, unserer Mutter die Möglichkeit zu geben, ihr Organisationstalent zu entfalten. Sie tat alles auf ganz natürliche Weise, beeindruckend und mit vollkommener Selbstverständlichkeit und so gut, wie man es sich nur vorstellen kann. Sie führte den Haushalt, bewirtete die vielen Gäste mit Speise und Trank, hielt den Garten in Ordnung, strickte, häkelte, lenkte die Pferde, kochte ein, verarbeitete die geschlachteten Schweine, legte Vorräte für den Winter an. Sie verstand es, sich einfach und dabei sehr elegant zu kleiden. Sie ging gern ins Konzert, ins Theater und ins Kino und organisierte ständig Reisen. Sie genoss das Leben. Und sie liebte das Turnen. Dabei war sie keineswegs von elfenhafter Gestalt.

Wir reisten sehr viel: zu den Großeltern nach Ógyalla und später in die Puszta zum Gehöft Nagytanya, zu Tante Hédi, der Schwester meiner Mutter nach Majcihov in die Tschechoslowakei, zu den Geschwistern meines Vaters nach Budapest. Auch zu uns kamen ständig Besucher, nicht nur solche, die bei uns übernachteten wie die Onkel, Tanten, Cousinen und Cousins. Mindestens einmal pro Woche kamen Freunde meines Vaters zu einem Abendessen, an dem wir Kinder nicht teilnehmen durften. Außerdem unsere Nachbarn mit Ehepartnern, natürlich mein Onkel Toni mit Familie, Gyula

Barta, der Hausarzt, mit dem wir verschwägert waren, und seine Familie. (Frau Bartas Bruder und Nuni, die jüngere Schwester meiner Mutter, hatten geheiratet, was für ein Zufall!)

Hauptsächlich Onkel Pali und Onkel Matyi hatten wir es zu verdanken, dass unsere Vitrine immer voller wurde und sich mit Gegenständen füllte, die zwar möglicherweise interessant, aber von zweifelhaftem Geschmack waren. Ich kann diese in bürgerlichen Haushalten damals so hochgeschätzten Vitrinen nicht besonders leiden, sie erinnern mich an Hausaltäre, wobei die angebeteten Gegenstände keine Penaten sind, sondern Kelche, Vasen, auf Hirtenflöten spielende Hütejungen, Gänse, Rokokopärchen in zierlicher Umarmung, Rehlein, steife Ballerinen in ihrem Tutu, aus Alt-Wien-, Rosenthal-, Capo di Monte oder ähnlich edlem Porzellan. Tante Magda Rácz und Tante Iréne Szabó, unsere lieben Nachbarinnen und aufrichtigen Freundinnen, konnten ihrem Besitztrieb nicht widerstehen: Als wir ins Ghetto gehen mussten, verabschiedeten sie sich von uns geradeso, als würden wir eine unserer gewöhnlichen Reisen zu Großvater machen, und entnahmen mit zitternden Händen die ersehnten und beneideten Schätze von den Borden der Vitrine.

»Irmchen, Du brauchst das ja nun nicht mehr«, stammelte Tante Magda mit verständnisvoller Voraussicht. Vielleicht wusste sie mehr als wir.

Meine Mutter konnte ohne Unterlass etwas erfinden, was das Leben interessant machte, jeden Tag geschah etwas Gutes. Sie ist für mich ein unauslöschliches Vorbild, sie war agil, unermüdlich tätig, immer in Bewegung, eigensinnig, rebellisch, vielseitig, phantasievoll, liebevoll, impulsiv, warmherzig und mütterlich.

Ich versuche, es ihr gleichzutun, in allem, was mir von ihr in Erinnerung geblieben ist. Sie war neununddreißig Jahre alt, als ich sie verlor. Und sie bleibt für mich immer neununddreißig Jahre alt, denn die Toten altern nicht. Ich könnte heute ohne Weiteres Enkelkinder in ihrem Alter haben. Jetzt ist sie für mich wie ein Kind, das ich nie gehabt habe. Ich höre oft mit Verblüffung, wie erwachsene Frauen mit ihren Müttern sprechen. Ich traue meinen Ohren nicht. Sie sind gereizt, unhöflich, fast grob. Ich kann mir nicht vorstellen, dass mir das jemals passiert wäre und ich bei irgendeiner Gelegenheit gesagt hätte: »Also Mama, lass das mal, das kann ich besser.«

Wer das Glück hat, als erwachsener Mensch noch Eltern zu haben, ist sich oft nicht bewusst, welche Gnade des Schicksals das ist. Die Liebe zu den Eltern kann nicht in Maßeinheiten gemessen werden, man kann nicht entscheiden, ob man den Vater oder die Mutter mehr liebt, den einen wegen dieser, den anderen wegen jener Eigenschaft. Es ist fast unmöglich, jemandem die Mutter zu ersetzen, so sehr man sich auch bemüht. Eine Ersatzmutter hat nicht den im Unbewussten bewahrten »Milchgeruch«, nicht die Körperwärme, nicht das neun Monate lang gehörte Herzklopfen.

Ganz gleich, in welcher Gesellschaft wir uns befanden, meine Mutter war immer jünger als die Mütter sämtlicher anderer Kinder. Sie war zwanzig bei meiner Geburt. Dieser geringe Altersunterschied zwischen uns hatte nur Vorteile. Ich durfte überall herumspringen. Wenn mich zwei Erwachsene auf beiden Seiten unterfassten, durfte ich sogar auf der Straße, in der Luft hängend, einen Purzelbaum schlagen. Ich kletterte immer in die höchsten Bäume, sprang vom Kaninchenstall herunter, nahm jeden Frosch, jede Maus, jeden Regenwurm, jede Raupe in die Hand, streichelte jedes Pferd, jeden Hund. Ich durfte mich vor nichts fürchten, denn dann ertönte die größte Beleidigung, die man sich vorstellen kann:

»Wenn Du Dich nicht traust, dann bist Du nicht meine Tochter.« Etwas Schlimmeres war kaum vorstellbar. Ich wollte immer die Tochter meiner Mutter sein, ihr wollte ich gefallen, ich wollte ein Teufelsbraten sein wie sie.

Meine Mutter und ich hatten unsere Väter dadurch enttäuscht, dass wir als die Erstgeborenen »nur« Mädchen waren. Für meinen Vater war das sehr schmerzlich. Der Vater meiner Mutter war aus anderem Holz geschnitzt, ihn konnte man nicht verletzen. Er betrachtete das erste Kind als Jungen und erzog es dementsprechend, Tatsachen hin oder her. Meine Mutter Irma war sogar sein Lieblingskind. Weil sie die Erstgeborene war, hat er sie noch beachtet, die späteren Kinder waren nicht mehr interessant, die nahm er kaum mehr zur Kenntnis. An Irma gab er seine wichtigsten Eigenschaften weiter, unter anderem die Tierliebe.

In unserer Kindheit durften wir jede ausgesetzte Katze, jeden gedemütigten Hund, dessen Besitzer seiner überdrüssig geworden war, mit nach Hause bringen. Wir kamen nie auf die Idee, dass diese Tiere uns etwas zuleide tun könnten. Ein Tier in so einem Zustand, das vielleicht schon tagelang sein Herrchen gesucht hat, frisst jedem aus der Hand, der ihm etwas zu essen und zu trinken gibt. Meine Mutter pflegte das kranke Tier gesund und schickte es dann auf das Gehöft. Dort spielte es nun wirklich keine Rolle, ob eins mehr oder weniger da war. Mir ist davon geblieben, dass ich Partei für die Tiere ergreife und zum Beispiel in meiner Etagenwohnung keinen Hund halte. Wie können die Besitzer es verantworten, dass sie ihren Lieblingen das Wichtigste nehmen: die Freiheit, die Lust an der Bewegung, das tägliche kilometerlange Laufen. Der Stadthund ist für mich die Verkörperung der schamlosen Selbstsucht des Menschen. Das Schlimme ist, dass das Stadtleben heute sogar manchem Hund zu gefallen scheint.

Meine Mutter verstand die Sprache der Pferde ebenso gut wie Großvater. Bei uns hatte die Peitsche nur eine dekorative Funktion. Ich weiß nicht, zu welcher heftigen Handlung mein Großvater sich hätte hinreißen lassen, wenn ein Kutscher gewagt hätte, eines der Pferde zu schlagen. Bei uns sprach man mit den Pferden und auch mit den Hunden im Befehlston in kurzen unmissverständlichen Sätzen. Sie verstanden alles und parierten.

Meine Mutter war der Meinung, dass Pferde und alle anderen guten Dinge auf Erden nur dazu da waren, ihr Freude zu bereiten. Sie liebte das Zweigespann, besonders wenn sie es selbst lenken konnte. Wir fuhren immer so aus dem Gehöft los, wie es sich ziemte, das heißt vorne auf dem Bock saß Jani Móré der Kutscher, hinten saßen meine Mutter und ich mit meiner Schwester. Wir fuhren eine Weile anständig, so weit, bis Großvater uns nicht mehr sehen konnte – ich sehe noch heute die dürren Weiden vor mir, die die Grenze des Gehöfts markierten. Sowie wir dort angelangt und außerhalb seines Blickfelds waren, tauschten wir die Plätze: Meine Mutter setzte sich auf den Kutschbock, ich setzte mich neben sie, und Jani Móré nahm hinten seinen Platz ein. Ihm kamen immer allerlei Befürchtungen, ob das nicht einmal schlimme Folgen haben würde und er das ausbaden müsste. Meine Mutter lenkte wild. Wir flogen nur so dahin und ließen eine große Staubwolke hinter uns. Zum Glück waren unsere Pferde gut trainiert. Wir Kinder bewunderten unsere Mutter sehr, ihr Draufgängertum imponierte uns. Es kam uns gar nicht in den Sinn, uns zu fürchten. Das Leben damals erschien so sicher, so unerschütterlich wie die Große Kirche in der Stadtmitte von Debrecen. Wer hätte gedacht, dass es nur von so kurzer Dauer sein würde? Auf dem Rückweg spannten wir die

Pferde bei den Weiden aus, ließen sie schön langsam umhergehen, bis der Schweiß auf ihrem Rücken getrocknet war, sie sich beruhigt hatten und Jani sich wieder auf den Bock setzte. Dann kehrten wir gemessenen Schrittes mit Unschuldsmienen zum Gehöft zurück.

Meine Mutter verstand nicht nur die Sprache der Tiere, sondern auch die der Pflanzen. Unter ihren Händen blühte und gedieh alles. Das ist eine Begabung, die ich von ihr geerbt habe. Wenn ich den Pflanzenschutz meiner Kindheit mit dem heutigen vergleiche, sehe ich, dass wir vieles, was heute »Bio« heißt, schon damals praktizierten. Als Pflanzenschutzmittel benutzten wir Kupfersulfat und Schmierseife und auch das nur so selten wie möglich. Sauerkirschen, Kirschen, Pflaumen, Walnüsse, Johannisbeeren, Stachelbeeren brauchte man nie zu behandeln. Die Baumstämme wurden zum Winter gekalkt, im Frühjahr mit einer Drahtbürste abgebürstet und der Stamm mit einem alten Sack und einem Fliegenfänger umwickelt. Wenn dann die Bäume austrieben, prüften wir sie beinahe täglich, und wenn am Ende eines Zweiges ein Raupennest oder Läuse auftauchten, dann holten wir keine Giftspritze, sondern eine an einem langen Stock befestigte Schere. Was wir abschnitten, wurde sofort verbrannt. Nur bei sehr starkem Läusebefall spritzten wir Nikotinsaft.

Wir hatten viele Apfel- und Birnbäume, doch ließen wir an jedem Ast nur wenige Früchte hängen. Über jede Frucht wurde, wenn sie noch ganz klein war, eine Papiertüte gezogen, die nur nach einem sehr großen Sturm erneuert werden musste. Darin entwickelten sich die Früchte schädlingsfrei ohne jegliches Gift. Und im Herbst pflückten wir sie dann. Die Äpfel brachten wir mit großem Gaudium in den Apfelkeller und legten sie auf aus Leisten angefertigte Vorratsbehälter, zwischen denen man gehen konnte. Die Birnen brachten wir grün in den Speicher, in dem das Getreide für die Ferkel aufbewahrt wurde, und nahmen sie bis Februar nicht wieder heraus. Dann waren sie goldgelb, saftig und süß.

Meine Mutter hielt ihren Garten musterhaft in Ordnung und war sehr stolz darauf, dass sie mit ihrer Obsternte unsere zahlreichen Debrecener Freunde versorgen konnte, die keinen Garten hatten. Sie füllte Speisekammer, Keller und Boden mit Kompott, Marmelade oder Dörrobst, und wenn noch Früchte an den Bäumen geblieben waren, riefen wir ein paar Zigeunerkinder, die den Rest pflückten.

Jedes Jahr stellte sie ein oder zwei Gläser Eingemachtes für meine Verlobung und für meine Hochzeitsfeier zur Seite. Nachdem meine Schwester geboren war, auch für sie. Diese Einmachgläser hatten einen speziellen Platz in der Speisekammer. Etwas besorgt beobachtete ich, wie sehr der Inhalt im Laufe der Jahre eintrocknete. Diese Gläser nahmen wir nicht mit ins Ghetto, sie blieben in der Speisekammer. Auf jedem Glas waren die Jahreszahl der Herstellung und der Name der Besitzerin vermerkt: für Évas Verlobung, für Gilikes Hochzeitsfest und umgekehrt. Wer wohl die Gläser geöffnet und den Inhalt aufgegessen hat?

Meine Mutter schätzte Begabungen hoch ein, und sie behauptete, dass jeder irgendein Talent mitbringe, es gelte nur, es zu entdecken. In Neutra, Bratislava, Nové Zámky und der Gegend von Trentschin, wo sie aufgewachsen war, lebten viele Zigeuner. Damals galt die Bezeichnung »Zigeuner« noch nicht als herabsetzend, man sprach noch nicht von Roma und Sinti. Auch für mich hat das Wort »Zigeuner« nichts Herabsetzendes. Obwohl es heute nicht mehr als politically correct gilt, verwende ich es daher in meinem Text. Meine Mutter unterrichtete Zigeunerkinder im Notenlesen, weil sie ihre Musikalität sehr hochschätzte.

Anfang der Fünfzigerjahre des letzten Jahrhunderts war ich Unterabteilungsleiterin beim Amt für Volksbildung und wollte in dieser Eigenschaft, meiner Mutter nacheifernd, auch etwas für die Zigeuner tun. Da ich sehr unerfahren war, wusste ich nicht, dass man niemanden gegen seinen Willen beglücken darf.

Die Zigeuner im Bezirk Baranya waren damals, Anfang der Fünfzigerjahre, zum großen Teil noch nicht sesshaft. Sie fuhren mit einem Pferdewagen umher, hielten mal hier, mal dort an, hatten vorübergehende Unterkünfte am Waldrand oder an Bächen. Sie beherrschten ihre traditionellen Handwerke auf hohem Niveau: Sie stellten Bottiche und Nägel her und flochten Körbe. Und natürlich machten sie Musik.

In der sozialistischen Kulturpolitik hatten die ungarischen Kunstlieder keinen Platz mehr. Kodály fand noch ein paar anerkennende Worte für diese Gattung. Im Vorkriegsungarn gehörten diese Lieder noch zum täglichen Leben, zur eleganten Unterhaltung, zur damals noch üblichen Nachtmusik. Generationen von Zigeunerprimassen und Musikern lebten davon. In jedem Unterhaltungslokal, das etwas auf sich hielt, gab es eine Zigeunerkapelle und ein Salon- oder Jazzorchester. Ungarische

Zigeunerkapellen traten in aller Welt in vielen großen Städten auf, ihre Mitglieder waren international bestens bewandert, sie kannten sich in der Welt besser aus als mancher ungarische Bürger, der sein ganzes Leben lang sein Heimatdorf oder seine Heimatstadt nicht verlassen hatte.

In meinem großen Überschwang sprach ich in den betreffenden Dörfern mit den Lehrern und ließ vom Gemeindediener heraustrommeln, dass die Zigeuner in die Schule kommen und lesen und schreiben lernen sollten. Ich hatte mich nicht in sie hineinversetzt. Sie hielten das ganze wahrscheinlich für einen weiteren kommunistischen Blödsinn, wie zum Beispiel den, dass sie einen festen Wohnsitz und einen festen Arbeitsplatz haben sollten. Sobald der Gemeindediener erschien, machten sie sich Hals über Kopf aus dem Staub. Am nächsten Tag war von ihnen keine Spur mehr.

In einem Dorf lief die Sache anders: in Erdősmecske. Hier hatte der Gemeindediener nichts herausgetrommelt. Der Lehrer im Ort war ein alter, erfahrener, weiser Mann. Schade, dass ich seinen Namen vergessen habe, der müsste hier ganz groß geschrieben werden. Er nahm eine Schiefertafel auf den Rücken und ging zu den Zigeunern in den Wald. Die Tafel hängte er an einen Baum, und wer wollte, der lernte lesen und schreiben, wer nicht, eben nicht. So hat dann doch der eine oder andere Zigeuner lesen gelernt.

Wie sich jemand bewegt, hat nichts mit der Statur zu tun. Ich habe schon schlanke Frauen mit der Figur einer Barbiepuppe gesehen, die sich linkisch, und füllige Frauen, die sich elegant bewegen. Zur letzteren Gruppe gehörte meine Mutter. Das hatte sicher damit zu tun, dass sie immer viel turnte. Sie war aus Not an die Sprossenwand gekommen, wegen der Wirbelsäulenprobleme, die sie von ihrer Mutter geerbt hatte.

Jede der drei Töchter meiner Großmutter hatte diese Probleme. In der Familie sagte man über sie, dass sie die eine Hälfte ihres Leben in Pöstyén* bis zum Hals im Schlamm sitzend verbrächten und sich die andere Hälfte in der Turnhalle quälten. Daran war etwas Wahres, jedenfalls was den Schlamm betrifft. Aber gequält haben sie sich nicht, sie alle turnten mit Begeisterung.

* Auf Deutsch Pistyan oder auch Bad Püschtin, ein bekanntes Heilbad in der Westslowakei.

Meine Mutter liebte es, ketzerische Gedanken zu äußern und in Verdikte zu fassen. Doch wenn sie ihre Überzeugung änderte, zitierte sie das ungarische Sprichwort: »Konsequent ist nur der Ochse.« Denn wer hätte nicht schon einmal seine Meinung geändert? Wichtig ist nur, dass der Mensch von dem, was er denkt, überzeugt ist und dazu steht. Auch ich habe schon mehrfach meine Überzeugungen geändert. In jungen Jahren beispielsweise hing ich revolutionären Ideen an. Doch schon Anatole France sagt in seinem Werk »Die Götter dürsten«, dass jemand, der in seiner Jugend kein Revolutionär gewesen sei, nicht einmal ein ordentlicher Philister werden würde. Einer Sache habe ich jedoch immer die Treue gehalten: meiner Freude an der Bewegung.

Meine Mutter hat sich gut darauf verstanden, mein Selbstbewusstsein zu fördern. Vielleicht hatte es ihr in der Kindheit Unannehmlichkeiten bereitet, dass sie größer war als ihre Altersgenossen. Uns hat sie immer gelehrt, dass es nicht schlecht sei, herauszuragen. Man müsse seine Größe nur mit Bescheidenheit tragen. »Spiel Dich nie auf, man sieht Dich sowieso!«, riet sie mir und erlaubte nicht, dass ich mehr als ein Schmuckstück auf einmal trug. »Du bist kein Weihnachtsbaum.« Auch sei es keine Schande zu fragen, wenn man etwas nicht wusste oder nicht verstanden hatte: »Wenn man nur vorgibt, etwas zu wissen, stellt sich die Unwissenheit später doch heraus und man macht sich nur lächerlich.«

Sie wusste, dass ich mit asthenischem Brustkasten, zu gerader Wirbelsäule, X-Beinen und Plattfüßen geboren war, aber sie erzog mich so, dass es mir keine schlechten Gefühle verursachte, sondern mich zu Leistungen ansporte.

»Wer elegant ist, der ist es auch nackt, denn Eleganz ist eine innere Haltung.« – Woher wusste sie, dass sie mich darauf vorbereiten musste, die Erniedrigung der Nacktappelle mit dieser inneren Eleganz und erhobenen Hauptes zu ertragen?

Der Mittelpunkt unseres Lebens war das Essen, darum drehte sich alles. Der wöchentliche Speiseplan wurde immer mit großer Sorgfalt und Umsicht nach ausgiebigen Besprechungen zwischen meiner Mutter, meinem Kindermädchen Ruth und der jeweils aktuellen Köchin zusammengestellt. Einmal wöchentlich war »fleischfrei«. Mir macht es Spaß, mir die an den fleischfreien Tagen gekochten

Speisen in Erinnerung zu rufen. Die Vielfalt an Mehlspeisen aus Nudelteig, Strudelteig, Germteig, Brandteig, Tropfteig, an Breien, Puddingen, Aufläufen, Palatschinken war einfach überwältigend. Ich weiß nicht, ob es im Jahr zweimal die gleiche fleischfreie Speise gegeben hat. Allerdings durfte an dem Tag, an dem unsere Waschfrau Tante Lazányi kam, nicht einmal versehentlich etwas ohne Fleisch gekocht werden.

Der Großteil der Zutaten, alle Arten von Gemüse und Obst, stammten aus unserem Garten, außerdem hielten wir Geflügel und mindestens zwei Schweine im Stall. Mehl, Zucker und Wild wurden vom Gehöft gebracht. Meine Mutter war davon überzeugt, dass nur das, was aus diesen Quellen stammte, gesund, hygienisch und unverfälscht war. Deshalb wurde bei uns sogar das Eis selbst hergestellt. In Debrecen gingen wir nie in die Konditorei, sogar wir Kinder begegneten Konditoreiprodukten mit Misstrauen.

Mindestens fünfmal täglich wurde gegessen: ein kleines leichtes Frühstück mit ein paar weich gekochten Eiern, Omeletts oder »Ham and eggs«, was wir Hexmexpex nannten, Kolatschen (ein österreichisches Gebäck), zwei bis drei Sorten Marmelade, Brötchen und Hörnchen. Das Mittagessen hatte mit Sicherheit drei Gänge mit mindestens Suppe, Fleisch, Gemüse, Salat, Kartoffeln, Gebäck und Obst und für die Erwachsenen noch Kaffee.

Für mich war es ein Glück, dass es auch Gemüse und Obst gab. Denn davon aß ich jede Menge. Auch das Abendessen war immer sehr leicht: ein bisschen kaltes Fleisch oder Fisch, Schinken, Wurst – natürlich aus eigener Herstellung –, wieder Salat und Obst und natürlich ein bisschen Gebäck. Die Erwachsenen tranken zum Essen gespritzten Wein, die Kinder Wasser oder Himbeersirup, den meine Mutter aus den eigenen Himbeeren hergestellt hatte.

Meine Mutter trank ihren Kaffee und Tee ohne Zucker. Ich sogar meinen Kakao. Und ich habe nie im Leben Zucker in meinen Kaffee oder meinen Tee getan, weil ich so sein wollte wie sie.

Auf Reisen war alles anders. Wunderbarerweise war in Budapest alles unverfälscht, und wir durften im Café Gerbaud essen und ins Restaurant Gundel einkehren. Und wir tranken begeistert Leitungswasser, das damals noch keinen Chlorgeschmack hatte.

Ich weiß nicht, wie es möglich war, aber auf Reisen aßen wir an einem Tag so viel wie sonst in einer ganzen Woche. Ich war allerdings eine Ausnahme. Ich konnte auch auf Reisen kaum einen Bissen herunterbringen. Hauptsächlich deshalb, weil ich immer essen sollte. Wenn schon nichts anderes, dann wenigstens Schokolade. Für mich war es vollkommen unbegreiflich, wie andere etwas in den Mund stecken konnten, was in der Farbe so sehr einem Verdauungsendprodukt glich. Von der Farbe schloss ich auch auf den Geruch und ich kann schwören, dass ich ihn auch so empfand.

Als ich gegen Ende 1944 im Lager Allendorf schon etwa ein Drittel meines ursprünglichen Gewichts verloren hatte, tat es mir um jedes Essen, das ich als Kind nicht gegessen hatte, und um jedes Stück Zucker, das ich nicht in meinen Tee oder Kaffee getan hatte, unendlich Leid.

Ein wunderbares Ritual war die jährlich zweimal stattfindende, mehrere Tage dauernde große Wäsche. Tante Lazányi war dabei die Hauptperson. Sie kam immer in demselben schwarzen Mantel und trug immer dasselbe schwarze Kopftuch, hatte immer dieselbe Einkaufstasche in der Hand, und jedes Mal lief alles nach demselben Drehbuch ab: Sie war noch nicht eingetreten, hatte sich noch nicht ausgezogen, da hielt sie schon das Stamperl Schnaps in der Hand. Vorher sprach sie kein Wort. Mit etwas Schnaps wurde sie ganz reizend und gesprächig. Denn es war nicht etwa so, dass sie nur wusch und bügelte, ihr Hauptberuf war, auf Prozessionen zu gehen. Sogar die Marienstandarte hatte sie oft getragen, und sie sang wunderschöne Kirchenlieder. Sie konnte herrlich singen, schwungvoll und andächtig, man konnte sich gut vorstellen, wie sie voranschritt, den Hügel hinan, die Standarte in der Hand. Sie lebte eigentlich nur von einer Prozession zur nächsten, und in der Zwischenzeit erzählte sie von ihren Erlebnissen bei diesen Prozessionen.

Ihrer Ankunft gingen immer bedeutsame Vorbereitungen voraus. Die große, mannshohe Kiste mit der schmutzigen Wäsche wurde geleert. Sie hatte oben und unten jeweils eine fenstergroße Klappe zum Öffnen und Schließen. Oben wurde die Schmutzwäsche hineingeworfen und unten herausgezogen. Bettwäsche, Tischwäsche und Geschirrtücher wurden zweimal im Jahr bei der großen Wäsche gewaschen, für die Leibwäsche gab es die kleine Wäsche. Aber die große Wäsche war die richtige Wäsche. Die Wäschestücke wurden nach Farbe, Qualität und Material gesondert eingeweicht, dann unter dem Kommando von Tante Lazányi tagelang gewaschen, in einem Kupferkessel ausgekocht, hundertmal gespült, gestärkt, gebläut und schließlich zum Trocknen auf den Boden gebracht. Im Winter wurde die Wäsche auf dem Boden so hart, dass sie krachte. Wenn sie von der Leine abgenommen wurde, musste sie zuerst gereckt werden. Dazu fassten jeweils zwei Personen jeden Kissen- und Bettbezug, die Laken und Tischdecken an den gegenüberliegenden Seiten und zurrten sie diagonal und parallel zurecht. Danach wurden alle Stücke durch eine Mangel gedreht, die aus zwei kurbelgetriebenen Walzen bestand. Das nahm mehrere Tage in Anspruch, und damit war das sogenannte Vorbügeln abgeschlossen. Als nächstes wurden so viele Wäschestücke, wie man am folgenden Tag bügeln konnte, mit Wasser bespritzt.

Die Maße für jedes Teil standen genau fest. Deshalb wurden die kleinen und großen Kissenbezüge, Laken etc. auf exakt diese Größe zurechtgezogen. Denn alles hatte seinen festen, auf den Millimeter genau abgemessenen Platz in der Kommode. Was frisch gebügelt war, kam zuunterst in den Stapel. Unter die gestickten Teile oder die mit Spitze legte meine Mutter rosafarbenes Seidenpapier. Ordnung ist das halbe Leben.

Die Leibwäsche der Erwachsenen, die Hemden meines Vaters, die Nachthemden, Pyjamas und Socken wurden im Badezimmerschrank aufbewahrt. Auch hier war auf den Borden rosafarbenes Seidenpapier und an den Kanten ein von meiner Mutter gehäkeltes Spitzenband mit emaillierten Reißzwecken befestigt.

Von jedem Kleidungsstück gab es eine Version für den Sommer und eine für den Winter und eventuell noch eine für die Schule. Es gab sogar, da es damals in Ungarn noch Frühling gab, Kleidung für die Übergangszeit, zum Beispiel einen Mantel oder ein Kostüm. Am 15. März, dem ungarischen Nationalfeiertag zum Gedenken an die Revolution von 1848, gingen wir in Söckchen und einem Matrosenkleid zu den Feierlichkeiten, denn jetzt war Frühling. Am 1. November zogen wir Schneeschuhe an und gingen auf den Friedhof, um am Grab des Unbekannten Soldaten einen Kranz abzulegen: Der Winter war da.

Wir Kinder hatten einen eigenen Kleiderschrank, in dem wir Ordnung halten mussten, außerdem Regale für Bücher, Schul- und Spielsachen. Meine Mutter schimpfte nie mit uns, wenn etwas unordentlich war. Sie räumte nur wortlos alles, was nicht ihren Vorstellungen entsprach, aus dem Regal auf den Boden, und wir mussten es neu einräumen.

Ein großes Vergnügen war jeden Sommer die Herstellung der getrockneten Teigwaren. Es waren Fadennudeln, Suppennudeln, breitere Nudeln, größere und kleinere Würfel, Schneckennudeln, Fleckerln und in hunderten Größen Eiergraupen, die mit Hilfe von Schwingen aus der Mühle nach der Größe sortiert wurden. Die Teigwaren wurden in der Sonne getrocknet, in Tüllsäcke gefüllt und diese dann in der Speisekammer aufgehängt.

Ich habe das Geheimnis der Dörrobstherstellung zwar vergessen, aber ich spüre noch den Geschmack der Dörrpflaumen in meinem Mund. An die Stelle des Kerns war ein Viertel einer Walnuss hineingesteckt worden.

Meine Mutter weckte sehr viel Obst ein. Wer erkältet war, bekam Kirschkompott. Sonst gab es Pfirsich-, Aprikosen- und Birnenkompott usw. Letztere drei waren für mich übrigens ungenießbar, weil die Früchte grün und unreif eingeweckt wurden. Sie wurden mit einem speziellen Messer dekorativ verziert. Damit die Farbe erhalten blieb, schwefelte man sie. Dazu legte man die Früchte in ein riesiges Sieb, darunter in die Mitte ein kleines Stück Schwefel, zündete es an und bedeckte das Sieb. Hinterher weichte man das Obst noch in siebzig Flüssigkeiten ein, damit sich der Schwefelgeruch verlor. Aber der verging nicht und das Obst blieb zudem hart und sauer und wurde deshalb in einem entsetzlich dicken Sirup aufgekocht. Wir mussten die steinharten Früchte essen, wobei sie nicht vom Teller hüpfen durften.

Wir liebten die Herstellung von Marmelade. Einige Sorten von Marmelade wurden in der Küche in der Wohnung zubereitet. Sie wurden gekocht oder roh eingerührt und, wenn sie fertig waren, in Gläser gefüllt und eingeweckt. Meine Mutter schrieb auf ein Etikett, was sich im Glas befand und wann es hergestellt worden war.

Pflaumenmus und andere ähnlich zubereitete Marmeladen wurden im Garten gekocht. Das war sehr lustig. Dazu wurde der große Kupferkessel aus der Waschküche geholt, in dem sonst die Wäsche ausgekocht wurde. Aus Ziegeln bauten wir einen improvisierten Ofen. Unter Aufsicht meiner Mutter wurde der Kupferkessel sterilisiert. Wenn er so glänzte wie Salomons Diamanten, durfte er benutzt werden. Mehrere Frauen saßen im Garten und entkernten die Pflaumen. Und wenn schon viele entkernt waren, wurde unter dem Kessel Feuer gemacht. Beim Umrühren musste man sich abwechseln, weil das sehr schwere Arbeit war. Es geschah mit einem Holzlöffel, der an dem einen Ende einen rechteckigen Griff hatte und am anderen Ende in eine Art Schaufel mündete. Die Kunst bestand darin, den Ofen gerade so stark anzuheizen, dass das Pflaumenmus nicht anbrannte. Auch in der Nacht wurde das Einkochen nicht unterbrochen. Dieses Mus und die in ähnlicher Weise aus den übriggebliebenen Äpfeln, Birnen und Pflaumen hergestellte Mischfruchtmarmelade wurden in Holzschachteln aufbewahrt. Es waren hübsche kleine Schachteln, innen mit Fettpapier ausgelegt, in die die noch heiße Masse hineingegossen wurde. Oben drauf und auch außen auf die Schachtel kam wieder Fettpapier. Die Marmelade wurde ohne Zucker und ohne Konservierungsmittel zubereitet. Wenn wir sie im Winter aus den Schachteln nahmen, konnte man sie mit dem Messer schneiden. Die letzten Schachteln aus der Produktion von 1943 hat mein Vater im Ghetto verschenkt, bevor wir in die Ziegelei verschleppt wurden.

Das Schweineschlachten war kein angenehmes Erlebnis. Da die zwei Ferkel in unserem Stall gemästet wurden, gaben wir ihnen Namen, zum Beispiel Grunz und Dickerchen oder Naseweis und Frechdachs, je nach ihrem Charakter. Man könnte sagen, dass sie zu unseren persönlichen Freunden heranwuchsen. Der Mensch mag aber seine Freunde nicht ohne Weiteres auch essen.

Auch dem Schweineschlachten gingen viele Vorbereitungen voraus. Tagelang wurden die Holzgefäße und Bottiche gescheuert, in die der zu pökelnde Schinken, Speck usw. hineinkamen. Der Räucherofen am Ende des Gartens wurde in Ordnung gebracht und frisches Stroh hineingefüllt. Dort wurden dann Speck, Schinken, Rippchen, Presskopf, aber auch die Leberwürste geräuchert. In die Blutwurst kamen noch in Milch geweichte Semmelwürfel, in die Lungenwurst gehörte Buchweizengrütze. Wir kauften noch zusätzlich Leber beim Schlachter, weil es nie genug Leberwürste gab.

Meine Mutter trug immer ein Kopftuch und einen weißen, fast den ganzen Körper umhüllenden Kittel. In der Hand hielt sie eine Art Dirigierstab, mit dem sie dem Schlachter und den Frauen, die zwei Tage und Nächte in der Sommerküche ununterbrochen beschäftigt waren, Einsätze gab. Sie kochten Rippensuppe, Kohlrouladen, brieten Fleisch und stellten Wurst her. Es gab eine Sorte Wurst mit Zitrone, die frisch gegessen werden musste, eine mit Knoblauch und eine sogenannte normale. Die geräucherte, trockene Wurst kam zunächst auf den Boden. Wenn die Heizsaison zu Ende war, wurde aus den bis zur Decke reichenden Kaminen die Asche vom ganzen Jahr herausgeholt. Das ergab etwa einen Eimer voll. Wir heizten nämlich mit Sägespänen, die geben kaum Asche. Dann wurden die Würste vom Boden geholt und einzeln in Fettpapier gewickelt. Die Asche gab man durch ein Sieb, kippte sie wieder in die Kamine zurück und legte dann die Würste hinein. Sie reichten für den ganzen Sommer.

Selbstverständlich stellten wir auch alle Sauerkonserven selbst her. Gurken, Paprika und grüne Tomaten wuchsen bei uns im Garten, vom Gehöft bekamen wir kleine Melonen, Babymaiskolben, Pflaumen, Blumenkohl, Rote Bete und vieles mehr, was zum Sauereinlegen zurückgelegt worden war.

Am meisten Spaß machte die Herstellung des Sauerkrauts. Ausnahmsweise wurde der Kohl nicht von uns selbst angebaut, sondern meine Mutter kaufte ihn auf dem Markt. Ich muss hinzufügen, dass ich nicht gerne der Händler gewesen wäre, bei dem meine Mutter ihren Kohl kaufte. Am Ende gelang es aber dann doch jedes Jahr, ein halbes Fuhrwerk voll mit den allein selig machenden Kohlköpfen aufzutreiben.

Auch der Herstellung von Sauerkraut gingen aufwendige Hygienemaßnahmen voraus. Das Krautfass wurde hervorgeholt, das einige Monate zuvor, zu Ostern, nachdem der letzte Kohl vom Vorjahr verzehrt war, schon einmal gründlich geschrubbt worden war. Damals hatten wir auch den letzten Schinken des Vorjahres vom Boden geholt und die letzten Krautwickel gekocht, denn das waren winterliche Speisen. Wenn die verzehrt waren, kamen Frühling und Sommer. Dann nahm man andere Speisen zu sich.

Wenn das halbe Fuhrwerk mit den Krautköpfen eintraf, tat meine Mutter so, als wäre das Krautfass nie, aber auch nie und nimmer ausgewaschen worden. Es wurde samt zugehöriger Presse und den Holzplatten mit Aschenlauge erneut energisch geschrubbt. Es folgten mindestens zwei Tage, an denen das Kraut geschnitten und geraspelt wurde – bis allen die Arme müde geworden waren.

Das Füllen des Fasses war eine große Gaudi. In das gehobelte Kraut tat man damals allerlei, was man sich heute spart: Koriander, Senfkörner, Wacholderbeeren, Nelkenpfeffer, Lorbeerblätter, Majoran, Minze, Quitten, Äpfel, spitze rote Paprikaschoten. Wahrscheinlich habe ich etwas vergessen. Und natürlich noch viele ganze Kohlköpfe mit Strunk für die winterlichen gefüllten Krautwickel. Dann legte man dicke Holzscheiben auf das Fass und schraubte alles mit der Presse fest. Wenn später das Sauerkraut verzehrt wurde, lauerten wir Kinder immer darauf, wann die Quitten und Äpfel zum Vorschein kämen, denn die schmeckten ganz wunderbar säuerlich.

Das Krautfass stand bei uns im Apfelkeller. Deshalb verbindet sich für mich noch heute der Krautgeruch mit dem Duft von Äpfeln, und umgekehrt denke ich, wenn ich Äpfel rieche, immer an Sauerkraut.

Zu den traditionellen Aktionen im Haushalt gehörte natürlich auch das Großreinemachen zu Weihnachten und zu Ostern. Außer dem Hausputz gab es noch jährlich im August, wenn wir auf dem Gehöft waren, große Instandsetzungsarbeiten. Dann kamen alle möglichen Handwerker ins Haus. Putz, der sich gelockert hatte, Flecke, die an den Wänden entstanden waren, Risse an Fenster-und Türlack wurden ausgebessert. Im Allgemeinen wurde alles, was nicht mehr heil war, sofort repariert. So schien immer alles neu zu sein. Ich erinnere mich nur an zwei Gelegenheiten während der achtzehn Jahre, die ich zu Hause gelebt habe, dass neu gestrichen werden musste.

Wir Kinder hassten das Großreinemachen, weil es uns aus dem gewohnten Lebensrhythmus herausriss, aber es war unvermeidlich. Meine Mutter tat so, als ob darin der Sinn des Lebens läge und als ob der Daseinszweck aller Gegenstände darin bestünde, gewaschen, abgeschliffen, entstaubt, geschüttelt und ausgebürstet zu werden. Das Großreinemachen war eigentlich unsinnig, denn es wurde überall ständig sauber gemacht. Ich habe immer noch diesen Geruch von Sauberkeit in der Nase, der zu Hause bei uns herrschte.

Den Nikolaustag, Weihnachten, Namens- und Geburtstage bereitete meine Mutter immer ganz sorgfältig vor, und jeder wurde von ihr ganz individuell bedacht. Wirklich wertvoll war ein selbst gemachtes Geschenk, und zu Weihnachten durfte es auch gar nichts anderes sein. Hier ging sie mit gutem Beispiel voran. Ich erinnere mich noch an das Weihnachtsfest, an dem alle meine Puppen – es waren bestimmt mehr als zehn – neue Kleider bekamen. Meine Mutter nähte, häkelte und strickte Puppenkleider und fertigte dazu Schuhe, Taschen und Hüte. Ich kann mir vorstellen, dass es ihr viel Spaß gemacht hat, sich damit zu beschäftigen. Auch wir Kinder zeichneten und malten mit großer Sorgfalt, webten aus besonderem farbigem Papier Bilder, stellten aus buntem Bast Schachteln her. Später, als wir größer waren, bestickten wir Taschentücher und strickten oder häkelten Schals und Handschuhe. Mit der Produktion dieser Geschenke begannen wir schon im Oktober, damit sie zu Weihnachten fertig wurden. Beim ersten Weihnachtsfest, an das ich mich erinnern kann, stand ein richtiger Engel unter dem Tannenbaum.

Der Osterhase kam immer in den Garten und versteckte die Geschenke unter den Sträuchern. Aufgeregt suchten wir sie und sammelten sie ein. Der Nikolaus legte seine Gaben auf das Fensterbrett, in der Regel Bücher, besondere Hefte, einen schönen Faber-Stift. Keine Schokolade, denn die hätte ich sowieso nicht gegessen.

Aus allem, was ich bis jetzt erzählt habe, könnte man folgern, dass meine Mutter morgens um fünf Uhr aufstand, sofort in die Schlacht zog und anfing zu schalten und zu walten. Davon konnte aber keine Rede sein. Sie war eine Langschläferin. Sie sagte gerne von sich, sie sei wie die Kürbisblüte und blühe erst am Abend auf. Sie hasste es, früh zu Bett zu gehen, noch mehr hasste sie es, früh aufzustehen. Aber sie managte alles phantastisch: Mein Vater bekam sein Frühstück, wir gingen pünktlich zur Schule, das Personal begann mit der Hausarbeit. Angefangen wurde in dem vom Schlafzimmer am weitesten entfernten Winkel mit dem täglichen heiligen Ritual, dem Saubermachen.

So gegen zehn Uhr, wenn im Schlafzimmer geputzt werden sollte, kam auch meine Mutter aus dem Bett und schlüpfte ins Bad. Dann tauchte sie auf. Frisch, duftend, gut gelaunt.

Es war schwer auszumachen, was wichtiger für sie war: gutes Essen oder ihre Eitelkeit. Sie aß gern gut, aber sie war auch sehr eitel. Zum Glück musste man damals noch nicht dünn wie ein Bügelbrett sein, eine paar Kurven hier und da waren ohne Weiteres mit dem weiblichen Schönheitsideal vereinbar. Meine Mutter hatte durchaus etwas vorzuweisen, und sie kompensierte das dadurch, dass sie ein Mieder trug. Sie besaß ein Mieder mit großem Dekolleté für die

Abendgarderobe, ein anderes, das sie unter (!!!) dem Badeanzug trug, ein Mieder dieser Farbe, ein Mieder jener Farbe. Die täglichen Mieder waren meistens lachsfarben. Ein schwarzes Mieder war nicht darunter, das wäre dann doch zu kokett gewesen.

Die Kunst der Miederherstellung lag in den Händen von Lujza. Sie hatte ihren Salon in einer kleinen Gasse in der Stadt. Zu meiner Mutter sagte sie »Gnäfrau«. Sie hatte Berge von Seidenstoffen in prächtigem Rosa und Lachsrosa, herrlichem Himmelblau, Apfelgrün, Sonnengelb, Flieder, mit Chrysanthemenmuster und anderen kleinen und großen Blumenmustern. Und Modelle mit Stickerei, Ajour, Richelieuarbeit und Tülleinlagen. Man wählte die Farbe und das gewünschte Dekor, und das Werk wurde innerhalb einer gewissen Zeit angefertigt. Bis ich fünfzehn war, nähte unsere Hausschneiderin für mich die Unterwäsche aus Batist. Nach meinem fünfzehnten Geburtstag galt ich als großes Mädchen, von da an stand mir seidene Unterwäsche zu. In mein Unterkleid hat Lujza sogar meinen Namen gestickt, nicht das Monogramm, sondern: Éva.

Ich habe meine Mutter nie ohne Mieder gesehen. Sogar in die Gaskammer in Birkenau ist sie in einem ihrer geliebten täglichen Mieder gegangen.

Es gab in unserer Familie auch Bräuche und Einstellungen, die im Nachhinein unverständlich erscheinen. Nicht nur bei uns, auch bei allen nahen und entfernten Verwandten hielt man es für eine Tugend, sparsam zu sein. Zum Glück nicht in jeder Hinsicht. Auf jeden Fall nicht mit dem Essen. Das schloss auch diejenigen, die nicht zur Familie gehörten, wie etwa das Hausmädchen oder die Waschfrau, mit ein. Es wurden keine Portionen zugeteilt, und die Speisekammer, die Schränke und Kommoden waren nicht verschlossen. Dass das Fräulein des Hauses die entsprechenden Schlüssel am Schlüsselring in einem Körbchen oder am Gürtel hütet, kannte ich nur aus schlechten englischen Romanen.

Es wurde aber um des Sparens willen gespart, also sozusagen l'art pour l'art, »purlapur« sagten wir dazu.

Glücklicherweise war ich das erste Enkelkind in der Familie. Was für ein Vorteil! Ich konnte von niemandem Kleidung erben. Umgekehrt aber ist meine Kleidung in der ganzen Verwandtschaft herumgereicht worden, und einiges davon kam später bei meiner kleinen Schwester wieder an.

Also bekam ich immer neue Kleider. Das geschah nicht etwa so, dass man mit mir in ein Geschäft ging, ich mich umguckte und mir dann gekauft wurde, was mir gefiel. Meine Tante Gizi, die Schwester meines Vaters, hatte einen Salon für Kinderkleidung in Budapest. In guten Zeiten beschäftigte sie ein Dutzend Lehrlinge. Es kam überhaupt nicht in Frage, dass irgendjemand anders meine Kleidung nähte als Gizi. Erstens gehörte sie zur Familie und war daher vertrauenswürdig, und zweitens musste sie aus demselben Grund unterstützt werden. Der Nutzen war beidseitig: Wir ließen bei ihr anfertigen, und sie berechnete wenig mehr als den Selbstkostenpreis.

Wenn meine Mutter der Meinung war, dass ich nichts mehr anzuziehen hatte, weil ich schon wieder aus allem herausgewachsen war, musste die Entfernung zwischen Debrecen und Budapest überbrückt werden. Wegen der »purlapur« Sparsamkeit kam es gar nicht in Frage, das Naheliegendste zu tun: mich zu Gizi zu bringen, damit sie an mir Maß nehmen konnte, und dann die Vollendung des Werks in Budapest abzuwarten. Nein! Stattdessen wühlte meine Mutter in dem Schrank mit den Stoffresten. In dem großen weißen dreitürigen Schrank im Vorzimmer wurde ausschließlich das aufbewahrt, was wir zwar nicht benutzten, aber um alles in der Welt nicht weggeschmissen hätten. Wenn sie das fadenscheinigste Laken gefunden hatte, wickelte meine Mutter mich ganz fest hinein und nähte mich darin ein. Dann schnitt sie dieses Musterlaken oder Lakenmuster vorne in der Mitte ganz vorsichtig auf und schickte es per Post zu Gizi nach Budapest. Und nach diesem Muster nähte Gizi gleich mehrere Matrosenkleider.

Tante Gizi hatte eine Erfindung gemacht, die bei Kindern nicht sonderlich beliebt war: das MKWK, das »Mit-dem-Kind-wachsende-Kleidungsstück«. Wo es nur möglich war, oben, unten, an den Seiten, bei jeder Bluse, bei jedem Rock ließ sie zehn Zentimeter Nahtzugabe. Wenn das Kind größer geworden war, wurden diese Zugaben herausgelassen, und so hielt das Kleidungsstück ewig. Für das Kind, das das Kleidungsstück erbte, wurden die Zugaben sogar wieder eingenäht, und das Ganze konnte von vorne beginnen. Das Schlimmste aber war, dass das Material damals von einer Qualität war, dass es mehrere Kinder aushielt. Schließlich wurde das Kleidungsstück auch noch gewendet und das Innere nach Außen gekehrt.

Gizis Stärke waren ihre weißen Batistschürzen. Ich besaß unzählige davon, mit Spitze, mit Stickerei, mit Ajour, mit Biesen, mit Hohlsaum, mit Rüschen und mit Kombinationen aus alledem, und ich trug sie von morgens bis abends. Ich habe wirklich gelernt, auf meine Kleidung zu achten. Auch zur Grundschule ging ich in einer weißen Batistschürze, was mich eine große Geschicklichkeit entwickeln ließ. Denn damals schrieben wir noch mit Feder und Tinte, und die Tinte aus dem Tintenfass kleckste ganz leicht heraus. Dabei hab ich auch festgestellt, dass Spucke eines der besten Fleckenmittel ist. Den Geschmack von Tinte fühle ich noch heute auf der Zunge.

Jetzt im Alter denke ich mit Sehnsucht an das Reich meiner Mutter zurück, an ihre unumstößlichen Regeln, an ihre mütterliche Allmacht, die sie mit Zärtlichkeit, Aufmerksamkeit und Liebe ausübte. Sie organisierte unser Leben, aber so, dass wir das gar nicht merkten. Die Unwiederbringlichkeit all dessen tut unaussprechlich weh, auch, dass von ihr so gar nichts geblieben ist. Aus der Zeit, als sie eine erwachsene Frau und ich ihr Kind war, nicht einmal ein ordentliches Foto. Die Art, wie ich sie verloren habe – so anders als unsere Familientradition es vorschreibt, nach der die Familie ihre Alten bis zum letzten Atemzug liebevoll zu Hause pflegt, bis ihre Seele von ihnen geht –, die Art, wie meine Mutter, mein Vater, meine kleine Schwester ums Leben gekommen sind, diese eiskalte Planmäßigkeit, die ich damals nicht einmal durchschaut habe, hat eine Wunde hinterlassen, die auch ein noch so langes Leben nicht wird verheilen lassen. Wir haben uns nicht einmal voneinander verabschiedet.

Ich habe immer das Gefühl gehabt, dass ich für meine Mutter die wichtigste Person war, aber genauso war meine Schwester die wichtigste Person für sie, und noch wichtiger als wir war es unser Vater. Wie hat unsere Mutter das gemacht?

Eine der größten Lügen ist der Spruch: »Die Zeit heilt alle Wunden.« Es kommt sehr darauf an, um was für Wunden es sich dabei handelt, denn es gibt solche, die nie heilen, die für immer offen bleiben, die brennen, schmerzen und bluten.

Man kann allenfalls lernen, sie zu ertragen und mit ihnen zu leben.

Die Autorin im Alter von drei Jahren
Foto: Privatbesitz

Die »wahre Geschichte« meiner Geburt

PHANTASIE WAR bei uns keine Mangelware.

Das hatte gute und schlechte Seiten. Gut war, dass ich mich nie langweilte. Es gab immer etwas, worüber ich nachdachte, ich brauchte mir nur irgendetwas vorzustellen. Schlecht war vielleicht, dass ich nicht immer genau wusste, ob etwas tatsächlich so passiert war oder ob ich das nur glaubte. Jedenfalls verwischten sich in mir manchmal ein wenig die Grenzen zwischen Wirklichkeit und Phantasie. Aber eines war klar. Ich log nicht, denn man hatte mir beigebracht: »Eine Fahidi lügt nicht, das ist unter ihrer Würde.«

Ich hegte eine besondere Vorliebe für Feen. Warum, das wird jeder verstehen, wenn er das Kapitel zu Ende gelesen hat. Im Übrigen erzählte mir mein Vater jeden Abend »wahre Geschichten«, und auch in denen kam immer eine Fee vor. So ist es nicht verwunderlich, dass ich am Treppenaufgang tatsächlich einmal einer Fee begegnet bin.

Unser Haus hatte vorne beim Haupteingang einen großartigen überdachten Treppenaufgang mit dreizehn Stufen – wir waren ja nicht abergläubisch. Der Belag war dunkelrot, und ich erinnere mich noch gut an den Geruch von in denaturiertem Alkohol gelöstem Harz, mit dem er gewichst wurde. Die Stufen waren außerdem mit rotem Kokosteppich ausgelegt, in dessen Mitte ein Läufer aus weißem Leinen mit einem roten Streifen an jeder Seite lag. Eine Messingstange fixierte Teppich und Läufer. Außerdem stand auf jeder Stufe eine Pflanze. Das wirkte sehr imposant.

Einmal wollte ich gerade in den Garten hinausgehen, als ich eine Stufe unter mir eine Fee stehen sah. Sie sah genauso aus wie ich. Sie trug eine weiße Batistschürze, ihre beiden Zöpfe waren mit einer weißen Schleife gebunden, und im Arm hielt sie genau so eine Puppe, wie ich sie hatte. Ich sprach sie auch gleich an:

»Liebe Fee, sei so nett und warte auf mich!« Die Fee war aber keineswegs nett, sie rannte davon, als würde sie vor mir fliehen. Ich verstand überhaupt nicht, warum sie das tat. Ich wurde ganz aufgeregt. Doch so schnell ich auch die dreizehn Stufen hinuntersauste, ich konnte sie nicht einholen. Kaum hatte ich die unterste Stufe erreicht, war die Fee spurlos verschwunden. Ungeduldig wartete ich auf den Abend, um meinem Vater von diesem seltsamen Abenteuer zu berichten.

Es ist schwer, die Erwachsenen zu verstehen. Denn wenn sie mir in einer »wahren Geschichte« – was heißt hier in *einer*, in *vielen* »wahren Geschichten« – erzählten, dass die Feen dieses und jenes getan hätten, warum sollte es dann nicht wahr sein, dass *ich* eine Fee getroffen hatte? Da sagt mir doch mein Vater, von dem ich überhaupt erst erfahren habe, dass Feen existieren und wie sie aussehen, dass ich lüge. Jetzt beteuere ich noch einmal feierlich: »Ich weiß, dass eine Fahidi nicht lügt.« Und noch heute bin ich mir ganz sicher: Ich habe sehr wohl eine Fee auf der Treppe gesehen. Wer das nicht glaubt, der prüfe es nach. Das hat man mir am Ende eines Märchens auch immer gesagt.

Meine besondere Beziehung zu Feen hängt mit einer »wahren Geschichte« zusammen, mit der wahrsten »wahren Geschichte«, die mein Vater mir gar nicht oft genug erzählen konnte, einmal mit dieser, einmal mit jener Ausschmückung. Immer wenn er fragte, was er erzählen soll, wollte ich sie hören.

Diese Geschichte war auch deshalb etwas Besonderes, weil sie nicht so anfing wie all die anderen mit: »Es war einmal ein kleines Mädchen, das hieß Éva.«

Diese »wahre Geschichte« fing viel spannender an, nämlich:

Es waren einmal ein Mädchen und ein Knabe. Das Mädchen hatte schwarzes Haar und dunkle Augen, und nachdem der Knabe einmal in diese manchmal spöttisch, manchmal sanft blickenden Augen geschaut hatte, konnte er an nichts anderes mehr denken. Der Knabe hatte blondes Haar und tiefliegende graue Augen, mit denen er so schauen konnte, dass sogar die Steine erweichten, wenn sein Blick auf sie fiel.

Das Mädchen und der Knabe liebten einander sehr.

Der Knabe wanderte oft in den Wald. Die Bäume waren seine Freunde, er brauchte sie nur anzusehen, und schon wusste er ihren Namen und ihr Alter. Anhand eines abgesägten Baumstammes konnte er erkennen, in welchem Jahr es trocken gewesen war und in welchem es viel geregnet hatte. Von jedem Baum wusste er, wofür er gut war.

Nicht nur die Bäume waren die Freunde des Knaben – obwohl er sie am liebsten hatte –, er kannte auch die übrigen Pflanzen und Blumen des Waldes und brachte dem Mädchen abends große Sträuße mit. Bei seinen Waldspaziergängen unterhielten ihn auch die Tiere, er lauschte dem Klopfen des Spechts, dem Kuckucksruf in der Ferne – denn der Kuckuck ruft nie, wenn ein Mensch in der Nähe ist. *Er kannte Stieglitz und Amsel, Eichelhäher, Hasen, Füchslein* – immer im Diminutiv, als gäbe es keinen großen Fuchs –, *Wiesel und Eichhörnchen, und wenn er weit wanderte, begegnete er sogar Bären.*

Auch das Mädchen war fleißig. Sie bestellte den Garten, buk und kochte für den Knaben und erwartete ihn immer mit einem schön gedeckten Tisch. Sie konnte auch nähen, Strümpfe stopfen, singen, Tennisspielen, Klavierspielen, sie tanzte gern und noch lieber turnte sie. Da sie auf einem Gehöft aufgewachsen war, konnte sie sich mit allen Tieren unterhalten. Hunde, Katzen und sogar die Pferde gehorchten ihr, obwohl sie nur leise mit ihnen sprach.

Der Knabe und das Mädchen waren glücklich miteinander.

So lebten sie dahin, bis sie eines Tages doch irgendetwas vermissten. Sie verstanden anfangs gar nicht, was mit ihnen los war, denn sie hatten alles, der Knabe seinen Holzhandel, wo er fleißig arbeitete, das Mädchen den Haushalt und den Garten, wo es immer etwas für sie zu tun gab. Sie liebten einander und trotzdem …

Eines Morgens, als sie erwachten, lachte das Mädchen den Knaben an und sagte:

»Ich weiß, was uns fehlt: unser Kind!!!«

»Dass ich darauf nicht gekommen bin, wie Recht Du hast!«, antwortete der Knabe.

Und sie fingen an, ihr Kind zu suchen. Zuerst nur in ihrem Haus. Sie gingen hinauf auf den Boden, hinunter in den Keller, zogen alle Schubladen heraus, öffneten jede Schranktür, guckten hinter und unter jedes Möbelstück.

Sie reisten in die Berge, ans Meer, in fremde Städte, nach Budapest, zu den Eltern des Knaben, zu ihren Geschwistern, zu nahen und entfernten Verwandten und suchten und suchten ihr Kind, aber sie konnten es nirgends finden.

Es war ein schöner langer Herbst. Und noch im Oktober schien die Sonne tagsüber warm, doch abends wurde es schon früh dunkel.

Aus Freude über das schöne Wetter fuhren sie in den Wald. Dort stiegen sie aus ihrer Kutsche und gingen zu Fuß weiter. Auf beide wirkte der Zauber des Waldes, sie lauschten dem Gespräch der Vögel, der Pflanzen und Bäume.

Hand in Hand schritten das Mädchen und der Knabe nebeneinander her, es war so angenehm, schweigend spazieren zu gehen. Für sie war die Stille beredt, sie zeigte, dass sie keine Worte benötigten, um auszudrücken, wie sehr sie einander liebten. So gelangten sie an eine kleine Lichtung und erblickten auch schon eine Waldwiese. Zugleich vernahmen sie eine zauberhaft schöne Musik. Sie hielten an, um herauszufinden, woher sie kam. Du lieber Himmel! Sie kam von der Waldwiese. Es waren Feen, die dort sangen und tanzten!

Das Mädchen und der Knabe blieben stehen, um die Feen nicht zu stören, dann schlichen sie auf Zehenspitzen näher, setzten sich unter einen Busch und lauschten der Musik. Sie bemerkten gar nicht, dass es kühler wurde, die Sonne allmählich unterging und die Musik schon lange nicht mehr erklang. Es war Zeit, nach Hause zu gehen. Sie machten sich auf den Weg aus dem Wald hinaus.

Doch plötzlich hielten sie inne, denn sie hörten ein bitterliches Weinen, das Weinen eines Kindes aus dem tiefen Wald. Sie liefen in die Richtung, aus der das Weinen kam. Dabei wurde es noch kühler und dunkler. Keuchend blieben sie vor einem Busch stehen, bogen seine Zweige auseinander und fanden dort frierend am Boden liegend, zitternd und schreiend eine kleine Fee, mit richtigen Flügeln auf dem Rücken, entsetzlich verzweifelt.

»Was suchst Du hier am Abend mitten im dunklen kalten Wald, kleine Fee?«, fragte der Knabe.

»Wir haben Verstecken gespielt, und die Feenkönigin hat gesagt, sie würde ihre Flöte spielen, wenn wir nach Hause kommen sollten. Ich hatte mich so gut in diesem Busch versteckt, dass ich nichts gehört habe, auch nicht die Flöte, und jetzt bin ich hier und friere und weiß nicht, was mit mir werden soll! Huhuhu!!!«

Das Mädchen und der Knabe sahen einander an und dachten beide dasselbe. Das Mädchen sagte:

»Wir suchen gerade unser Kind, und Du siehst ganz so aus, als wärest Du es. Willst Du unser Kind sein?«

Die kleine Fee hörte sofort auf zu weinen, und unter den letzten Schluchzern antwortete sie lächelnd:

»Ja, freilich will ich das!«

Der Knabe entfernte die nassen Flügel vom Rücken der Fee und ließ sie im Gebüsch zurück, wickelte die zitternde Kleine in das Tuch des Mädchens und sagte:

»Wenn Du unser Kind sein willst, darfst Du nie vergessen, dass Du als Fee zur Welt gekommen bist. Das Feenwesen kann man nicht so abstreifen wie die Flügel. Wenn Du das zufällig vergessen solltest, fass nur zur Erinnerung auf Deinen Rücken, auf die Schulterblätter, dort kannst Du immer fühlen, wo die Flügel einst gewesen sind. Wer als Fee geboren ist, muss sich bis an sein Lebensende wie eine Fee verhalten. Sei nicht stolz auf Deine Fähigkeiten, auch andere bringen Begabungen mit, der eine diese, der andere jene. Blicke niemals auf jemanden herab, weil er anders ist, ärmer, dümmer oder hässlicher als Du. Du sollst den Dümmeren helfen, den Ärmeren geben und die Kleineren, Schwächeren schützen. Lerne, soviel Du kannst, denn alles kann Dir einmal nützen. Höre jeden an, der sich im Vertrauen an Dich wendet, und gib keinen Rat, sondern Worte des Mitgefühls, wenn Du nichts anderes geben kannst. Dulde keine Ungerechtigkeit. Wenn Du glaubst, dass Du Recht hast, stehe standhaft dazu. Lerne, was man ernst nehmen muss und was nicht. Es ist oft vernünftiger zu lachen als zu weinen. Wenn Du arbeitest, erledige Deine Aufgabe nach bestem Wissen und Gewissen. Du darfst nicht lügen und niemanden betrügen. Mit Absicht darfst Du keinem Menschen und keinem Tier etwas zuleide tun. Du sollst Fahidi Éva heißen und Dein Monogramm soll F.É. sein, das wird so ausgesprochen wie Fee.«*

Den damaligen Erziehungsprinzipien zufolge musste man nicht schon kleinen Kindern die korrekten biologischen Fakten über die Fortpflanzung vermitteln. Da ich aber meine Ferien oft auf dem Gehöft verbracht hatte, wusste ich genug über das Leben und wie es entstand. Und natürlich wusste ich auch, wie die *anderen* Kinder auf die Welt kamen.

Das Märchen meines Vaters ist auch nach heutigen pädagogischen Gesichtspunkten vorbildlich. Es vermittelte mir ein solides Selbstbewusstsein, lehrte mich, dass es wichtig ist, zu wissen, was man

* Bei ungarischen Namen wird der Familienname zuerst genannt.

will, dass es gut ist, auf eigenen Füßen zu stehen und nicht andere um Hilfe bitten zu müssen. Ich sollte mich von grundlegenden Maximen der Menschlichkeit leiten lassen, von Ehrlichkeit, Empathie, Toleranz und Nachsicht und auch in den absurdesten Situationen nicht meinen Humor verlieren. Nach diesen im Märchen ausgesprochenen Prinzipien habe ich immer versucht zu leben. Wie gut, dass mein Vater es hunderte Male erzählt hat. Mich hat das Schicksal nicht geschont, aber ich habe mich an mein Elfenwesen geklammert, und wenn mir etwas wehtut, tue ich das noch heute. Zum Glück ist das Leben voller Komik, man braucht nur Antennen dafür.

Im September 2004 richtete die Stadt Berlin zwei besondere Ausstellungen aus, beide standen – mittelbar und unmittelbar – im Zusammenhang mit dem Zweiten Weltkrieg.

Deutschland hatte den Zweiten Weltkrieg verloren, nicht aber das Großkapital. In den Nürnberger Prozessen wurden die prominentesten Nazis verurteilt, doch ihr Vermögen blieb unangetastet. Es lebe der heilige Privatbesitz! So saßen dann die Verurteilten zwei, drei Jahre ab, während derer ihr Kapital in aller Ruhe Zinsen brachte, so dass sie nach ihrer Haft ungehindert beim Aufschwung im Wirtschaftswunderland mitmischen konnten.

Ein Prototyp für dieses Schema ist die Familie Flick, genauer gesagt Friedrich Flick, der Gründer der Dynastie Flick. Er war schon in den Vierzigerjahren des vergangenen Jahrhunderts äußerst erfolgreich. Sein Vermögen, das er in der Rüstungsindustrie enorm vergrößerte, basierte auf der »Arisierung« jüdischer Unternehmen. Während des Zweiten Weltkrieges beschäftigte er insgesamt über fünfzigtausend Zwangsarbeiterinnen und Zwangsarbeiter. Gemeinsam mit tausend Frauen schuftete auch ich in Allendorf in einem Rüstungsbetrieb, in den Friedrich Flick als Berater des Managements eingebunden war. Nach dem Krieg kaufte er das Werk. Keiner seiner Nachkommen erbte sein unternehmerisches Genie, und so geschah mit seinem Vermögen, was in vielen ähnlich gelagerten Fällen auch geschieht: Es wurde in der dritten Generation aufgeteilt.

Der in unserer Familie oft geäußerte Spruch, wonach nur der Ochse konsequent sei, wurde von Friedrich Flick widerlegt. Er bewies, dass er sich sehr wohl wie ein Ochse verhalten konnte. Als die »Wiedergutmachung« für Zwangsarbeiter diskutiert wurde, erklärte er von der ersten Minute an, er würde nicht zahlen. Nichts. Keinen Pfennig. Und er blieb konsequent. Er zahlte nichts. Nicht damals und nicht später, niemals. Der Wahrheit halber muss ich aber hinzufügen, dass, als der alte Flick das Zeitliche segnete und die Deutsche Bank den Vermögenskomplex übernahm, uns Zwangsarbeitern auf Druck der öffentlichen Meinung viertausend Mark »Wiedergutmachung« versprochen wurden. Zweitausend Mark haben wir erhalten. Wenn mich jemand fragt, wann wir die andere Hälfte bekommen werden, kann ich nur sagen: »Ich weiß es nicht, ich wüsste es auch gern.« Wie es meine Art ist, habe ich versucht, mich in die leidgeprüften Flick-Erben hineinzuversetzen. Es ist wahrscheinlich nicht leicht, einen so kompromittierten Namen zu tragen.

Zwei der Flick-Enkel zahlten aus der Erbschaft ihren Anteil in den deutschen Wiedergutmachungsfonds und sind seitdem damit beschäftigt, sich von ihrem Bruder Friedrich Christian zu distanzieren. F. C. Flick rief zwar eine Stiftung gegen Rassendiskriminierung ins Leben, war aber gleichzeitig der treueste Schüler seines Großvaters, indem er sich lange weigerte, »Wiedergutmachung« zu zahlen. Er hat nichts mit der Entstehung des ganzen dreckigen Vermögens zu tun, er war ja damals noch nicht einmal auf der Welt. Er hat es lediglich geerbt und auch noch darunter zu leiden. Auf Druck der deutschen Öffentlichkeit zahlte F. C. Flick schließlich in den letzten Apriltagen des Jahres 2005 fünf Millionen Euro in den Fonds »Erinnerung, Verantwortung und Zukunft«. Weniger als einhundert Euro für jeden Zwangsarbeiter seines Großvaters. Wie gut, dass heute nur noch wenige von ihnen am Leben sind. Sie müssten sich die Frage stellen, was sie wohl mit hundert Euro anfangen sollten.

Als F. C. Flick des Dolce-far-niente in einer so leidgeprüften Familie überdrüssig geworden war, kam ihm der Einfall, den Namen Flick reinzuwaschen. Über die Jahre hatte er eine gewaltige Sammlung von Werken zeitgenössischer Künstler angehäuft, die er ausstellen wollte, frei und uneigennützig. Da er in der Schweiz lebte, gedachte er, die Stadt Zürich damit zu beglücken. Obwohl Geld auch dort nicht stinkt, beschlossen die Schweizer als angeblich vollkommen Außenstehende, dass für diese Ausstellung in ihrem sauberen Zürich kein Platz sei, da die Werke mit blutigem Geld erworben wurden. Ihre moralische Position leiteten sie vermutlich aus ihrem Verhalten im Weltkrieg ab, als sie die Juden, die an ihren Grenzen um Asyl baten, verjagten, wohl wissend, dass das einem Todesurteil gleichkam. Heute lebt auch in der Schweiz bereits die dritte Generation, die auf die Entscheidungen ihrer Großväter keinen Einfluss hatte.

Die Stadt Berlin war nicht so zimperlich wie Zürich. Dort nahm man die Ausstellung auf. Die Leiter des Frankfurter Fritz Bauer Instituts – dem Studien- und Dokumentationszentrum zur Geschichte und Wirkung des Holocaust – vertraten die Ansicht, es schade nichts, Deutschland auch die andere beziehungsweise sogar die dritte Seite der Medaille zu zeigen. Deshalb luden sie mich nach Berlin ein und baten mich, einige ehemalige Lagerkameradinnen mitzubringen. Wir sollten darüber berichten, wie unser Leben im Wirkungsbereich von Friedrich Flick ausgesehen hatte. Zur Illustration stellten sie aus dem ihnen zur Verfügung stehenden Material eine ausgezeichnete Ausstellung zusammen. So konnte das interessierte Publikum in Berlin zwei Ausstellungen besuchen, beide im Zeichen der Flick-Dynastie. Eine profane, die mit harten Tatsachen darüber Zeugnis ablegte, wodurch die andere, erhabene Ausstellung ermöglicht worden war.

Die F.C.Flick-Collection soll zunächst für sieben Jahre im »Hamburger Bahnhof« gezeigt werden. Die Sammlung ist so umfangreich, dass selbst der größte Ausstellungsraum nicht alle Kunstwerke gleichzeitig fassen kann. Nach sieben Jahren könnte man sie komplett austauschen und die Ausstellungsräume noch einmal bestücken. Und sogar noch darüber hinaus.

Die Ausstellung der F. C. Flick-Collection wurde also im September 2004 im »Hamburger Bahnhof« in Berlin vom damaligen Kanzler Schröder feierlich eröffnet. Kritische Stimmen in Deutschland interpretierten diese noble Handlung so, dass Schröder wie F. C. Flick, die beide im Jahre 1944 geboren sind, das Erbe der für das Funktionieren Nazideutschlands aktiv oder als Mitläufer verantwortlichen Generation angetreten haben, der eine politisch, der andere persönlich. Das Fritz Bauer Institut hielt am Tag vor der Ausstellungseröffnung eine Pressekonferenz ab, an der wir teilnahmen und zu der Reporter aller deutschen Zeitungen, Zeitschriften und Fernsehsender, die etwas auf sich hielten, erschienen.

Jedes Wunder währt nur drei Tage, aber drei Tage lang waren alle Zeitungen und Fernsehkanäle voll mit dem, was wir sagten. Ich hatte Angst vor der Pressekonferenz, weil ich nicht wusste, ob unser Gastgeber, das Fritz Bauer Institut, mit dem, was ich zu sagen beabsichtigte, einverstanden sein würde. Meine Meinung war damals, dass keiner verantwortlich dafür ist, wo er hineingeboren wurde, nur für das, was er tut. Ich lebe nicht in Deutschland, mein Leben ist fast vorbei, ich habe mit Hass und Verachtung abgerechnet, ich hasse niemanden mehr. Ich möchte in Ruhe sterben, ich mische mich nicht in die Tagespolitik ein. Die Stimmung auf der Pressekonferenz war großartig. Meine ehemaligen Mithäftlinge schilderten mit Überzeugungskraft und aus erster Hand die Sklavenarbeit in der Dynamit Nobel AG, den Hunger, die Kälte, die unsere Kräfte weit übersteigende Arbeit, die Erniedrigungen usw. Da ich häretische Ansichten hege und das Spielen gern habe, wartete ich nicht, bis man mir die aufregendste Frage des Abends stellte, nämlich die nach meiner Meinung zur F. C. Flick-Collection. Stattdessen fragte ich das verehrte Publikum, ob ich ein Spiel spielen dürfe.

Man war einverstanden, und so bat ich diejenigen, ihre Hand zu heben, die man gefragt hatte, ob sie auf die Welt kommen wollten. Es folgte eine betretene Stille, man wusste nicht, worauf ich hinauswollte. Dann bat ich jeden, der vor seiner Geburt gefragt worden war, wohin er geboren werden wollte, die Hand zu heben. Daraufhin hörte man schon hier und da im Saal Gekicher. Man verstand, dass diese beiden Fragen auch im Falle von F. C. Flick nicht gestellt worden waren. Auf die Frage aus dem Publikum, was ich davon hielte, dass der Kanzler sich mit der Eröffnung der Ausstellung so exponiert hatte, konnte ich nur antworten: »Der muss wissen, was er tut, er ist ja der Kanzler.« Darüber wurde dann schon laut gelacht.

Der nächste wollte wissen, warum ich nicht hasserfüllt sei, warum ich nicht auf F. C. Flick schimpfe und welchen Philosophen ich favorisiere. Da nahm ich mein auf Deutsch verfasstes Büchlein »Meine Münchmühle« hervor und las den Teil, in dem mein Vater erzählt, wie ich als Fee gefunden wurde. Ich sagte: »Jeder erbt etwas. Der eine blutiges Geld, der andere ein moralisches Fundament.«

Die Geschichte war ein großer Erfolg. Vater hatte die »wahre Geschichte meiner Geburt« wohl deshalb so oft erzählen müssen, damit die darin enthaltene Lehre fast achtzig Jahre später Menschen in Deutschland zum Nachdenken brachte.

Und jetzt erzähle ich die wahre Geschichte der »wahren Geschichte«.

Als meine Eltern jung waren, war es nicht einfach, einen Mann oder eine Frau fürs Leben zu finden. Aus der Sicht meines Vaters Dezső betrachtet, stellte sich das Problem wie folgt: Wo ist die junge Frau, die hübsch und klug ist und nicht beabsichtigt, später in der Ehe das Zepter zu führen?

Aus der Sicht meiner Mutter Irma: Wo ist der intelligente junge Mann, der meine Mitgift nicht durchbringt, kein Windhund ist, nicht trinkt und ein guter Vater wäre? Er muss kein Adonis sein, aber wenigstens ein bisschen besser aussehen als der Glöckner von Notre Dame und unbedingt größer sein als 1,80 m. Er darf kein Haustyrann sein, man muss sich mit ihm über alles unterhalten können, er sollte Phantasie haben, kultiviert und gewandt sein, ein gutes Auftreten haben, so dass man gerne mit ihm ausgeht.

Daraus ist auch ersichtlich, wie viel schwerer es die Frauen hatten, in diesem Fall meine Mutter.

Ógyalla war damals nicht unbedingt voll von entsprechenden Heiratskandidaten. Mein armer Großvater Alfréd Weisz hatte plötzlich, ganz unverhofft, sogar drei Töchter an den Mann zu bringen, was drei Hochzeitsfeiern, drei Mitgiften und nicht zuletzt das Herbeizaubern von drei vertrauenswürdigen jungen Männern bedeutete. Das konnte er neben seinen Lipizzanern nicht leisten, dazu brauchte er Hilfskräfte. Zum Glück standen in einer k.u.k. Familie wie der unsrigen unzählige Onkel und Tanten mitsamt Anhang und Bekanntenkreis zur Verfügung. Sie warteten schon in den Startlöchern auf den Anpfiff.

Auch im Fall meiner Mutter war es so. Man brachte sie aus Ógyalla für die »Saison« – gemeint war der Winter – in die Obhut von Tante Sári und Onkel Árpád, der Schwester meines Großvaters und deren Mann, nach Budapest. Der Hintergedanke dafür wurde mit mehr als einem Zaunpfahl angedeutet: dass sie für Irma einen passenden Bräutigam finden sollten. Irma weilte also erwartungsvoll in Budapest, besuchte Konzerte, Museen, Theatervorstellungen. Mit anderen Worten, sie lebte das Budapester Leben eines jungen Mädchens aus der Provinz.

Ich weiß wenig darüber, wie mein Vater ins Spiel kam. Auf jeden Fall war er zu der Zeit siebenundzwanzig und meine Mutter siebzehn. Er erfüllte, ja verkörperte alle Kriterien eines ernsthaften, vertrauenswürdigen Heiratskandidaten. Dass er kein Vermögen hatte, spielte in der Familie meiner Mutter keine Rolle. Ihr Vater Alfréd erinnerte sich sehr wohl, wie er selbst seine Karriere begonnen hatte, nämlich mit Hilfe der Mitgift seiner Frau Ernesztína. Der siebenundzwanzigjährige Dezső war ein Fachmann im Holzgeschäft, hatte eine feste Stellung, war redegewandt, sehr belesen und nicht zuletzt von guter Erscheinung.

Der Familien-Ehestiftungsdienst hatte nur auf Irmas Erscheinen in Budapest gewartet, und nach kurzer fieberhafter Suche hielten sie Dezső am Angelhaken.

Wie das in solchen Fällen üblich ist, lenkte ein lieber Bekannter Dezsős Aufmerksamkeit darauf, dass ihm in Kürze ein junges Mädchen vorgestellt würde, das aus dem fernen Ógyalla in der Tschechoslowakei nach Budapest gekommen sei, diese und jene Eigenschaften habe und in der Hauptsache in Erwartung einer guten Mitgift stehe.

Meinen Vater überkam sofort ein plebejischer Standesdünkel, und im Bewusstsein seiner moralischen Überlegenheit verkündete er:

»Ich brauche keine Dorfgans vom Ende der Welt, auch dann nicht, wenn sie von Kopf bis Fuß mit Geld gestopft ist. Kein Wort mehr davon!«

Auch meine Mutter wurde darauf vorbereitet, dass sie demnächst einen ernsthaften, vertrauenswürdigen jungen Mann kennenlernen würde. Sie wartete nicht einmal das Ende des Satzes ab, sondern erklärte entrüstet:

»Von mir aus kann er vertrauenswürdig sein wie ein Finanzbeamter. Ich brauche niemanden, der hinter meinem Geld her ist, da werde ich lieber eine alte Jungfer.«

Na gut, wenn nicht, dann eben nicht.

Nur eines hatten sowohl Dezső als auch Irma unterschätzt: die an eine Verschwörung grenzende Entschlossenheit der sie umgebenden Familienmitglieder und Bekannten, sie zusammenzubringen. Denn das so zu organisieren, dass es wie eine vollkommen zufällige Begegnung aussah, war für die eifrigen Intriganten ein Kinderspiel. Sie brauchten dann nur noch abzuwarten und die beiden hämisch zu beobachten.

Es war Liebe auf den ersten Blick!

Der blonde Dezső mit seinen grauen Augen und Irma mit ihrem dunklen Haar und dunklen Augen bildeten ein ideales Paar. Sie waren beide ziemlich groß, Dezső zum Glück noch ein wenig größer als Irma.

Die Wintersaison in Budapest neigte sich dem Ende zu, und Irma musste zurück nach Ógyalla. Das Schlimme war nur, dass es jenseits der Grenze lag, der unerträglichen Grenze von Trianon.

Mit Dezső war eine große Veränderung eingetreten. So etwas war ihm noch nie passiert, dass in seinem arbeitsamen Leben den ganzen Tag ein schwarzes Augenpaar, schlanke Fesseln und eine riesige schwarze Haarkrone vor seinen Augen tanzten – von den Nächten ganz zu schweigen. Er musste sich eingestehen, dass er Tag und Nacht nur an Irma denken konnte, was er mit immer häufigeren Besuchen bei ihr besiegelte. Mein Vater wohnte damals schon in Debrecen, aber ein innerer Zwang führte ihn auf die mindestens zwei Tage dauernden Reisen in die Tschechoslowakei nach Ógyalla. Und dort verging die Zeit wie im Fluge, kaum war er da, schon musste er zurück nach Ungarn.

Mit den Zollbeamten hatte er immer Probleme. Denn wo gab es einen Kavalier, der seiner Angebeteten nicht Blumen hätte mitbringen wollen? Er brachte auch welche mit. Sie wurden verzollt und zwar so maßlos, dass er die Blumen vor Wut auf die Erde schmiss. Das hatte zur Folge, dass die Zollbeamten ihn bei Komárom an der Grenze zur Tschechoslowakei aus dem Zug aussteigen ließen und ihm eine ganz unverschämte Strafe aufbrummten. Er konnte noch von Glück sagen, dass der Zug nicht ohne ihn weiterfuhr!

Ich erwähne hier nur nebenbei, dass dies der Beginn der etwas lockeren moralischen Einstellung unserer Familie hinsichtlich des Zolls an der tschechoslowakischen Grenze war. Denn wir betrachteten es als Herausforderung, ihn an der Nase herumzuführen. Viele Jahre später, als auch ich schon in die Tschechoslowakei reiste, fuhren wir zur Hochzeitsfeier meiner Tante Hédi, der jüngeren Schwester meiner Mutter. Als Hochzeitsgeschenk brachten wir ein elegantes silbernes Teeservice mit Tassen, die innen mit Kristallglas ausgelegt waren. Es war ein vollständiges Service, einschließlich eines Milchkännchens und eines Kännchens für Zitronensaft, einer kleinen Flasche für Rum und eines Zuckertöpfchens und all das auf einem recht ansehnlichen Tablett. Ich habe keine Ahnung, warum das aus Debrecen gebracht werden musste und nicht zum Beispiel in Bratislava gekauft werden konnte. Aber so war es nun einmal, und also brachten wir es mit. Gemäß den Vorschriften brauchte man für Gegenstände, die man benutzte, keinen Zoll zu bezahlen. Als wir an die Grenze kamen und auf die Zöllner warteten, war der Klapptisch unter dem Waggonfenster gedeckt, in den Tassen dampfte frisch eingeschenkter Tee, jede Kanne, Flasche etc. war zweckentsprechend gefüllt. Wir tranken mit Pokerface, den Lachzwang unterdrückend unseren Tee und fühlten uns wie der heilige Georg, als er den Drachen besiegte.

Eine andere schöne Geschichte, wie wir den Zoll überlisteten, hängt mit der Aussteuer meiner Mutter zusammen, genauer gesagt damit, dass es damals keine Aussteuer ohne Brüsseler Spitzen gab. Es waren Musterbücher im Umlauf, und anhand einer Artikelnummer konnte man die Spitze auswählen und bestellen. Irgendein Onkel erhielt den Auftrag, nach Brüssel zu reisen und fünfzig Meter georderte Brüsseler Spitze mitzubringen, die auch damals mehr als zwei Heller kostete und auf jeden Fall verzollt werden musste. Der arme Onkel kaufte die Spitze, steckte sie in seine Reisetasche und kehrte mit der Beute zurück in die Tschechoslowakei. Keine Grenze ohne Zollbeamten. Auch er wurde gefragt, ob er etwas zu verzollen habe.

»Fünfzig Meter Brüsseler Spitze«, erwiderte er todernst. Der Zöllner salutierte und verließ das Abteil. Er glaubte, der Onkel sei zu Späßen aufgelegt, denn wenn er wirklich soviel Spitze mit sich führte, hätte er es verschwiegen, so hoch waren die Zollgebühren.

Mein Vater pendelte ständig zwischen Ógyalla und Debrecen. Die Anzahl seiner schlaflosen Nächte stand in direktem Verhältnis zu seiner Erkenntnis, dass er sich dringend erklären müsste und ein Heiratsantrag nicht länger aufschiebbar war.

Die Welt, in der meine Mutter lebte, war ihm sehr fremd und ungewohnt. Er hatte seine Kindheit in ärmlichen Verhältnissen verbracht, seine Eltern waren fromme Juden. Er selbst hatte für sein Fortkommen hart gearbeitet. Für ihn war Geld zum Sparen auf ein bestimmtes Ziel da.

In der Familie meiner Mutter genoss man das Leben. Auch sie waren Juden, aber nicht fromm. Von Geld wurde nie gesprochen, es war so selbstverständlich, dass es vorhanden war, wie in Dezsős Familie, dass es knapp war. Zum Leben gehörten natürliche gute Laune, ein ständiges Kommen und Gehen, ein großer Haushalt, viele Gäste. Mein Vater fiel fast in Ohnmacht, als ihn bei seinem ersten Besuch in Ógyalla ein Zweigespann mit einem livrierten Kutscher am Bahnhof empfing – er hatte noch nie in so etwas gesessen. Meine Mutter kam selbstverständlich nicht mit zum Bahnhof, Dezső sollte sich ja nur nichts einbilden.

Bei dem bewussten Besuch in Ógyalla, auf den sich mein Vater so lange vorbereitet hatte, lag schon in der Luft, dass er um die Hand meiner Mutter anhalten musste, man ihm andernfalls bedeuten würde, dass ihm die Tür nicht mehr offenstünde. Mein Großvater hatte ihn vielleicht ein wenig frostiger empfangen als sonst, doch war es auch möglich, dass nur Dezsős bedrängtes Gewissen es so empfand. Die beiden saßen also im Salon, als mein Vater seinen ganzen Mut zusammennahm und sprach:

»Mein lieber Alfréd, ich möchte hiermit um die Hand Ihrer Tochter Irma bitten.«

Der liebe Alfréd tat, als träfe ihn dieser Satz vollkommen überraschend und unvorbereitet. Er rief sogleich seine bessere Hälfte, Ernesztína, und nicht zuletzt die Betroffene, seine Tochter Irma herbei.

Ernesztína traf auch sofort ein und trocknete sich in ihrer Schürze die Tränen, die sie dem Anlass entsprechend vergoss. Irma hatte kaum Zeit, ihr Ohr von der Salontür zu nehmen und in ihr Zimmer zurückzurennen, aus dem sie mit Unschuldsmiene heraustrat. Und während ihre nächstjüngere Schwester etwas neidisch ihren Posten am Schlüsselloch einnahm, vernahm meine Mutter ganz ernst und so, als würde der Zauber der Neuigkeit auf sie wirken, im Beisein ihrer schluchzenden Mutter von ihrem gerührten Vater das, worauf sie sich mit Dezső bereits geeinigt hatte.

Als ich selbst heiratete und mich anpassen und umstellen musste, gedachte ich voller Bewunderung meiner Eltern. Ich bin mir sicher, dass es enorme Spannungen zwischen ihnen gegeben hat. Sie kamen aus vollkommen gegensätzlichen Welten, hielten im Leben sicher andere Werte für wichtig. Ich kann mir zum Beispiel nicht vorstellen, wie Irma es vertragen konnte, etwas nicht sofort zu bekommen, wonach ihr gerade der Sinn stand. Ich kann mir allerdings auch schwer vorstellen, dass mein Vater etwas gekauft hat, was meine Mutter für wichtig hielt, er jedoch nicht.

Oft hab ich mich entsetzt in der Welt umgeschaut. Heute schonen Eheleute, mit wenigen Ausnahmen, einander nicht. Sie tragen ihre Konflikte in aller Öffentlichkeit aus und setzen einander vor aller Augen herab. Das ist noch das kleinere Übel. Aber vielfach tun sie das auch im Beisein ihrer Kinder, gleich welchen Alters. Dadurch nehmen sie ihnen das Gefühl der Sicherheit. Ich schaue mir Fotos von heutigen Kindern an. Sie sind lieb und nett. Aber in den Augen mancher Zehnjähriger drückt sich mehr Lebenserfahrung aus als in meinen, als ich achtzehn war. Wie können die Eltern das verantworten, wieso werden sie nicht von Gewissensbissen geplagt? Wenn ich meinen Eltern sonst nichts zu verdanken hätte, es wäre schon genug, dass sie ihre Spannungen unter sich austrugen und uns Kinder heraushielten. Wir mussten nicht Partei ergreifen und urteilen, wer wohl jetzt Recht hat. Für uns waren beide wichtig und untrennbar. Wir durften naive und glückliche Kinder sein. Wie haben sie das gemacht?

Die Ballade von Alfréd Weisz

ALS DAS BEISPIELLOSE ungarische Privatisierungsgesetz Anfang der Neunzigerjahre in Kraft trat, galt es wieder, beweiskräftige Unterlagen zu präsentieren. Meine Familie hatte zwar von 1939 an in der Beschaffung von Dokumenten große Erfahrungen sammeln können, doch diesmal oblag die Aufgabe mir allein, da keine anderen Familienmitglieder mehr am Leben waren.

So sehr ich es auch hasste, ich musste wieder einmal die für mich natürlichsten Dinge auf der Welt beweisen, nämlich dass ich Vorfahren auf Erden gehabt habe, dass sie irgendwo gewohnt und etwas besessen haben und dass mich bislang jedes Regime ausgeplündert hat. Wobei man noch von Glück sagen konnte, wenn etwas zum Ausplündern vorhanden war. Ich forschte also in der Széchényi Bibliothek und geriet an das Jahrbuch »Kompass des Wirtschaftslebens« von 1924, in dem ich auf einen Eintrag über die Gründung der »Gebrüder Fahidi Holzhandels- und Holzverarbeitungs-Aktiengesellschaft« stieß. Zu meinem größten Erstaunen entdeckte ich unter den Namen der Vorstandsmitglieder auch den meines Großvaters mütterlicherseits, Alfréd Weisz. Mir wurde klar, dass mein Großvater auf diese Weise eine gewisse Kontrolle über das Schicksal der Mitgift seiner Tochter Irma behalten wollte. Das bedeutete aber für mich, dass noch ein Papier mehr zu beschaffen war, denn nun musste ich auch meinen Großvater offiziell für tot erklären lassen. Ich schrieb also einen Brief an den Gemeinderat von Gelej, den ich für zuständig hielt. Von dort erhielt ich den nachfolgend abgedruckten Brief und das Protokoll.

Es ist eine herzerwärmende Sache, dass Mitgefühl und Menschlichkeit noch nicht ausgestorben sind. Der Notar Pusztay – nur zufällig ein Namensvetter –, der keinen amtlichen Totenschein ausstellen konnte, da meine Großeltern nicht in der Gemeinde Gelej, sondern in Auschwitz-Birkenau gestorben waren, machte die Person ausfindig, die sie in das Ghetto nach Mezőcsát gebracht und sie als letzte gesehen hatte.

Mein Namensvetter hatte Recht: In das Ghetto von Mezőcsát konnte man nur hineingehen, zurückgekehrt ist niemand von dort. Auch nicht meine Großeltern Alfréd und Ernesztína Weisz.

Als ich alle Papiere beisammen hatte, wurde auch ich Opfer des neuen ungarischen Privatisierungsgesetzes. Der sich demokratisch nennende Staat erklärte als offizieller Dieb und Hehler, dass das, was im Sozialismus enteignet worden war, nunmehr ihm gehöre. Das Diebesgut wurde eiligst und großenteils unter Wert veräußert, nur eine Sache schien entscheidend: Der rechtmäßige Eigentümer sollte ja nichts zurückbekommen.

Wenn wir über jemanden wegen dieses oder jenes Vergehens den Stab brechen, werde ich oft nachdenklich. Wie kann man etwas beurteilen, wenn man die näheren Umstände nicht kennt? Wie ist es mit dem oft verlauteten: »Die Umstände haben mich dazu gezwungen!«? Auch ich habe vom Staat eine Wohnung gekauft, von der ich nicht weiß, wem sie einmal gehört hat und wer ihr vielleicht nachtrauert. Auch ich habe mich dermaßen demoralisieren lassen, dass der Staat mich zum Hehler machen konnte. Eine Schuld wird nicht dadurch geschmälert, dass viele dasselbe Unrecht begehen. Und es gibt im Leben noch viel extremere Zwangslagen. Woher soll jemand, der sich nie in einer vergleichbaren Situation befand, wissen, wie er sich verhalten hätte?

Eine Zeitlang glaubte und hoffte ich aufrichtig und naiv, dass der Kommunismus den Menschen ein Ziel geben könne, dass er der Weg sei, die Lebensbedingungen für die Allgemeinheit zu verbessern. Damals kannte ich die praktische Verwirklichung des Marxismus noch nicht genug und dachte mit großem heiligen Schaudern und voller Bewunderung an die Helden des Kommunismus. Ich bezweifle auch heute nicht, dass viele von ihnen für ihre Überzeugungen entsetzlich gefoltert und gequält wurden. Auch weiß ich, dass einige trotzdem niemanden verraten haben. Ich war immer froh, dass ich wenigstens in diese Lage nie geraten bin, denn ich wäre keine Heldin gewesen. Ich hätte sicher jeden verpfiffen. Wer es nicht erfahren hat, weiß nicht, was physischer Schmerz, Psychoterror oder andere Zwangssituationen bedeuten. Ich kann über solche Maulhelden nur lachen, die diejenigen verurteilen, die in einer Zwangslage unrecht gehandelt haben, während sie selbst es nicht einmal aushalten, sich keine Zigarette anzuzünden, wenn der Drang nach Nikotin sie quält. Wer nicht selbst in einer vergleichbaren Zwangslage gewesen ist, sollte andere nicht leichtfertig verurteilen.

Bürgermeisteramt der Gemeinde Gelej
Telefon: Gelej 52-717
Nr.: 439/1992.

Frau Béláné Pusztai*
BUDAPEST Váci-utca 11/B. 1052

Sehr geehrte Frau [Pusztai],

Leider kann ich Ihrer Bitte nicht entsprechen. Der Grund dafür ergibt sich aus beigefügtem Protokoll. Einen offiziellen Totenschein können wir nur ausstellen, wenn der jeweilige Todesfall auch amtlich registriert wurde. Im Falle Ihres Großvaters müsste sein Tod oder sein Verschwinden zunächst amtlich festgestellt werden. Das fällt in die Zuständigkeit des Zivilgerichts.

Zur Unterstützung Ihres Antrages auf Entschädigung habe ich eine Anhörung von BERTALAN KÉKEDI, wohnhaft zu Gelej, zu Protokoll genommen, der bezeugt, dass er Ihren Großvater und Ihre Großmutter in einer Pferdekutsche ins Ghetto nach Mezőcsát transportiert hat.

Seitens des Bürgermeisteramtes von Gelej bezeugen wir, dass ALFRÉD WEISZ und seine Frau nach ihrem Abtransport aus der Gemeinde Gelej nicht in die Gemeinde Gelej zurückgekehrt sind. Die ins Ghetto Mezőcsát verbrachten Personen wurden von den damaligen Machthabern weiter nach Westen transportiert.

Gelej am 6. November 1992

Hochachtungsvoll:
[Stempel, Unterschrift]
Dr. Béla Pusztay
Notar

* Mein Name Éva Fahidi änderte sich nach meiner Eheschließung in Béláné Pusztai, das heißt: die Frau von Béla Pusztai.

Gelej Községi Polgármesteri Hivatal
Telefon:Gelej 52-717

439/1992. szám.-

Pusztai Béláné asszony

BUDAPEST Váci-utca 11/B. 1052

Tisztelt Asszonyom !

Sajnos kérésnek nem tudok eleget tenni. Ennek oka benti jegyzőkönyvből kitünik. Halotti anyakönyvi kivonat csak akkor állitható ki, ha az elhalt halálesete az anyakönyvbe is bejegyzésre került. Ahoz, hogy nagyapja halálesete anyakönyvezésre kerüljön most már csak holttá- eltünttá nyilvánitás lehetősége kinálkozik. Ehez polgári biróság rendelkezik hatáskörrel.

Amennyiben a kárpótlás iránti igénybejelentés elbirálását az segithetné jegyzőkömyvileg meghallgattam KÉKEDI BERTALAN geleji lakost, aki tanusitja, hogy nagyapját és nagyanyját lovasfogattal ő szállitotta a mezőcsáti GETTÓBA.

A geleji polgármesteri hivatal részéről bizonyitjuk, hogy WEISZ ALFRÉD és felesége Gelej községből történő elszállitásuk óta Gelej községbe nem tértek vissza. A MEZŐCSÁTI GETTÓ-ba összegyüjtötteket az akkori hatalom Nyugatra tovább szállitotta.

G e l e j , 1992 évi november 6.

Tisztelettel:

POLGÁRMESTERI HIVATAL GELEJ

Dr. Pusztay Béla
jegyző

Faksimile des Briefes und des Protokolls
Quelle: Privatbesitz

439/1992. szám.-

JEGYZŐKÖNYV

Készült Gelejen a Polgármesteri Hivatalban 1992 évi november hó 6.-án KÉKEDI BERTALAN /an. Virágh Zsuzsanna, Szig. szám: AC-II. 658154/ Gelej Deák Ferencz u. 5. szám alatti lakos meghallgatásáról.

Jelen vannak alulirottak:

Felkérésre megjelent a polgármesteri hivatalban Kékedi Bertalan geleji lakos. Előtte ismertetésre került PUSZTAI BÉLÁNÉ Budapest Váci-utca 11/B. szám alatti lakos 1992. 11. 02.-én kelt megkeresésében foglaltak. Jegyző előadja azt is, hogy a HALOTTI BIZONYITVÁNY-t kiállitani nem tud, mert a GELEJI ANYAKÖNYVBE csak azon halálesetek kerültek bejegyzésre akik Gelejen haltak meg, vagy birósági itélet geleji anyakönyvezésről rendelkezik. Mivel egyik eset sem forog fenn, lehetőségként csak az marad, hogy WEISZ ALFRÉD Gelej községből történő deportálásának körülményeiről meghallgassunk olyan személyt/eket/ aki, illetve akik WEISZ ALFRÉD volt geleji lakos GETTÓBA hurcolásáról tájékoztatást tudnak nyujtani. Kéri Kékedi Bertalant az előzőekkel kapcsolatban adja elő milyen ismeretekkel rendelkezik. Ezt követően Kékedi Bertalan a következőket adja elő:

" Én 1923-as évfolyambeli vagyok, igy 1944-ben még nem voltam katona. Személyesen ismertem WEISZ ALFRÉDOT és feleségét. Gelejen földbérlők voltak. Mivel nevezettek gazdasági alkalmazottjait a háborus helyzetre tekintettel katonai szolgálatra behivták, igy alkalmilag én segitkeztem a gazdálkodás vitelében. Ilyen minőségemben került sor arra, hogy 1944-ben WEISZ ALFRÉDOT /1876, Réce/ és feleségét az ő tulajdonukat képező lovasfogattal én szállitottam be a MEZŐCSÁTON volt GETTÓBA. Mezőcsátra érve a GETTÓ előtt álltunk meg, WEISZ ALFRÉD és felesége bement a GETTÓBA. Onnan én Gelejre visszahajtottam a lovakat. Azóta NEVEZETTEK hollétéről nincs tudomásom. Ide Gelejre nem tértek vissza. Sajnos nem tudok olyan személyt sem megjelölni aki az általam előadottakat tanusitaná. Illetve tudnék, mert háztartási alkalmazottjuk is volt, de az Igrici községből származott, de hogy Ő is hova lett azt nem tudom."

Jegyzőkönyv felolvasás után hh. aláiratott.

Kmft.

Dr. Demeter József
polgármester

Dr. Pusztay Béla
jegyző

Kékedi Bertalan
Szig. szám.: AC-II. 658154

Nr. 439/1992.

PROTOKOLL

vom 6. November 1992 auf dem Bürgermeisteramt der Gemeinde Gelej. Anhörung von BERTALAN KÉKEDI / Geburtsname der Mutter: Zsuzsanna Virágh. Personalausweis Nr: AC-II. 658154/ wohnhaft in Gelej, Deák Ferenc Str. 5

In Anwesenheit der Unterzeichnenden:

Nach Aufforderung erschien Bertalan Kékedi, wohnhaft in Gelej, auf dem Bürgermeisteramt. Ihm wurde der Inhalt des Ansuchens vom 2. November 1992 von Frau Béláné Pusztai, wohnhaft Váci-utca 11/B., zur Kenntnis gebracht. Der Ortsnotar trägt unter anderem vor, dass er den Totenschein nicht ausstellen kann, weil in dem Amtsbuch der Gemeinde Gelej nur die Todesfälle eingetragen werden, die sich in Gelej ereignet haben oder deren Eintragung gerichtlich verfügt wurde. Da im vorliegenden Fall keine der beiden Möglichkeiten in Frage kommt, bleibt uns lediglich, eine Person oder Personen ausfindig zu machen, die mit Informationen über die Verfrachtung des Alfréd Weisz ins Ghetto dienen kann bzw. können. Der Stadtnotar bittet demnach Bertalan Kékedi, dass er vortragen möge, welche Kenntnisse er besitzt. Bertalan Kékedi trägt Folgendes vor:

»Ich bin aus dem Jahrgang 1923, so dass ich 1944 noch nicht Soldat war. Ich habe ALFRÉD WEISZ und seine Frau persönlich gekannt. Sie waren Grundbesitzer in Gelej. Da ein beträchtlicher Teil ihrer Knechte aufgrund der Kriegssituation als Soldaten eingezogen worden war, half ich gelegentlich mit aus. In dieser Eigenschaft fiel es auf mich, dass ich 1944 ALFRÉD WEISZ / geb.1876 in Réce / und seine Frau in der in ihrem Besitz befindlichen Kutsche in das damalige GHETTO von MEZŐCSÁT fuhr. In Mezőcsát hielten wir vor dem Ghetto an, ALFRÉD WEISZ und seine Frau gingen in das Ghetto. Von dort brachte ich die Pferde wieder nach Gelej zurück. Seitdem habe ich keine Informationen über den Aufenthaltsort der BESAGTEN PERSONEN. Hierher nach Gelej sind sie nicht zurückgekehrt. Leider kann ich keine Person benennen, die meine Angaben bezeugen könnte. Beziehungsweise ich wüsste so eine Person, denn sie hatten eine Hausangestellte, aber sie stammt aus der Gemeinde Igric und wo sie geblieben ist, das weiß ich nicht.«

Das Protokoll wurde nach Verlesung unterschrieben.

[Stempel, Unterschriften]
Dr. József Demeter
Bürgermeister
Dr. Béla Pusztay
Notar

Bertalan Kékedi
Personalausweis Nr.: AC-II. 658154

Speckbraten in unserem Garten in Debrecen, 1943. Ich bin die Zweite von links, die sich vorbeugt, in der oberen rechten Ecke sitzen mein Vater und meine Mutter nebeneinander, neben ihnen steht meine Schwester Gilike. Vorne rechts sitzt meine Cousine Boci, zwei Personen weiter rechts ihr Mann Lajos.
Foto: Privatbesitz

Asteria

»Nicht für die Schule, sondern für das Leben lernen wir«, hieß es so oft in meiner Kindheit und das ausgerechnet in der Schule, wo man unsere Köpfe ständig mit Wissenschaft fütterte. Wie das Leben ist, konnte man wahrscheinlich in der Klosterschule, die ich besuchte, nicht lernen. Oder vielleicht nicht, wie das Leben *auch* ist.

Wer in jener Zeit zur Schule ging, hatte es sehr viel leichter als jemand, der in der Zeit nach dem Krieg die Schule besuchte. Denn es gab keine wesentlichen Gegensätze zwischen den Erziehungsprinzipien zu Hause und denen in der Schule. Uns schärften die Eltern nicht ein: »Sag das ja niemandem in der Schule!«, weil sie dann in Schwierigkeiten geraten wären. Die erste Regel war hier wie dort, dass man die Wahrheit sagen sollte. Wie schrecklich ist es, ein Kind in die Welt zu schicken und ihm beibringen zu müssen, dass es nicht die Wahrheit sagen darf!

Meine Schule in Debrecen war die katholische Lehranstalt für Mädchen, benannt nach der Mutter Gottes, der Schutzheiligen Ungarns. Im Abstand von acht Jahren besuchten erst meine Cousine Boci, dann ich und wieder acht Jahre später meine Schwester Gilike diese Schule. Boci und ich waren echte Fahidis, also richtige Streber, Gili vertrat, auf einem ihrem Alter entsprechenden Niveau, hedonistische Ansichten. Für sie war das Leben ein Spiel.

Damals war es Mode, dass die Mädchen unter zehn Jahren winzige Röckchen trugen, unter denen ein klein wenig das Höschen hervorblitzte. Die Kleiderordnung auf der Klosterschule schrieb damals, unabhängig vom Alter, Röcke bis über das Knie und eine Uniform vor. Gilike gefielen die knielangen Röcke nicht, sie wollte sie nicht tragen, und wir drängten sie auch nicht.

Nicht so jedoch eine der lieben ehrwürdigen Schwestern. Sie störte sich an der Länge bzw. Kürze von Gilikes Rock:

»Mein Kind, bestell Deinem lieben Vater, dass er nicht so arm ist, dass er Dir nicht einen längeren Rock kaufen könnte.«

Gilike verteidigte sofort unseren Vater, schaute der lieben Schwester in die Augen und erklärte: »Ich will keinen längeren Rock tragen, ich will ja keine Nonne werden!«

Zu den Vorzügen der Klosterschule gehörte, dass die Lehrkräfte kein Privatleben hatten und sich nur um den Unterricht zu kümmern brauchten. Der Orden sorgte dafür, dass seine Pädagoginnen die bestmögliche Ausbildung erhielten.

Auch aus einem Abstand von mehr als sechzig Jahren blicken noch einige Gesichter der Lehrerinnen freundlich auf mich. Sehr gern hatte ich Schwester Albertina, unsere Klassenlehrerin in den ersten vier Gymnasialklassen. Sie war wie eine liebe Glucke, unter deren warmes Gefieder man sich flüchten konnte.

Umso weniger mochte ich unsere Klassenlehrerin der letzten vier Gymnasialklassen, Dr. Mária Kornélia Hoszták. Noch jetzt höre ich das Knirschen ihrer Kiefergelenke, wenn sie gezwungen war zu lächeln. Denn freiwillig tat sie das nie. Sie war eine gute Pädagogin, aber man konnte ihr nicht vorwerfen, auch ein guter Mensch zu sein. Trotzdem gedenke ich auch ihrer mit Dankbarkeit, denn sie hat mir die lateinische und die ungarische Grammatik eingebläut, und davon profitiere ich noch heute. Im Laufe meines Lebens musste ich mehrere Sprachen lernen und entdeckte dabei mit Freude, dass nicht nur die romanischen Sprachen auf der lateinischen Grammatik beruhen, sondern sogar die slawischen Sprachen wie zum Beispiel das Russische. Kornélia hat meine Liebe zum Lesen, die mein Vater zu Hause angeregt hatte, weiter gefördert. Bezüglich unserer literarischen Vorlieben unterschieden wir uns allerdings.

Noch heute denke ich voller Verehrung und Bewunderung an Asteria, die Deutsch- und Französischlehrerin an der Schule. Ich hatte private Französischstunden und ab dem zehnten Lebensjahr deutschen Literaturunterricht, während die anderen sich noch mit den Grundbegriffen der Grammatik abplagten.

Ich war von ihrem Wesen gefesselt. Sie glich, wie ihr Name es ausdrückte, einem leuchtenden Stern. Sie hatte Sternenaugen im blausten Vergissmeinnichtblau, und die Iris war von einem Ring aus noch dunklerem Blau umgeben. Sie schaute mit viel Wärme auf die Menschen, und mit noch mehr Liebe erklärte sie:

»Es ist nicht genug, eine Sprache zu sprechen, man muss auch die Regeln der Grammatik beherrschen!« Und ich habe ihr zuliebe alles, aber auch alles gelernt. Mein ganzes Leben lang habe ich sie dafür gepriesen.

Gilike mit Lackó und Pajkos 1938 auf dem Gehöft Nagytanya
Foto: Privatbesitz

Mir ist anscheinend vom Schicksal bestimmt, alles und von allem auch das Gegenteil zu erleben. So wunderte ich mich auch nicht wirklich, als ich mich im Jahre 1952 am Morgen des 5. April mitsamt meinen Möbeln auf der Straße wiederfand, denn von einem Tag auf den anderen hatte mich der Rat der Stadt Pécs von meiner Arbeitsstelle entlassen und aus meiner Wohnung geworfen. Ich war wie so viele, die aus ähnlichen Familien wie ich stammten, zum »deklassierten Element« geworden. Ich avancierte zur Hilfsarbeiterin in der Bauindustrie und hatte die Ehre, in jenem Winter den Betonfußboden für den Maschinenraum der Zeitung »Szabad Nép« (Freies Volk) in Budapest zu gießen. Sie war zwischen 1942 und 1956 die offizielle Tageszeitung der Kommunistischen Partei Ungarns. Meine Kleidung bestand aus zwei Overalls, den einen trug ich, der andere hing gewaschen an der Leine. So bin ich jeden Morgen in einem sauberen Overall aus dem Haus gegangen. Ich muss nicht erwähnen, dass ich bei meiner Abneigung gegen Kälte natürlich den ganzen Winter über draußen arbeiten musste. Hände und Füße sind mir erfroren, ich besaß keine Stiefel in meiner Schuhgröße. Noch Jahre später erhielt ich Röntgenbestrahlung, weil meine Frostbeulen jeden Winter erneut auftraten. Das liegt in der gemeinen Natur der Frostbeulen. Nach Feierabend besuchte ich zum Aufwärmen die Alliance Française, wo sich interessanterweise niemand darüber wunderte, dass eine Hilfsarbeiterin sich auf Französisch unterhalten konnte.

Ich dachte voller Dankbarkeit an Asteria. Denn die gründliche Kenntnis der deutschen und der französischen Grammatik waren mir gerade damals von großem Nutzen. Wenn ich schon keine Aussicht auf geistige Arbeit hatte, wollte ich wenigstens ein Zeugnis über meine Sprachkenntnisse erwerben. Wer in Ungarn zwischen den Fünfziger- und den Neunzigerjahren des vorigen Jahrhunderts seine Sprachkenntnisse durch ein Examen bescheinigen lassen wollte, konnte das nur in der »Hochschule für fremde Sprachen«, dem gefürchteten Institut in der Rigó Utca in Budapest, tun. Das war die einzige Stelle, an der man offiziell anerkannte Sprachprüfungen ablegen durfte. Die Hochschullehrer waren sehr gnädig mit mir, denn obwohl ich von der Straße hereingeschneit kam und keinen Unterricht bei ihnen genommen hatte, erhielt ich auf Anhieb in beiden Sprachen das Zeugnis in der höchsten Stufe. Asteria sei Dank!

Ich liebte sie über alles. Sie war beinahe so schlank und grazil wie meine über alles bewunderte Cousine Boci. Und sie besaß noch eine liebenswerte Fähigkeit: Sie sprach Slowakisch. Sie stammte irgendwo aus Nordungarn, das heute zur Slowakischen Republik gehört, oder aus einer anderen slowakisch besiedelten Gegend, so wie meine Mutter. Als die beiden das herausfanden, fielen sie einander um den Hals und plauderten fröhlich Slowakisch miteinander.

In der Klosterschule war es nicht üblich, sich in direkter Weise politisch zu äußern. Ich hatte dafür möglicherweise ein empfindsameres Gespür als die anderen. Vielleicht ist es außer mir niemandem aufgefallen, dass Asteria einmal in den Jahren nach dem »Anschluss« Österreichs an das Deutsche Reich am 12. März 1938 sagte: »Den Namen von diesem Kerl« – gemeint war Hitler – »werde ich nicht mehr in den Mund nehmen.« Das war für mich eine großartige Botschaft zu einer Zeit, als der Wiener Zweig unserer Familie liquidiert wurde.

Als die Ordensgemeinschaften im Sozialismus aufgelöst wurden, kehrte Asteria in ihr Heimatdorf zurück. Sie kann nicht mehr jung gewesen sein, und es war sicher nicht einfach für sie, sich als Nonne wieder im zivilen Leben zurechtzufinden. Ich erfuhr später, dass sie beim Pflaumenpflücken vom Baum gefallen und sofort gestorben ist. Eine für eine Nonne etwas ungewöhnliche Todesart. Die alten Juden sagen: »Wen Gott liebt, den lässt er einen schnellen Tod sterben.« Asteria hatte es verdient, unerwartet und ohne Todesangst zu sterben und bei Petrus an der Tür zum Paradies anzuklopfen. Wenn überhaupt irgendjemand, dann wird sicher sie im Himmel die himmlischen Schüler mit ihren vergissmeinnichtblauen Augen anstrahlen und verkünden: »Man muss eine Sprache nicht nur sprechen können, sondern auch ihre Grammatik gründlich beherrschen. Amen.« Segen ihrem Andenken!

In der Klosterschule wurde auch über Juden nicht gelästert. Und da die Schulleitung die Juden nicht diskriminierte, war auch unter den Schülerinnen nichts davon zu spüren. Im Übrigen standen mir die anderen Kinder nicht so besonders nahe. Meine Welt war so voll, so voll mit guten Dingen, mit Turnen, Sport, Klavierspielen, Lesen, Musik und Kunst, dass ich nur für *eine* Freundin Zeit hatte: Éva Kende – sie war meine einzige richtige Freundin und blieb es

Mein ganzes Leben lang habe ich geturnt (noch heute turne ich).
Foto: Privatbesitz

über vierzig Jahre lang. Wir waren so eng befreundet, dass für die anderen Klassenkameradinnen gar kein Platz neben ihr war. Ich kann mich auch nicht erinnern, dass sie sich so sehr um mich bemüht hätten.

Heute, wo wir bereits das fünfundsechzigste Abiturjubiläum gefeiert haben und von den achtundzwanzig ehemaligen Schülerinnen jedes Jahr eine oder zwei in die wirkliche himmlische Schule hinübergehen, halten wir eng zusammen. Heute ist es uns wichtig, dass wir einander fragen können: »Weißt Du noch …?« Und wir wissen noch. Wir treffen uns, kommen aus Südamerika, aus den USA, aus Debrecen, aus Budapest und sind glücklich, uns gemeinsam zu erinnern.

Weg in die Gaskammern
Quelle: Das Auschwitz Album. Die Geschichte eines Transports, Yad Vashem/Wallstein Verlag, Göttingen 2005

Der sträfliche Optimismus

Vor einigen Jahrzehnten fand man bei Ausgrabungen im Burgviertel in Budapest mittelalterliche Häuser, in denen einst Juden gewohnt hatten. In den Kellern der drei nebeneinanderliegenden Häuschen gab es Verbindungstüren. Meine Vorfahren waren auf Pogrome gefasst und jederzeit auf die Flucht vorbereitet: Während bei ihnen die Tür aufgebrochen wurde, konnten sie sich durch den Keller ins Nachbarhaus retten und von dort irgendwie das Weite suchen. Waren sie Optimisten?

Mit dem »Anschluss« 1938 spürte ich zum ersten Mal, dass die Weltgeschichte mich ganz persönlich betraf. Zahlreiche meiner Tanten und Onkel in Wien mussten plötzlich von dort fliehen. Wir waren eine typische k.u.k. Familie, wie es seinerzeit viele gab. Die Familienmitglieder lebten auf dem ganzen Gebiet der Monarchie verstreut, überall hatten wir Verwandte.

Schon Trianon hatten wir als tragisch erlebt. Von einem Tag auf den anderen war der für uns seit Generationen natürliche Zustand beendet, wo man von Ógyalla nach Wien, Abbazia (das heutige Opatija im Nordwesten Kroatiens), Budapest und Prag genauso einfach reisen konnte wie heute von Debrecen nach Hajdúszoboszló (die Entfernung beträgt 22 km).

Meine Wiener Verwandten mütterlicherseits, Geschwister und Cousins meiner Großeltern und deren Familien, habe ich immer durcheinandergebracht. Letzten Endes spielte das dann keine Rolle, nicht einer von ihnen hat den Holocaust überlebt. Schon allein aufgrund ihres Alters wurden sie in Auschwitz-Birkenau ins Gas geschickt.

1938 versuchten alle Wiener Tanten, die nur irgend konnten, in die Tschechoslowakei zu flüchten und dort bei Verwandten Unterschlupf zu finden. Sie waren nicht gerade prophetisch begabt. Dort konnten sie auch nur so lange bleiben, bis die Deutschen einmarschierten.

In unserem Familienlegendarium haben wir die Anekdote von Riki und Regina, zwei Damen aus der Wiener Verwandtschaft, bewahrt. Beide waren bekannt dafür, dass sie sich immer sehr herausputzten.

Riki passierte es eines Tages, dass sich das Bändchen, mit dem ihre Unterhose gehalten wurde, löste, während sie auf dem Graben, der bekannten Wiener Einkaufsstraße, flanierte. Dem Gesetz der Schwerkraft entsprechend fing die Unterhose unaufhaltsam zu rutschen an. Riki fühlte sie erst an ihren Knien, dann am Fußgelenk, und plötzlich lag mitten auf dem Graben für alle sichtbar ein prachtvolles Stück Dessous: die mit Spitzen verzierte bestickte Unterhose meiner Tante Riki.

Als ich diese Geschichte zum ersten Mal hörte, stellte ich mir gleich vor, wie Tante Riki zuerst totenblass und dann purpurrot wurde, und malte mir aus, wie ich an ihrer Stelle reagiert hätte. Sicher nicht so wie Riki. Denn weder erblasste noch errötete sie. Sie hob ihre Nase so hoch, wie sie nur konnte, und schwebte über das Spitzenhäufchen hinweg, als wäre es nicht vorhanden. Denn eine Dame bleibt unter allen Umständen eine Dame.

Im Bezug auf Eitelkeit stand Tante Regina Tante Riki in nichts nach. Hinter ihrem Rücken wurde in der Familie geflüstert, man könne sie mit einem Weihnachtsbaum verwechseln.

In der Anekdote, die in der Familie über Tante Regina erzählt wurde, spielt Bernard eine wichtige Rolle. Bernard – französisch ausgesprochen, denn nur so gehorchte er – war der diensthabende Bernhardiner, einer der preisgekrönten Hunde meines Großvaters. Bernard verdiente alle Anerkennung, er war korrekt wie ein Gentleman und so distinguiert, wie es bei Bernhardinern üblich ist. Wir Kinder knufften ihn, setzten uns auf seinen Rücken und missbrauchten ihn als Reitpferd, steckten ihm die Faust in die Schnauze, zogen an seinen Ohren und rangelten mit ihm. Er wusste, dass er der Stärkere war, ertrug alles und schien überlegen über uns zu lachen. Es kam höchstens vor, dass er uns, wenn er wirklich schon genug hatte, freundlich vom Rücken abwarf.

Mein Großvater hatte Bernard so erzogen, dass er nicht bellte. Dafür waren die anderen Hunde da. Er musste jeden, den er nicht als zum engsten Familienkreis gehörend einstufte, mit einem freundlichen Lächeln begrüßen. Doch das war nicht einfach nur ein Lächeln. Um der größeren Wirkung willen schlich sich Bernard wortlos von hinten an die verdächtige Person heran, stellte sich auf die Hinterbeine und legte ihr seine beiden Vorderpfoten auf die Schultern. Und grinsend blickte er dem sich erschrocken umdrehenden Ankömmling in die Augen.

Regina erschien eines Tages nach der Abenddämmerung bei meinem Großvater, ohne an Bernard zu denken. Sie war wie gewöhnlich äußerst sorgfältig gekleidet, trug ihr schönstes graues Flanellkostüm, eine ecrufarbene Spitzenbluse, Handtäschchen, Handschuhe und hatte mindestens dreimal so viel Schmuck angelegt, wie angemessen gewesen wäre. Im Übrigen verlief alles der Regel entsprechend. Jeder tat seine Pflicht, sowohl Bernard als auch der Darm meiner Tante Regina.

Diesen beiden Damen Regina und Riki gelang es irgendwie, zusammen mit ihren Familien nach Bratislava zu entkommen. Aber ihre Flucht erwies sich als eine kurze Herrlichkeit, denn sie entkamen den Deutschen auch in Bratislava nicht. Sie wurden von dort geradewegs in die Gaskammer geschickt.

Den ersten schmerzhaften Verlust in meinem Leben erfuhr ich, als ich von meiner geliebten Erzieherin Ruth getrennt wurde. Sie musste nach Hause nach Wien, weil ihre Mutter unheilbar krank geworden war.

Es heißt, dass der Mensch sich im Allgemeinen nicht an Dinge erinnert, die vor seinem vierten Lebensjahr stattgefunden haben. Auf mich trifft das nicht zu, meine ersten Erinnerungsfetzen stammen aus der Zeit, als ich drei Jahre alt war, und hängen mit Ruth zusammen. Wahrscheinlich hat sie mich damals sehr beeindruckt. Ich erinnere mich zum Beispiel genau, wie sie aus Wien eintraf.

Die Vorgeschichte hierzu ist im »Blatt der Hausfrau«, einer Wiener Wochen- oder Monatszeitschrift, die wir abonniert hatten, zu finden. Diese Zeitschrift enthielt wichtige Informationen: Kochrezepte, die Geheimnisse der Pflege von weißer Haut und langem Haar und die entsprechenden Wundermittel, immer dieselbe Staubsaugerreklame, Tipps zur Entfernung von Wein-, Rote Bete-, Fett-, Wachs- und Tintenflecken aus Tischdecken und Kleidung sowie den neuesten Wiener Gesellschaftsklatsch. Aber es wurden auch Neuerscheinungen auf dem Büchermarkt besprochen, und es gab Anzeigen und Inserate, denn auch damals lebten die Zeitungen davon.

Durch diese Zeitschrift wurde meine Mutter auf Rudolf Steiner aufmerksam, der damals, in der Mitte der Zwanzigerjahre, sehr populär war und über viele Themen, besonders über Kindererziehung, lesenswerte Sachen schrieb. Seine Ansichten gefielen meiner Mutter sehr. Und es gab auch eine Schule, an der Waldorf-Kindergärtnerinnen und -Pädagoginnen ausgebildet wurden.

Im Anzeigenteil inserierte unter anderem ein Wiener Au-pair-Büro, das Pädagoginnen mit Waldorf-Ausbildung auch als Hauserzieherinnen vermittelte. Als Resultat einer kurzen Korrespondenz erschien bei uns Ruth Stein. Einige Jahre später auf demselben Weg Erna Rieß als Erzieherin für meine Schwester.

Ich war drei Jahre alt, als ich nach gebührender Vorbereitung erfuhr, dass meine Mutter die schwere Last meiner Erziehung mit einer unbekannten Vettel teilen wollte, die zudem noch aus Wien kommen sollte und die wir vom Bahnhof abholen müssten. Sie zeigte mir wahrscheinlich sogar ein Foto von Ruth: dunkle Haare, eine Frisur mit großen Wellen auf der einen Seite, warme braune Augen, ein etwas verwunderter Mund und eine schöne hohe Stirn, die sie sehr intelligent aussehen ließ. Ich beschloss sofort, sie zu hassen und ihr das Leben zur Hölle zu machen, damit sie schnellstens dorthin zurückkehrte, wo sie hergekommen war, und nicht meine zweite Mutter sein wollte.

Wir begaben uns also zum Großen Bahnhof von Debrecen und warteten auf den Schnellzug aus Budapest. Aus der ersten Klasse stieg eine Dame im schwarzen Persianermantel – einem Breitschwanz, wie meine Mutter ihn hatte –, mit einem sehr diskreten, aber umso schickeren Hut ohne Krempe auf dem Kopf, mit einem schweinsledernen Kosmetikkoffer in der Hand und ohne weiteres Gepäck. Sie glich gespenstisch dem Foto, das man mir gezeigt hatte. Mit so einer eleganten Erscheinung hatte ich nicht gerechnet.

Aber auch damals wusste ich, wo Barthel den Most holt. Wenn mir jemand auf der Straße in einem besseren Pelzmantel entgegenkam, riss ich mich von der Hand, die mich hielt, los, rieb mein Gesicht in dem Fell und sagte: »Mieze«. Damit wickelte ich nicht nur jeden um den Finger, sondern erwarb mir auch äußerst früh genaue Kenntnis über Pelze, ihre Art, ihren Duft und später auch ihren Wert. Als Erwachsene habe ich nie einen echten Pelz besessen. Ich sah immer die kleinen schwarzen Breitschwanzperserlämmer vor mir, die sofort nach der Geburt als Pelzlieferanten geschlachtet werden. Oder diese wunderbaren armen Nerze und die niedlichen kleinen Maulwürfe, die nur wegen ihrer Pelze gezüchtet werden.

Also dort auf dem Debrecener Bahnsteig kam mir der Breitschwanz entgegen. Sofort riss ich mich von der Hand meiner Mutter los, rannte zum Pelz, rieb mein Gesicht darin und sagte: »Mieze«. Damit war mein Schicksal mit Ruth entschieden. Fortan schwärmte ich für sie.

Am folgenden Tag traf ein Schiffskoffer mit Ruths Garderobe ein. Sie hatte Unterwäsche aus Schaumseide!!! Das war eine sensationelle Neuheit. Aber noch sensationeller war Ruth selbst.

Sie hatte eigentlich vorgehabt, zu heiraten und fünf Kinder zu bekommen. Ich bin übrigens mit demselben Programm ins Leben gestartet. Uns sollte es nicht vergönnt sein, diesen Plan zu verwirklichen. Ruth hatte sich nach einer enttäuschten Liebe entschlossen, die Waldorf-Ausbildung zu absolvieren und dann den Schauplatz ihres Schmerzes so weit als möglich hinter sich zu lassen. Als ein weiterer Grund waren noch die Scheidung ihrer Eltern hinzugekommen und der Umstand, dass sie sich mit ihrem Stiefvater nicht verstand. Deshalb war ihre Wahl auf uns mit dem fremd klingenden Namen Fahidi in Debrecen am Ende der Welt gefallen.

Zwischen meiner Mutter und Ruth bildete sich im Laufe der Jahre eine tiefe Freundschaft. Und mein Leben verzauberte sie. Ruth war in allem meine Partnerin. Sie erlaubte, dass ich soviel herumtobte, wie ich nur konnte, sie brachte mir stricken, häkeln, sticken und basteln bei. Wir nähten Puppenkleider und aus großen Perlen Tischdecken, malten und zeichneten, stellten aus Papier, Holz, Federn, Wurzeln, Kastanien, Kieselsteinen und allem, was irgendwie brauchbar war, etwas her. Sogar ein Puppentheater bauten wir und entwarfen dazu eigene Märchenbühnenbilder! Wenn wir das nötige Material dazu bei uns nicht bekommen konnten, beschafften wir es aus Wien.

So erhielt ich eine Kindernähmaschine, die so war wie die Sacknähmaschine auf dem Gehöft. Mit ihr konnte man Ketten nähen. Ich bekam auch ein Kindergrammophon und maßstabgerechte Schallplatten mit dem Radetzkymarsch und Mozarts Türkenmarsch aus der A-Dur-Sonate und Teilen aus der Kleinen Nachtmusik.

Auch Ruth erzählte mir immer Märchen und Geschichten und las mir vor. Ich liebte meine Bücher mit Ausnahme des »Struwelpeter«, der damals in Mode war. Für mich verkörpert dieses Buch den Inbegriff der Schwarzen Pädagogik. Jedes Bild, jede Zeile finde ich schrecklich. Zum Glück wird es heute den Kindern kaum noch in die Hand gegeben. Meine anderen Bücher aber waren großartig: die illustrierten Versgeschichten von Wilhelm Busch, darunter Max und Moritz, die Märchen von Grimm und Andersen mit vielen Bildern, die Reiseberichte von Livingstone usw.

Ruth und ich benutzten auch eine Geheimsprache. Ruth erfand für alles eine Geste. Und so konnten wir einander gestikulierend großartig verstehen. Schade, dass ich diese Gesten vergessen habe so wie leider auch das Morsealphabet aus meiner Pfadfinderzeit. Aber das Entscheidende habe ich nicht vergessen. Es hat mich mein ganzes Leben lang begleitet und war nicht nur einmal meine Rettung: Ich kann jede Not und jeden Kummer durch Bewegung ausdrücken, buchstäblich aus mir herausdrücken. Wie Sorbas der Grieche. Bewegung kann so viel Gutes bewirken. In dieser Hinsicht ist die heutige Generation, die die meiste Zeit regungslos vor dem Fernseher oder dem Computer hockt, wirklich zu bedauern.

Damals hatte ich noch nie das Meer gesehen, und die Vorstellung davon erregte meine Phantasie außerordentlich. Ich besaß ein Buch mit Illustrationen über die Legende des Fliegenden Holländers in alter deutscher Schrift. Ich liebte es sehr.

Auf dem ersten Bild bauscht ein wilder Nordwind die Segel des Holländerschiffs riesig auf. Und ich kann förmlich hören, wie sich die Segel den rauen Sturmböen entgegenstellen, deren Stöße an dumpfe Trommelschläge erinnern. Mächtige Masten ragen zum Himmel. Obwohl sie mannsdick sind, höre ich, wie sie knirschend, knarrend und seufzend mit dem Unwetter ringen. Die Wellen reichen bis in den Himmel und umspülen schäumend das Schiff, das sie jeden Augenblick zu verschlingen drohen. Ich höre das Aufprallen des Wassers auf das Deck. Und in diesem unmenschlichen Getöse steht der Holländer, dessen Kopf an den Mast genagelt ist, wobei der Nagel mindestens einen Fingerbreit aus seiner Stirn herausragt. Er sieht so unglücklich, einsam und verloren aus, er blickt so traurig wie ein Büffel. Das meine ich jetzt nicht als Sakrileg.

Man muss nur einmal einem Büffel in die Augen schauen. Sie sind immer voller Tränen. Selbst wenn er frisst und am glücklichsten ist, schaut er in die Ferne, hinter das Wesen der Dinge, vielleicht nach Afrika, von wo man ihn verschleppt hat, wo man ihn erniedrigt und vor einen Karren gespannt hat. In seinem Blick ist eine so grenzenlose und kosmische Traurigkeit wie in dem des Holländers, der zu ewiger Heimatlosigkeit und Einsamkeit und zum ewigen Umherirren auf dem Meer verflucht ist. Nebenbei bemerkt, kann der Holländer erlöst werden, der domestizierte Büffel jedoch nicht. Er wurde verschleppt, und die Zivilisation hat seine Heimat so verändert, dass er jetzt besser bleibt, wo er ist.

Schade, dass ich nicht romantisch veranlagt bin. Denn aus all dem, was ich über den Fliegenden Holländer gesagt habe, könnte man schließen, dass ich gerne Senta gewesen wäre – jene Frau, die sich in die Fluten stürzt, um den Holländer zu erlösen. Dem ist nicht so. Erstens empfand ich auf Grund meiner eher pragmatischen Natur keine Neigung zur dramatischen Heroin. Zweitens habe ich nach ein paar Ehen und wunderbaren Liebschaften den Mann noch nicht gefunden, für den ich mich bei eisigem Nordwind ins eiskalte Meer stürzen würde. Ich gebe aber nicht auf, ich suche weiter.

Der »Anschluss« 1938 kam nach Hitlers »Machtergreifung« nicht unerwartet, aber, wie es in einem französischen Sprichwort heißt: Niemand ist so taub wie der, der nicht hören will. Wir waren optimistisch, nur kann ich mich nicht mehr erinnern, worauf zum Teufel sich dieser Optimismus eigentlich gründete.

Ruth kehrte zurück nach Wien. Dort wurde sie vom »Anschluss« eingeholt. Sie heiratete den Direktor des Wiener Carlton Hotels und entkam mit ihm glücklich – jedenfalls glaubten wir das damals – nach Shanghai. Aber ihre kranke, ans Bett gefesselte Mutter hatte sie nicht mitnehmen können. Ruth starb an ihren Gewissensbissen. Sie saß eines Tages an ihrer Schreibmaschine in Shanghai, war dabei, jemandem einen Brief zu schreiben, griff sich ans Herz und war tot. Meine Mutter blieb mit ihrem Mann in Korrespondenz. Ruth war die erste von unabsehbar vielen Menschen in meinem Leben, deren Verlust ich nicht verwunden habe.

Die Welt um uns herum geriet aus den Fugen. Langsam wären wir an jeder Grenze auf die Deutschen gestoßen, wenn wir sie denn hätten überschreiten können. So blieben wir lieber zu Hause, in ständiger Sorge um die Familienmitglieder, die in der Slowakei waren, das heißt um den wesentlichen Teil unserer Familie.

Uns Kindern gegenüber versuchten die Eltern den Anschein zu erwecken, als hätte Ungarn einen Garantieschein darauf, vom Krieg verschont zu bleiben, und dass uns folglich keinerlei Gefahr drohe. Ich ging weiter wie gewohnt zur Schule, lernte deutsche Literatur bei Tante Mici, Französisch bei Tante Eva Leitner, Klavierspielen bei Margit Füredy, Harmonielehre bei Emil Szabó. Ich ging zu Tante Karola zum Kunstturnen und hatte ein Jugendabonnement für Theater und Konzert. Im Sommer spielte ich, bis wir zu meinen Großeltern auf das Gehöft fuhren, morgens Tennis und ging danach in den »Großen Wald« zum Schwimmen. Wir reisten nicht mehr ins Ausland wie früher. Was für ein Glück, dass die Großeltern schon vor Jahren aus Ógyalla nach Ungarn herübergekommen waren. Mit anderen Worten, wir waren sehr optimistisch. Worauf vertrauten wir?

»Oh, die Russen sind schon hier am Fuße der Karpaten. Von dort sind sie innerhalb einer Woche in Debrecen«, so meine Mutter Anfang März 1944.

Die Rote Armee hatte damals die nordöstlichen Karpaten bei Tschernowitz erreicht, was einst ebenfalls zum Habsburgerreich gehört hatte.

»Ich weiß noch, wie uns, als ich klein war, während des Ersten Weltkriegs auf dem Gehöft in Ógyalla russische Kriegsgefangene als Entschädigung für die zum Militärdienst eingezogenen Knechte zugeteilt wurden. Sie streichelten mir über das Haar und erzählten: ›Ich habe zu Hause fünf Kinder, so große.‹ Und dann deuteten sie mit den Händen an, wie groß sie waren. Und wie wunderbar die Russen sangen!«, schwärmte meine Mutter und wärmte sich an ihren Erinnerungen, »und wisst Ihr, dann wurden auch noch unsere Pferde requiriert und wir bekamen kleine russische Pferde stattdessen, die verstanden weder ›hü‹ noch ›hott‹, man musste ›prrrrrr‹ machen. Und als die russischen Kriegsgefangenen nach Hause fuhren, haben sie sogar geweint.«

Die von meiner Mutter so heiß ersehnten Russen kamen, aber noch vor ihnen trafen die Deutschen ein.

Wir hatten uns nicht nur entschlossen, taub zu sein, wir waren auch noch blind. Wir sahen nicht, was um uns herum geschah, wollten es einfach nicht zur Kenntnis nehmen. Denn alles konnte in Deutschland, in Österreich, in der Slowakei, in Rumänien, Jugoslawien, Polen, überall sonst auf der Welt passieren, aber eins war sicher: niemals in Ungarn! Denn uns schützte Miklós Horthy*, der im Übrigen selbst jüdische Verwandte und Freunde hatte. Zudem gab es in unserer Familie zahlreiche mit höchsten Orden dekorierte Helden des Ersten Weltkriegs. Wir waren immer treue Ungarn gewesen, hatten, wenn nötig, unser Blut oder unser Geld für das Vaterland geopfert. Im Gegensatz zu den ungarischen Aristokraten. Als Maria Theresia sich 1741 im Namen des bedrohten Reiches an sie wandte und um Hafer für die Pferde des Heeres bat, erhielt sie zur Antwort: »Vitam et sanguinem, sed avenam non.« Also Blut und Leben waren sie bereit zu opfern, aber den dringend benötigten Hafer nicht.

Dass ein Judengesetz nach dem anderen erlassen wurde (1938, 1939, 1941), dass man uns den Boden unter den Füßen wegzog, unsere Betriebe und Unternehmen »arisierte«, nahm mein Vater nicht ernst, denn er hatte überall Strohmänner eingesetzt, die er dirigierte und die er zudem für vertrauenswürdig hielt. Wer genug Verstand hatte, ließ alles liegen und stehen und floh. Materielle Güter kann man wieder ersetzen. Das Leben nicht. Wieso sah mein Vater das nicht?

Ich habe viele Jahre gebraucht, um meinen Vater zu verstehen.

Er hatte mit nichts angefangen, stammte aus ganz kleinen Verhältnissen, war als eines von zehn Kindern eines Schneiders in Fehérgyarmat aufgewachsen. Er hatte sich alles allein beigebracht: mit Messer und Gabel zu essen, sich zu benehmen, sich zu kleiden, einen literarischen Geschmack zu entwickeln, Tennis zu spielen, Geschäfte zu machen, Verhandlungen zu führen, Betriebe zu gründen und zu leiten. Das war zu viel, verglichen mit dem Nichts, aus dem er kam. Er brachte es nicht über sich, sein Lebenswerk einfach aufzugeben.

Nach dem Abitur wollte ich an der Musikakademie studieren. Das Klavierspiel war auch eine Familientradition. In der Familie meiner Mutter klimperte jeder auf irgendeinem Niveau, aber Boci, meine acht Jahre ältere bewunderte Cousine auf der väterlichen Seite, hatte die Musikakademie abgeschlossen. Mit Geld ließ sich schon damals allerlei erreichen, sogar, dass ich trotz meiner vier

* Miklós Horthy war von 1920 bis 1937 Reichsverweser und von 1937 bis 1944 Regent von Ungarn.

Bildtafel meiner Abiturklasse
Quelle: Privatbesitz

jüdischen Großeltern als Privatschülerin an der Musikakademie aufgenommen wurde.

Ich spielte Klavier, turnte und trieb Sport, als lebte ich auf der Insel der Seligen und nicht in einer der letzten friedlichen Enklaven Europas, über die in wenigen Augenblicken genau dieselbe Hölle wie im übrigen Europa hereinbrechen würde.

Am 19. März 1944 hingen hässliche graue Wolkenfetzen am Himmel, es regnete nicht, aber die Sonne kam auch nicht durch. Nachmittags waren wir bei der Familie Barabás eingeladen. Da gab es ebenfalls zwei Kinder, im Alter näher zu meiner Schwester als zu mir. Die Familie Barabás war großartig. Dort konnte jeder Gut und Böse unterscheiden, eine tiefe Humanität zeichnete jedes Familienmitglied aus. Unsere beiden Familien hatten sich über die Kinder kennengelernt, und es hatte sich herausgestellt, dass auch Onkel Anti Holzhändler war, Verbindungen nach Siebenbürgen hatte und mit der Firma meines Vaters geschäftlich in Beziehung stand. Mein Vater und Onkel Anti wurden enge Freunde. Auch meine Mutter und

Frau Barabás verstanden sich gut. Für mich gehörten die Barabás quasi zur Familie. Nach dem Krieg, als ich in Érsekújvár wohnte, aber immer wieder von Zeit zu Zeit nach Debrecen zurückkam, habe ich unzählige Male bei ihnen übernachtet.

Schon am Vormittag hatten wir ungewohnte Geräusche bemerkt: Flugzeuglärm. Für den Debrecener Flughafen war es untypisch, dass viel Verkehr war. Normalerweise starteten und landeten eine bis zwei Maschinen pro Tag. Doch schöpften wir noch immer keinen Verdacht. Am Nachmittag gingen wir zu Familie Barabás, die in der Nähe wohnte; die Flieger rauschten weiter über unseren Köpfen. Bei den Barabás erfuhren wir, dass in der »Stadt« – damit war der innere Teil von Debrecen gemeint – schon den ganzen Tag über pausenlos deutsche Wagen herumrasten. Später hörten wir, dass wachsame Debrecener die Autonummern notiert und dadurch festgestellt hatten, dass die Deutschen an einem Ende der Stadt heraus- und zum anderen wieder hineinfuhren, immer wieder mit denselben Autos. Wir mussten zur Kenntnis nehmen:

Die deutsche Wehrmacht hatte Ungarn besetzt.

Wir eilten von den Barabás nach Hause, und mein Vater bat uns mit ungewöhnlicher Feierlichkeit in sein Zimmer. Etwas Fremdes drückte sich in seinem Gesicht aus, etwas, das ich nie zuvor bei ihm bemerkt hatte: Angst. Endlich hatte er realisiert, was geschah.

Wir nahmen umständlich Platz, uns alle bedrückte der unbekannte Gesichtsausdruck unseres Vaters.

»Wir waren immer eine liebevolle Familie, die zusammengehalten hat«, begann er mit einem vernehmlichen Zittern in der Stimme, »jetzt werden schlechte Zeiten kommen, und wir müssen noch stärker zusammenhalten. Habt keine Angst, es wird nicht lange dauern, diese kurze Zeit werden wir überstehen.«

Auf mich wirkte der Gesichtsausdruck meines Vaters sehr beunruhigend. Und ich fühlte sofort: Wenn Vater so spricht, dann hat er ernsthafte Gründe dafür. Wir befinden uns in einer ganz schlimmen Lage.

Mir erging es wie ihm. Innerhalb eines Augenblicks überfiel mich das Gefühl, das mich seither so oft überfallen hat: Unsicherheit, Ausgeliefertsein, eine auf den Magen drückende und den Hals zusammenschnürende Angst vor dem Unbekannten, eine Ahnung, dass das, was kommen sollte, unausweichlich und verhängnisvoll sein würde.

Am 20. März konnte man noch telefonieren. Dadurch erfuhren wir von verschiedenen Gräueltaten. Überstürzt brachten wir unseren Nachbarn einige für uns wertvolle Gegenstände zur Aufbewahrung, meine Mutter stopfte eine Menge Geld in das Futter der Pelzjacke meines Vaters. Wir riefen noch unseren Großvater sowie die anderen erreichbaren Verwandten an und warteten im Übrigen wie erstarrt ab.

Lange brauchten wir nicht zu warten. Am Morgen des 21. März wurde die Ruhe unseres Hauses durch ein furchtbares Klingeln gestört. Aus den Fenstern sahen wir auf das Tor. Dort standen deutsche Soldaten. Uns blieb keine Zeit zum Nachdenken. Mein Vater zog die mit Geld ausgestopfte Pelzjacke an und lief über die Hintertreppe hinunter in den Garten, in dessen Zaun ein kleines Tor war, das man von außen nicht sehen konnte. – Seitdem war es für mich bei der Wohnungssuche immer von höchster Priorität, dass man von zwei verschiedenen Hauseingängen Zugang hatte. Auch bei meiner jetzigen Wohnung ist das so. Man kann nie wissen, ob wieder jemand kommt, der mich abtransportieren will. Voilà, hier ist sie wieder: die jahrhundertealte, tiefsitzende Angst, die in direkter Linie von den Juden im Budapester Burgviertel mit den verbundenen Kellertüren zu mir und meiner Klaustrophobie führt. Dabei bin ich zur Tapferkeit erzogen worden. – Die Soldaten suchten meinen Vater. Meine Mutter flötete in ihrem schönsten Wiener Dialekt, dass er gerade vor einem Augenblick weggegangen sei. Waren sie ihm nicht begegnet? Es stellte sich heraus, dass mein Vater in seiner Eigenschaft als Hausherr gesucht wurde, denn man wollte ihm folgende Kleinigkeit mitteilen: Am kommenden Tag, dem 22. März 1944, würde unser Haus durch den Oberkommandeur der Feldgendarmerie, einem Herrn Kaiser aus Dresden mit dem Rang eines Majors, beschlagnahmt. Seinen Adjutanten brächte er auch mit.

Ich glaube nicht an Wunder, aber noch heute kann ich mir nicht erklären, wie wir, wenn auch in ein einziges Zimmer gepfercht, so doch in unserem eigenen Haus bleiben konnten. War das dem Wiener Dialekt zu verdanken?

Der Herr Oberkommandeur zog ein, mit ihm sein Adjutant Fritz. Folglich konnten wir auch unser Radio und unser Telefon behalten. Genützt hat uns letzteres wenig, denn fast alle, die wir anrufen wollten, besaßen schon kein Telefon mehr. Die Magd blieb, der Gärtner, der zugleich Hausmeister war, ebenfalls. Nie werde ich erfahren, aus welchen Überlegungen heraus der Herr Major beschlossen hatte, uns vorzuspielen, was für ein erhabenes und edles Kulturgeschöpf ein Oberkommandeur der Nazi-Feldgendarmerie im »Dritten Reich« war. Er gab den Charmeur. Er genierte sich nicht, jeden Abend in unser nunmehr einziges Zimmer zu kommen, dort mit uns gemeinsam seine Abendmahlzeit einzunehmen und erhabene Diskussionen über Literatur, Kunst, Musik und dergleichen zu führen. Wir gingen äußerst taktvoll miteinander um, unangenehme Themen wurden elegant übergangen, Heine und Lessing mit keinem Wort erwähnt, als hätte es sie nie gegeben, als wären ihre Werke in Deutschland nicht öffentlich verbrannt worden. Meine Kenntnisse reichten etwas weiter als seine, zum Beispiel hatte ich Klopstock gelesen, er nicht, mir waren alle Werke Wagners bekannt, ihm lediglich die Meistersinger, und das auch nur, weil der »Führer« diese Oper so schätzte. Aber darum ging es gar nicht, wir wollten überhaupt nicht mit unserer kulturellen Überlegenheit prahlen.

Der Adjutant hieß Fritz, wie auch sonst, und war in glücklichen Friedenszeiten Bäcker. War Fritz der einzige deutsche Soldat, der keinen Menschen getötet, sondern nur Offiziersstiefel geputzt hat? Ein sorgfältiger Familienvorstand war er gewiss. Jede Woche schickte er seiner Frau ein Paket mit sage und schreibe einem Kilo Kartoffeln nach Berlin und ein weiteres mit einem Kilo Zwiebeln. Selbstverständlich von unseren Vorräten, die ausreichend vorhanden waren. Hatte man je eine bessere Nachricht gehört? Was war denn das für eine Hauptstadt, wo es weder Kartoffeln noch Zwiebeln gab?! Gab es etwas, das den Optimismus besser begründet hätte? Hier war der Beweis! Lasst uns optimistisch sein!

In den taktvollen Plaudereien mit dem Herrn Major wurde die uns so bedrückende Zukunft mit keiner Silbe erwähnt. Nach dem 29. April 1944 mussten wir auf seine hochgeschätzte Gesellschaft verzichten, denn das war der Tag, an dem auch die letzten Juden in das Ghetto verschleppt wurden. Ohne Abschied verließen wir unser eigenes Haus und überließen es dem Herrn Major, der sich sofort als rechtmäßiger Eigentümer unserer Möbel, Teppiche, Bilder und all dessen, was Bestandteil eines normalen bürgerlichen Haushaltes war, gerierte. Als ich von der Deportation nach Hause

Ungarische Juden nach ihrer Ankunft an der Rampe vor der Selektion
Quelle: Das Auschwitz Album. Die Geschichte eines Transports, Yad Vashem/Wallstein Verlag, Göttingen 2005

kam, erfuhr ich von den Nachbarn, dass der Major bei seinem Abzug alles, was beweglich war, auf Lastwagen hatte verladen und abtransportieren lassen.

Im Ghetto bezogen wir das Haus in der Hatvan Utca 30. In der Woche zuvor hatten wir Mehl, Zucker, fassweise Schmalz mit viel gebratenem Fleisch darin und eine Unmenge von Eingekochtem dorthin schicken lassen. Noch zu Hause buken wir kistenweise Gebäck, stopften einen Getreidekasten mit Mais, Hafer usw. voll und ließen ihn zusammen mit Käfigen voll Hühnern ins Ghetto bringen. Bevor wir von dort in die Ziegelei verschleppt wurden, verschenkte mein Vater alles. Sehr viele arme Juden im Ghetto hungerten.

In der Hatvan Utca hausten die beiden Fahidi-Familien, insgesamt zehn Personen, zusammen in einem Raum von etwa vierzig Quadratmetern. Es war unsere Familie und die von Antal, genannt Toni, dem Bruder meines Vaters. Wir waren vier, dazu kamen Toni, seine Frau, seine Schwägerin »Tanti«, die Ärztin war, dann noch Tonis Tochter Boci mit ihrem Mann Lajos, der infolge einer Kinderlähmung behindert war und deshalb nicht zum Arbeitsdienst einberufen wurde, und als zehnte Person ihr Sohn Ferike, gerade einmal ein halbes Jahr alt. Damals hatten wir keinen blassen Schimmer, was für einen Luxus es darstellte, pro Person vier Quadratmeter zur Verfügung zu haben.

Im Ghetto dachten wir uns fieberhaft Beschäftigungen für uns aus, um nicht den Verstand zu verlieren.

Mein Vater übernahm den Hof, genauer: Er hielt den Hof in Ordnung. Den ganzen lieben Tag lang fegte und harkte er ihn. Mit Hilfe seines Geldes ließ er seinen Strohmännern Nachrichten überbringen, aber meistens glich er einem wilden Tier in einem Käfig. Meine Mutter und ihre Schwägerin, Tante Margit, beschäftigten sich von morgens bis abends leidenschaftlich mit Kochen, Backen, Waschen und Aufräumen. Tanti, die Ärztin, machte sich im sogenannten Spital nützlich, das aus zwei kleinen Räumen in einem normalen Wohnhaus bestand, und ich assistierte ihr, obschon ich die Medizin nie anziehend gefunden hatte.

Toni ertrug sehr schwer, dass er eingesperrt war. Seine Lieblingsbeschäftigung war es gewesen, im Tor des Holzlagers zu stehen und mit jedem, der vorbeiging, ein paar freundliche Worte zu wechseln.

Boci und Lajos waren mit ihrem Sohn Ferike und miteinander beschäftigt. Es war eine Gottesgabe und ein Luxus, dass Boci mit ihrem Mann zusammen sein konnte. Alle anderen Männer in seinem Alter schufteten schon längst beim Arbeitsdienst. Wenigstens das war ihnen am Ende ihres kurzen Lebens vergönnt, dass sie zusammen sein und sich lieben durften. In unseren Herzen herrschte das Gefühl einer unbeschreiblichen Beklemmung und Unsicherheit über unsere Zukunft.

»Wir aßen nicht viel Salz« im Ghetto – so sagt man auf Ungarisch, wenn etwas nur eine kurze Zeit dauert. Am 20. Juni 1944 wurde damit begonnen, das Ghetto zu leeren – heute sage ich zu »evakuieren«. Das Wort habe ich während der Deportation gelernt. Wir wurden in die Ziegelei geschleppt. Hinter uns lag die Leere, das Vakuum; nicht nur die Juden aus Debrecen, auch sämtliche Juden aus der Umgebung waren fort, der Raum hinter uns war tatsächlich »judenfrei«.

In der Ziegelei Scherli genossen wir alle Segnungen der freien Natur: ohne ein Dach über dem Kopf tagsüber die unbarmherzigen Strahlen der Junisonne, in der Nacht den sternenklaren Himmel. Zum Glück regnete es nicht.

Mir schneidet das Leben immer wieder Fratzen: Einer der Gendarmen, die uns bewachten, kam aus dem Dorf Szentistván direkt in der Nähe des Gehöfts Nagytanya. In einem Dorf wie Szentistván kennt jeder jeden, und meistens sind alle miteinander verwandt. Unser Gendarm in der Ziegelei war verwandt mit dem Gutsverwalter meines Großvaters, Onkel Hegyi Pista. »Geben Sie mir die Fräuleinchen«, sagte er zu meinen Eltern, »ich werde sie schon verstecken, niemand wird sie finden.« Ich war ganz anderer Meinung. Uns kannte dort jeder Hund. Auf einem Gut, in einem Dorf gibt es keine Geheimnisse, nicht einmal Rätsel. Alles wird sofort klar. Und wenn auf einmal eine junge Frau, deren Neugeborenes meinem Großvater Alfréd Weisz auffällig ähnelt, mit einem großen neuen Berliner Tuch* um die Schultern auftaucht, weiß das ganze Dorf, von wem sie es bekommen hat.

Ihren Ehering aber, den meine Mutter trotz Befehl nicht abgegeben und noch in der Ziegelei versteckt hatte, ließ sie dem Onkel

* Ein quadratisches Tuch aus feiner Baumwolle mit langen Fransen, meist braun oder schwarz, das damals in Mode war.

Hegyi Pista bringen. Ich habe nie nachgeprüft, ob er ihn auch erhalten hat.

Aus der Ziegelei Scherli in Debrecen fuhren zwischen dem 25. und dem 27. Juni drei Transporte ab. Eine von Bocis Mitschülerinnen gehörte zur Familie Scherli. Sie hatten außerdem noch einen Sohn. Ihm lieferten wir einen ausgezeichneten Zeitvertreib, solange wir dort waren, fotografierte er uns leidenschaftlich.

Als am 25. Juni 1944 früh morgens damit begonnen wurde, uns alle in Viehwaggons zu pferchen, nahmen wir mit meiner Mutter zwei große Kannen voll Wasser und zwei Gläser. Wir stellten uns an den Weg, wo alle vorbei mussten, um ihnen etwas zum Trinken anzubieten. Wenn die Kannen leer waren, brachte ich frisches Wasser. Zwei Tage lang ging das so.

Am dritten Tag, dem 27. Juni 1944, wurden auch wir in einen Viehwaggon verfrachtet, zusammen mit der Medikamententruhe, der »Apotheke« des Ghettos, für die unsere Tanti verantwortlich war. Uns hat niemand mehr Wasser zum Trinken gebracht.

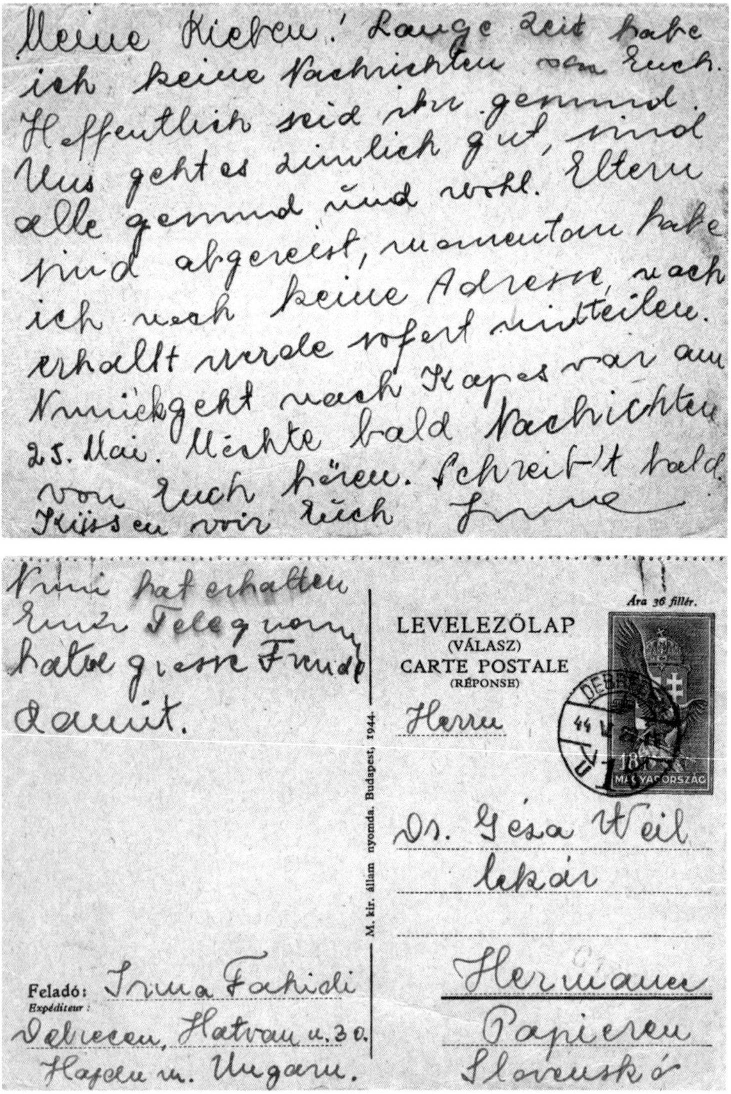

Meine Lieben! Lange Zeit habe
ich keine Nachrichten von Euch.
Hoffentlich seid ihr gesund.
Uns geht es ziemlich gut, sind
alle gesund und wohl. Eltern
sind abgereist, momentan habe
ich noch keine Adresse, nach
erhallt werde sofort mitteilen.
zurückgeht nach Kapes war am
25. Mai. Möchte bald Nachrichten
von Euch hören. Schreibt bald.
Küssen wir Euch Irma

Nuni hat erhalten
Euer Telegramm
hatte grosse Freude
damit.

Ára 36 fillér.

LEVELEZŐLAP
(VÁLASZ)
CARTE POSTALE
(RÉPONSE)

Herrn
Dr. Géza Weil
lekár
Hermanec
Papieren
Slovensko

MAGYARORSZÁG

M. kir. állam nyomda. Budapest, 1944.

Feladó: Irma Fahidi
Expéditeur:
Debrecen, Hatvan u. 30.
Hajdu m. Ungarn.

Faksimile der Postkarte mit Poststempel vom 22. Mai 1944, Debrecen.
Adressiert an Dr. Géza Weil, Papierfabrik in Hermanec, Slowakei
Absender: Irma Fahidi, Debrecen, Hatvan u. 30, Komitat Hajdu, Ungarn
Quelle: Privatbesitz

Ein verschlüsselter Schmerzensschrei

»Meine Lieben,

Lange Zeit habe ich keine Nachrichten von Euch. Hoffentlich seid ihr gesund. Uns geht es ziemlich gut, sind alle gesund und wohl. Eltern sind abgereist, momentan habe ich noch keine Adresse, nach Erhalt werde sofort mitteilen. Nuniék geht nach Kaposvár am 25. Mai. Möchte bald Nachrichten von Euch hören. Schreibt bald. Küssen wir Euch Irma

Nuni hat erhalten Euer Telegramm, hatten große Freude damit.«

Wer als Außenstehender diese Postkarte liest, wird nichts Auffälliges bemerken. Dabei ist jede Silbe ein Schmerzensschrei, jedes Wort deutet auf eine schwere Tragödie unserer Familie hin. Jetzt schreibe ich das, was meine Mutter zwischen den Zeilen mitteilen wollte:

»Meine Lieben. Es ist entsetzlich lange her, dass ich von Euch zuletzt Nachricht erhalten habe, was ist mit Euch? Um Himmels Willen schreibt endlich, ich komme um vor Sorge, ob auch Euch irgendetwas Entsetzliches zugestoßen ist. Wir kommen irgendwie zurecht, zumindest sind wir alle gesund. Unsere Eltern wurden deportiert, wir haben keine Nachricht von ihnen. Glaubt Ihr, dass wir irgendwie ihre Adresse ausfindig machen können oder in Erfahrung bringen, was überhaupt mit ihnen passiert ist? Nuni und die Kinder müssen sich bis spätestens zum 25. Mai in das Kaposvárer Ghetto begeben. Was wird aus ihnen? Nuni ist mit den drei Kindern allein!!! Schreibt endlich!!!

PS: Nuni hat Euer Telegramm erhalten! Was für ein Glück! Wir sind alle, zumindest was Euch betrifft, beruhigt!«

Ich will auch schreiben, wie Hédi und Géza die Karte vermutlich interpretierten:

Der Empfängeradresse kann man entnehmen, dass meine Tante und mein Onkel nicht mehr in Majcihov wohnten, wo Onkel Géza Kreisarzt war, sondern in Hermanec, wo Freunde ihn einige Zeit als Arzt in der Papierfabrik untergebracht hatten.

Am Absender konnten sie sehen, dass auch wir nicht mehr in unserem eigenen Haus in der Szoboszloer Straße wohnten, sondern unter einer unbekannten Adresse. Sie mussten daraus schließen, dass wir im Ghetto eingesperrt waren.

Da sie eigene Erfahrungen mit der deutschen Besatzung gemacht hatten und unser Debrecener Haus kannten, rechneten sie sich sicher auch aus, dass irgendein deutscher Bonze darin wohnte, wie es auch tatsächlich der Fall war.

Aufgrund ihrer Erfahrungen wussten sie auch, dass die Deportation von Großvater und Großmutter endgültig war und meine Mutter vergeblich darauf wartete, dass sie sich irgendwann mit irgendeiner menschlichen Adresse melden würden. In den Gaskammern von Auschwitz-Birkenau gab es keine Außenstelle der Post.

Am tragischsten war die Lage von Nuni. Von den drei Töchtern meines Großvaters war sie die Jüngste, sie war ein wenig pummelig und immer fröhlich. Nuni hatte drei Kinder: zwei Jungen, Teufelskerle von elf und neun Jahren, und zum Ausgleich ein süßes kleines schwarzhaariges Mädchen. Ihr Mann war schon vor längerer Zeit zum Arbeitsdienst eingezogen worden. Nuni musste allein die Verantwortung für die hundert Morgen in Jánoshalom tragen. Doch auch sie war eine Tochter von Alfréd Weisz, man musste sich in dieser Hinsicht nicht um sie sorgen. Aber in der Hinsicht schon, was aus ihr im Ghetto von Kaposvár werden würde, in das sie ziehen musste, ohne einen Erwachsenen aus der Familie an der Seite zu haben. Lange brauchte man sich um sie keine Sorgen zu machen. Mit drei kleinen Kindern konnte sie in Auschwitz-Birkenau nur in der Gaskammer landen.

Und noch etwas Phantastisches: das Telegramm von Hédi.

Nuni bereitete sich darauf vor, in das Kaposvárer Ghetto zu ziehen, und bekam mitten beim Packen im letzten Augenblick ein Telegramm aus der Slowakei von der mittleren Schwester Hédi, von der wir schon lange Zeit nichts gehört hatten und nur hofften und darauf vertrauten, dass sie noch lebte. Nuni hatte die Kraft, noch bevor sie ins Ghetto zog meiner Mutter das Telegramm von Hédi zukommen zu lassen. So war der familiäre Zusammenhalt.

Hédi ließ uns in diesem Telegramm wissen, dass ihnen bis zu

diesem Zeitpunkt noch nichts Schlimmeres passiert sei, sie befänden sich noch in Hermanec in der Papierfabrik.

Nicht mehr lange.

Kurz nachdem er die Karte meiner Mutter aus dem Ghetto erhalten hatte, wurde mein Onkel Géza gewarnt, dass es besser sei, mit seiner Familie zu fliehen, um der Deportation zu entgehen. Sie packten das Allernötigste in drei Rucksäcke und schlossen sich in Besztercebánya den Partisanen an. Ihre Tochter Gerti, die in meinem Alter war, nahmen sie mit. Sein Beruf war Géza gleich von Nutzen: Er versorgte einen abgestürzten sowjetischen Fallschirmspringer, der ebenfalls zu den Partisanen gestoßen war, und rettete ihm dadurch das Leben. Auch bei den Partisanen gab es keine Ruhe. Die Deutschen entdeckten sie, räucherten sie aus, das Leben von Géza und seiner Familie hing abermals an einem seidenen Faden. Auf der Flucht gingen ihnen zwei der drei Rucksäcke verloren, sie rollten einen Hang herunter.

In dem einen Rucksack, der inzwischen ihre einzige Habe darstellte, befand sich die Postkarte, die letzte, die meine Mutter schrieb, das letzte Handschriftliche von ihr. Diese Postkarte hat Hédi aufbewahrt. Sie wusste noch nicht, dass sie sie für mich aufbewahrt hatte. Und sie übergab sie mir bei Onkel Géza, der die Überlebenden unserer Familie, mich und noch einige wenige andere, bei sich in Érsekújvár zu sammeln versuchte, wo er nach 1945 wieder als Kreisarzt tätig war.

Frauen und Kinder nach ihrer Ankunft an der Rampe vor der Selektion
Quelle: Das Auschwitz Album. Die Geschichte eines Transports, Yad Vashem/Wallstein Verlag, Göttingen 2005

Ein Viehwaggon – 100 Jungochsen

Wenn ich einem Menschen begegne, den ich nie zuvor getroffen habe, von dem ich nie gehört habe, weder von seinen Vorfahren, von seinen Nachkommen noch von seiner Verwandtschaft – wenn er in Auschwitz-Birkenau war, stellt sich das innerhalb der ersten fünf Minuten heraus. Es ist, als würde uns, die wir Auschwitz-Birkenau entkommen sind, eine nur für uns spürbare Pheromonwolke umgeben, an der wir einander sofort erkennen. Und wir verständigen uns in einer Art bruchstückhaften Geheimsprache:

1. Von wo hat man Dich …?
2. Wie lange hat die Fahrt gedauert?
3. Auf die Rampe? Wann?
4. Von Deiner Familie?
5. Hat man Deine kleine Schwester, Deinen kleinen Bruder zur Großmutter gegeben?
6. Nach Brzezinka?*
7. In welches Lager?
8. Deine Blockälteste?
9. Und bis wann?

Worüber jeder innerhalb der ersten fünf Minuten erzählt:

- Die Reise im Viehwaggon.
- Die erste Selektion.

In meinem Leben vor Auschwitz-Birkenau hatte das Wort »Viehwaggon« einen angenehmen Klang.

Zum Gehöft meines Großvaters gehörten sehr viele Weiden. Auf einem schönen Stück, das ausschließlich als Viehweide genutzt werden konnte, weil der Boden alkalisch war, lernte ich einen Teil der wunderbaren heimischen Flora kennen, Pflanzen, die heute, einige Jahrzehnte später, entweder zu den ausgestorbenen oder bestenfalls zu den geschützten Arten gehören. Auf dieser schönen Wiese wuchsen Kamillen, deren Blüten im Frühling mit großen Holzharken abgeharkt wurden. Danach wurden sie getrocknet, in

* Brzezinka ist der polnische Name von Birkenau.

große Säcke gefüllt, zum Bahnhof nach Mezőkeresztes-Mezőnyárád gebracht und von dort nach Budapest in eine Arzneimittelfabrik geschickt.

Die Kamille im Frühling habe ich nicht gesehen, denn da musste ich zur Schule gehen. Unsere Großmutter schickte uns unsere Kamille in Leinensäckchen nach Debrecen. Kamillentee habe ich selten getrunken, nur wenn ich Bauchweh hatte, aber wir verwendeten die Blüten auch zum Haarewaschen. Ende Juli wuchs auf derselben schönen Wiese die Strandnelke (Lateinisch: Limonium [Statice] gmelini), die ihre verzweigten lila Stengelchen in alle Richtungen streckte, auch zum Himmel, und die ganze Wiese sah aus, als hätte man sie mit einem großen, weichen Bettbezug bezogen. Darunter flüsterte im Pianissimo ein Chor von Milliarden Stimmen. Denn alles, was es auf der Welt an Käfern, Bienen, Wespen und Insekten gab, tummelte sich dort in den Strandnelken, streichelte sie, saugte ihren Honig, benutzte sie als Schaukel. Dabei hat die Strandnelke einen eigenartigen, für die menschliche Nase nicht unbedingt angenehmen Geruch. Die Insekten haben natürlich das Recht auf eine eigene Meinung. Und ich auch. Heute ist die Strandnelke eine geschützte Pflanze. Aber jedes Jahr im August pflücke ich mir ein paar davon in irgendeiner Unterführung und kehre glücklich mit meiner Beute nach Hause zurück. Mir gefällt der herbe Geruch wie den Insekten. Er bringt mich sofort wieder zurück auf das Gehöft.

Alles ist irgendwie nützlich, auch eine alkalische Wiese. Denn außer Kamille und Strandnelke wuchs dort auch gutes Gras. Jedes Jahr am 24. April, zum St. Georgstag, kauften wir hundert junge Ochsen. Im September wurden sie wieder verkauft und in einen Viehwaggon geladen, wieder in Mezőkeresztes-Mezőnyárád. Was sie auf unserer guten Wiese an Gras fraßen, lohnten sie mit Gewichtszunahme. Ihre Betriebskosten waren ein einziger Hütejunge.

Mit alldem wollte ich eigentlich nur verdeutlichen, dass es für uns ein freudiges Ereignis war, wenn wir etwas in einen Waggon luden, sei es Kamille, seien es junge Ochsen, aber auch Zuckerrüben für die Zuckerfabrik, Raps für die Ölmühle und Weizen, Mais, Hafer, Gerste, Reet und wer weiß was. Im Waggon wurden auch Baumstämme zum Fahidi-Holzlager transportiert, damit sie zu Brettern, Leisten oder Holzfeuer verarbeitet wurden. Was mit Waggons zu tun hatte, war für uns gut. Denn eines hatten wir uns niemals träumen lassen: dass man auch uns in Waggons laden könnte und dass es unerträglich und entsetzlich für uns sein würde. Aber man muss mit den Attributen nicht übertreiben, der Mensch erträgt *alles*.

Am 27. Juni 1944 waren nur noch Menschen für *einen* Transport in der Debrecener Scherli-Ziegelei übriggeblieben – der junge Scherli fotografierte uns weiterhin eifrig. Er musste sich beeilen, denn seine Lieblingsobjekte wurden ja weggebracht. Wie waren für ihn ein erhebender Anblick, wie wir unser Gepäck zusammensammelten, abwägend, was wir im Staub der Ziegelei zurücklassen und was wir mitnehmen sollten. Doch dann trieben uns schon die ungarischen Gendarmen, wenn es sein musste mit Faustschlägen, in die Waggons.

Es wäre eine besondere Studie wert, zu untersuchen, was der Mensch braucht, um zu leben. Wir hielten es für selbstverständlich, einen Garten zu haben, in dem sich ein Schweinestall, ein Hühnerstall, ein Kaninchenstall, eine Scheune, ein Werkzeugschuppen, Unmengen von Obstbäumen, eine Sandkiste, Turngeräte und was noch alles befanden. Dass wir in einem Haus wohnten mit verschiedenen Zimmern, einer Küche und zahlreichen Nebenräumen, alle ausgestattet mit dem, was dahin gehört, mit jeder Menge Möbel, Bilder, Kronleuchter, Teppiche, einem Klavier, Büchern, Partituren usw. Natürlich auch, dass wir Winter- und Sommerkleidung, Schuhe, Mäntel, Hüte und allerlei Accessoires besaßen.

Und plötzlich mussten wir entscheiden, welche wenigen Gegenstände von alldem wir mitnehmen wollten, auf welche wir glaubten, nicht verzichten zu können. Aber das war schon das Endstadium, es kam nicht sofort und nicht auf einmal.

Die ungarischen Autoritäten wachten sorgfältig darüber, dass wir keinen Schock erlitten und dass wir unserer Güter und Lieblingsgegenstände nur nach und nach beraubt wurden. Zuerst entzogen sie uns unseren Lebensunterhalt, unsere Betriebe, dann raubten sie unsere Gärten und Häuser und schließlich das, was wir mit ins Ghetto hineingerettet hatten. In die Ziegelei nahmen wir nur das mit, was wir für unverzichtbar hielten. Wir irrten uns, denn auch davon blieb einiges zurück, zum Beispiel das dunkelblaue warme Gewand meines Vaters, mit dem ich mich nachts zugedeckt hatte, denn ich fror natürlich auch dort. Und der Spirituskocher, auf dem meine Mutter für uns gekocht hatte.

Jeder in der Familie trug einen Rucksack auf dem Rücken, einen zweiten auf der Seite und hielt in einer Hand eine kleine Tasche, um die andere Hand frei zu haben. Die Größe der Rucksäcke und Taschen richtete sich nach unserer Körpergröße und unseren Kräften.

Es gab Ausnahmen: Gilike nahm meinen kleinen Schemel, weil sie ihn sehr liebte, ihren Lieblingsteddy und ihre Lieblings-Käthe-Kruse-Puppe mit.

Boci und meine Mutter trugen gemeinsam, jede an einem Henkel anfassend, einen großen Korb, in dem eine Menge Windeln und Babykleidung gestapelt waren. Oben auf dem Korb lag Ferike, der sechs Monate alte Sohn von Boci und Lajos.

Es war wunderbar, eine acht Jahre ältere Cousine zu haben. Sie war schön und blond, trug Zöpfe, besuchte dieselbe Schule wie ich, und als sie Abitur machte, trat ich im Gymnasium in ihre Fußstapfen. Boci – mit richtigem Namen Anna Borbála – besuchte die Musikakademie und schloss sie ab, als ich sie begann. Sie war damals ein richtiges junges Mädchen. Sehr schlank, nicht so plump wie wir, ihr Taillenumfang war – fast unglaublich – genau so groß wie ihr Kopfumfang.

Boci hatte viele Verehrer. Aber sie wählte Lajos, obwohl er infolge einer Kinderlähmung hinkte. Seinerzeit hatte es noch keine Sabin-Tropfen gegeben. Seine Behinderung war auch der Grund, weswegen er nicht ins Arbeitslager abkommandiert worden war. Es gab weit und breit keine andere junge Frau, deren Mann zu Hause war, alle waren in der Ukraine oder an der Front, nur einige wenige daheim in Ungarn.

Boci war glücklich. Zum ersten Mal im Leben wog sie über fünfzig Kilo. Sie stillte Ferike. Sie war eine sehr schöne junge Mutter, sie strahlte eine Freude aus, die mit Worten nicht zu beschreiben war, die Freude über ihren kleinen Sohn, dem Glück und Sinn ihres Lebens. Wir alle gingen auf Zehenspitzen um sie herum, es war ein Geschenk Gottes, dass unter uns in dieser entsetzlichen Beklemmung und Zukunftsangst, in diesem Schmutz und Dreck, in dieser Verzweiflung eine winzige Insel des Glücks existierte, ein

Zustand, den wir alle behüten und bis zum letzten Augenblick und darüber hinaus bewahren wollten.

Mein ganzes Leben bin ich gerne gereist. In meiner Kindheit unternahmen wir noch weite Reisen mit dem Zug. Wir reisten viel, weil unsere Verwandten weit weg lebten, und da sie zum Glück zahlreich waren, waren wir oft unterwegs. Nach dem »Anschluss« gab es niemanden mehr, zu dem wir nach Wien fahren konnten, denn die Wiener Tanten waren nach Bratislava geflüchtet. Als dann auch die Slowakei von den Deutschen besetzt wurde, konnten wir natürlich auch dorthin nicht mehr reisen, obwohl ein großer Teil des Fahidi-Zweiges der Familie und vom Weisz-Zweig meine Tante Hédi, eine der jüngeren Schwestern meiner Mutter und deren Familie sowie zahlreiche Onkel, Tanten, Cousins und Cousinen meiner Mutter dort lebten. In der Slowakei hatten die Deportationen schon 1942 begonnen. Wir freuten uns, wenn wir wenigstens Nachrichten von ihnen erhielten, aus denen hervorging, dass sie noch am Leben waren.

Die menschliche Anpassungsfähigkeit ist erstaunlich. Wir verhielten uns wie Schiffbrüchige, die sich auf einer Planke im Meer wiederfinden und hoffen, dass bald ein Schiff vorbeikommt und sie rettet. Bricht ein Stück von der Planke ab, aber nur soviel, dass sie noch trocken bleiben, können sie immer noch hoffen. Und wenn ihre Beine schon im Wasser hängen und um sie herum die Wellen höher werden, dann hoffen sie am stärksten, denn jetzt muss ja wirklich das Wunder geschehen…! Das Wunder trat nicht ein, dafür kam am 27. Juni 1944 der Viehwaggon, um uns abzuholen.

Meine Erinnerungen an Gruppenreisen mit dem Zug und das Einsteigen in den Wagen stammten von Klassenfahrten und von Ausflügen zu Pfadfinderlagern: das leichte Drängeln beim Einsteigen, das Geschrei der Kinder, die einander zuriefen, weil es so außerordentlich wichtig war, wer neben wem sitzen würde, das fröhliche Zwitschern, das irgendwie an einen großen Schwarm von Staren erinnerte, die sich alle gleichzeitig auf dieselbe Ernte herabstürzten.

Unser Zug am 27. Juni war von anderer Art.

Ruckweise und mit viel Lärm wurde er auf die Gleise der Ziegelei Scherli gezogen. Es war kein Personenzug, sondern ein Viehwaggon, den man nicht über eine normale Stufe mit einem normal großen Schritt besteigen konnte. Es wurden Bretter angelehnt, über die man sich hinaufziehen musste.

Den Medikamentenvorrat des Ghettos bewachte Tanti, die Schwägerin meines Onkels Antal, die im Ghetto mit uns gewohnt hatte. Wir gaben sehr Acht auf die Medikamente, in der Annahme, die anderen Ghettobewohner, die man schon abtransportiert hatte, würden sie bald noch nötig brauchen.

Als die Waggons hereingeschoben wurden und alle wie die Verrückten losrannten, sich ohne Rücksicht auf die anderen mit Fäusten den Weg bahnten, ihr Gepäck hinter sich herzerrten, wobei sie die Namen der eigenen Familienmitglieder riefen und wie von Sinnen jeden, der ihnen im Weg stand, zur Seite stießen, verdankten wir es der Kiste mit den paar Medikamenten, dass der diensthabende Gendarm die drängelnde Menge zurückdrückte und wir die Kiste mit den Medikamenten und – jeder ist sich selbst der Nächste, der Herr möge verzeihen – unser eigenes Gepäck hineinschleppen konnten.

Sogar unsere ganze Mischpoche stieg als erste in den Waggon: zuerst Tanti, ihre Arme über die Arzneikiste wie über einen Schatz gebreitet, mein Onkel Antal, zur Unkenntlichkeit getreten und zusammengeschlagen, meine Tante Margit, meine Mutter mit Boci, zwischen ihnen Ferike im Wäschekorb, Gilike, ich, mein Vater und als letzter Lajos, Bocis Mann, irgendein Paket vor sich herschiebend.

Wir landeten auf den vornehmsten Plätzen: unter der handbreiten Öffnung, die sich Fenster nannte und mit Stacheldraht bespannt war, damit ja niemand durch diesen halben Quadratmeter hinausspringen und flüchten konnte. Wir hatten sogar noch Zeit, unsere Gepäckstücke zu Sitzplätzen zu gestalten und meinen kleinen Schemel für Gilike unter das winzige Fenster zu schieben, damit sie darauf stehen und hinausschauen konnte.

Hinter uns war die Hölle los. Die Gendarmen lösten den Kordon, und die ganze Gruppe, die gesamte zusammengepresste Menge geriet gleichzeitig in Bewegung, alle wollten in den Waggon. Das Durcheinander war unbeschreiblich. Die hinten waren, drückten und stießen mit ungeheuren Kräften diejenigen vor ihnen. Die in den ersten Reihen gerieten durch den Druck von hinten ins Wanken. Stolpernd und fluchend, ihre Pakete und Bündel zerrend, rufend und schreiend versuchten sie, nicht den Halt zu verlieren und auf den Füßen zu bleiben, drinnen im Waggon einen Platz für sich zu finden, von dem die Menschenmasse sie nicht wegdrängen konnte. Je mehr sich der Waggon füllte, desto weniger Bewegungsfreiheit gab es, der Raum wurde zusehends knapper, aber draußen drängelten und riefen noch unendlich viele. Die Gendarmen lösten das Problem: Sie schlugen so lange auf die keuchende Menge ein, bis auch der letzte samt seinem Bündel in den Viehwaggon gestopft war.

Nachdem wir uns in unserem elenden Nest zurechtgewurstelt hatten, passten wir uns an die uns umgebende Hölle an – der Mensch kann ja nicht aus seiner Haut – und versuchten, uns so weit wie möglich in uns selbst zurückzuziehen, die Außenwelt nur wie durch einen Filter zu uns durchdringen zu lassen. Und dann: begannen wir sofort zu hoffen. Worauf?

Auf das Eldorado.

Denn es stimmt zwar, dass wir nicht wissen, wohin man uns bringt.

Es stimmt auch, dass wir vollkommen entwurzelt sind und im luftleeren Raum schweben.

Aber wir sind zusammen, wir sind stark, wir sind gesund, wir halten fest zusammen, wir lieben einander sehr.

Bei so viel Großartigkeit ist eine prächtige Zukunft vorgezeichnet.

Gleich sind wir da …

Irgendwo …

Wo man uns erwartet, wo wir sehr gebraucht werden …

Wir werden arbeiten …

Wir bleiben zusammen …

Und gemeinsam stehen wir alles durch …

Auch die kurze Zeit, die der Krieg noch dauert …

Und dann gehen wir wieder nach Hause …

Nach Debrecen …

In unser Haus, unseren Garten, auf das Gehöft …

Die Türen des Viehwaggons wurden zugezogen. Abgeschlossen. Wir warteten auf die Abfahrt.

Dann wurde plötzlich die Waggontür noch einmal geöffnet, Onkel Laci Falk hineingestoßen und die Tür erneut verriegelt.

Onkel Laci Falk war der Inhaber einer Bürstenfabrik, die sich auf dem östlichen Nachbargrundstück neben der Gebrüder Fahidi

AG befand. Wir hatten Onkel Laci sehr gern. Er war ein sehr lieber, humorvoller, kultivierter und musikalischer Mensch. Es hieß, dass er eigentlich Pianist werden wollte, aber sein Vater es nicht erlaubt hatte. Er hatte ihn zur Weiterbildung nach Deutschland geschickt, wo er an irgendeiner berühmten Handelshochschule studierte. Onkel Laci verliebte sich in die erste Frau, die er kennenlernte, heiratete sie, kaufte sich einen Bösendorfer Flügel, stellte seine Familie vor vollendete Tatsachen und kehrte mit seiner großen Liebe zurück nach Ungarn.

In unserem familiären Vorurteilskanon nahmen Frauen per se eine prominente Stelle ein. Es gab eine Rangordnung und Beurteilungskriterien, nach denen eine Frau einzustufen war. Das Höchste der Gefühle war die Wienerin. Sie war äußerst schick, geschmackvoll, charmant, kultiviert, die Verkörperung aller positiven Superlative. Die Pariserin dagegen war zwar geschminkt und herausgeputzt, aber es war zweifelhaft, ob sie sich auch oft genug wusch. Den Gegenpol bildete die deutsche Frau. Sie war zwar sauber, dafür aber ein Trampel, hatte keinen Geschmack, konnte weder kochen noch sich gut kleiden, man konnte noch nicht einmal sagen, was eigentlich an ihr weiblich war.

Zum Glück gab es Ausnahmen. Denn Onkel Lacis Frau, die deutsche Friedl, war die Personifizierung unseres Frauenideals, sie entsprach unseren höchsten Anforderungen: Sie war freundlich, charmant und schick, so wie eine Frau eben sein musste. Und sie hatte dazu noch Herz und Verstand. Aber es half Onkel Laci nicht, dass er mit einer reinrassigen »Arierin« verheiratet war. Er selbst war und blieb durch und durch Jude. Sein Versteck wurde entdeckt und er im allerletzten Augenblick zu uns in den Viehwaggon gestoßen.

Der Juni ist, wie allgemein bekannt, ein Sommermonat. Auf den Viehwaggon scheint unbarmherzig die Sonne. Mindestens achtzig Menschen sind darin zusammengepfercht, mit ihrem gesamten Gepäck, in einem Viehwaggon mit dem Ziel Auschwitz-Birkenau.

Die Sonne scheint und scheint, und im Waggon steigt die Temperatur.

Wasser gibt es nicht. Keinerlei Wasser, egal wofür!

Kein Trinkwasser, kein Wasser, um sich die Hände zu waschen oder ein Tuch zu befeuchten und es sich auf die Stirn zu legen oder dem kleinen Kind den Po zu waschen oder um Medizin einzunehmen. Kein Wasser!

Die Sonne scheint gnadenlos, und die Temperatur im Waggon steigt immer weiter an. Wieviel Grad mögen es sein? Dreißig, fünfunddreißig? Kein Wasser!

Die Kehle trocknet aus, es ist kein Speichel im Mund, die Zunge klebt am Gaumen, dabei schwitzt man, denn die Temperatur steigt immer noch, in der Hölle ist es sicher nicht heißer. Ferike, den man längst aus seiner Windel befreit hat, leidet nackt auf dem Korb auf einer Windel liegend. Abwechselnd fächern wir ihm Luft zu.

Gilike sagt kein Wort. Sie weint nicht, sie schluchzt nicht. Sie ist schon ein großes Mädchen. Ich wünschte, sie würde schreien, weinen, die Fäuste ballen, fluchen, irgendetwas tun ...! Gilike guckt nur. So lange ich lebe, sehe ich ihren Blick. Gilike guckt, guckt uns stumm an, aber ihre Augen verraten alles. Sie klagen an und fragen: Warum? Was habe ich getan? Warum muss ich so leiden, ich bin doch ein gutes kleines Mädchen, ich habe niemandem in meinem langen, elf Jahre langen Leben etwas zuleide getan. Also warum dann???

Mein Onkel Toni stirbt leise stöhnend dahin, sein mächtiger Körper ist eine einzige Wunde. Gestoßen, geprügelt, lauter blaue und grüne Flecken, Quetschungen und offene Wunden. Tanti reibt ihn ein, gibt ihm Injektionen, versucht, seine Schmerzen zu lindern, so gut sie kann. Seine Frau, Tante Margit, fächelt ihm Luft zu, damit er weniger leidet.

Boci und Lajos, der immer fröhliche, Witze erzählende Lajos, sitzen mutlos nebeneinander. Pimi und Pami, das waren die Kosenamen, die sie einander gegeben hatten. Sie sprechen es nicht aus, aber man kann den Satz, der über ihnen in der Luft liegt, fühlen: »Was wird aus uns? Was wird mit Ferike, der uns so glücklich gemacht hat, unser Augenlicht, was wird, was wird, was wird???«

Mein Vater und meine Mutter haben auch jetzt noch das Gefühl, Vorbilder sein zu müssen, sie müssen jedem helfen, den Mut zu bewahren. Sie wissen, dass wir bald ankommen. Dort, wo uns ein anständiges, menschliches Leben erwartet, sinnvolle Arbeit. Wir werden arbeiten. Möglich, dass die Arbeit anstrengender sein wird, als wir es gewohnt sind. Aber wir sind stark und gesund, und was das Wichtigste ist: wir sind zusammen und wir bleiben zusammen. Uns kann man nicht auseinanderreißen. Die Deutschen haben den Krieg schon verloren, die kurze Zeit bis zur endgültigen Niederlage überstehen wir, weil wir zusammenhalten, weil wir einander unterstützen, weil wir einander lieben. Diese kleine Reise werden wir schon noch aushalten.

Im Waggon ist inzwischen nicht nur kein Wasser, sondern auch keine Luft mehr.

Am anderen Wagenende wird jemand wahnsinnig und schreit unzusammenhängend. Man kann ihn nicht zum Schweigen bringen. Wir schwitzen, wir stinken, die Luft wird immer schwerer, wir ersticken fast in der Hitze, unsere Lippen kleben aufeinander, unsere Beine schwellen an und werden zentnerschwer.

Wir sind Menschen mit Körperfunktionen, mit Bedürfnissen, die befriedigt werden müssen. Im Viehwaggon gibt es keine Toiletten. Im Viehwaggon gibt es einen Kübel. Einen Kübel für achtzig Menschen. Und wer sind die Unglücklichen, die das Schicksal noch zusätzlich damit bestraft hat, dass sie neben den Kübel gequetscht wurden? Der Kübel füllt sich minutenschnell, und der Gestank ist da und vergeht nicht. Und was passiert, nachdem der Kübel voll ist? Die menschlichen Bedürfnisse lassen sich nicht befehlen.

Gilike steht am »Fenster« und schaut durch die Öffnung nach draußen. Wenigstens muss ich ihren anklagenden Blick nicht sehen. Sie lächelt vor sich hin und winkt.

»Wem winkst Du, Gilike?«, frage ich.

»Onkel Laci Falk ist immer so komisch, jetzt rollt er den Bahndamm herunter. Ihm winke ich«, sagt Gilike.

Und tatsächlich, als ich wieder nach Hause kam, erfuhr ich: Bevor wir nach Kaschau kamen, warfen die Gendarmen Laci Falk auf eigenen Wunsch und auf eigene Verantwortung und sicher für nicht wenig Geld aus dem Waggon. Er erzählte mir, dass er Gilike zurückgewinkt hätte. Dieses Mal gelang es ihm, sich so zu verstecken, dass er nicht entdeckt wurde.

Zur Geschichte von Laci Falk gehört, dass er nach der Befreiung seine Bürstenfabrik wieder eröffnet und die alten Geschäftsbeziehungen aus der Zeit vor dem Krieg erneuert hat. Seine Fabrik exportierte Bürsten in viele Länder, unter anderem nach Schweden. Laci hatte einen guten Riecher: Bevor seine Fabrik verstaatlicht wurde, packte er zu den Exportbürsten auch einige Maschinen und türmte gemeinsam mit seiner Frau Friedl nach Schweden. Von dort haben sie später vielen Menschen geholfen.

Inzwischen läuft unser Zug in Kaschau ein. Es ist Abend geworden, die Sonne ist untergegangen, und die Temperatur im Waggon wird etwas erträglicher. Die Waggontür wird aufgerissen, wir erhalten Wasser und einen leeren Kübel. Wir hören Kommandos in deutscher Sprache. Gleichzeitig mit dem leeren Kübel erscheint ein Gewehrlauf in der Waggontür, und es ertönt ein deutscher Imperativ: Sofort soll jeder, der noch Gold hat, seines herausrücken. Wenn nicht innerhalb von fünf Minuten Gold abgegeben wird, wird in den Wagen geschossen. Und es findet sich Gold. Bei jedem weiteren Wechsel der Bewachung wiederholt sich diese Aufforderung, und jedes Mal wird Gold abgegeben.

Nach der etwas erträglicheren Nacht folgten wieder die Tageshitze, der beißende Gestank, der Mangel an Wasser. Wer verrückt geworden ist, schreit weiter, wer gestorben ist, bleibt tot liegen, wer krank ist, siecht weiter zwischen uns dahin. Der Zug hat es nicht eilig, noch zwei lange Tage, insgesamt drei Tage fahren wir, bis wir irgendwo eintreffen, wo wir aussteigen.

Wir kommen früh am Morgen an, es wird gerade hell. Am Bahnhof ist keine Aufschrift. Wir haben keine Ahnung, wohin man uns gebracht hat.

Die Waggontüren werden aufgerissen, und unter entsetzlichem Brüllen und Fluchen zerrt man uns aus dem Waggon. Wer nicht aussteigen kann, wird hinausgeworfen. Endlich haben wir Boden unter den Füßen. Wir können uns ausstrecken, die frische Morgenluft tut gut.

Undefinierbare Gestalten nehmen uns in Empfang, ich kann sie nicht einordnen. Sie tragen hässliche grau-schwarz gestreifte Pyjamas, auf dem Kopf eine eigenartige Seemannskappe aus demselben gestreiften Stoff. Sie schreien in einer seltsamen Sprache, die ans Deutsche erinnert, aber doch keines ist. Deutsche sehe ich gar nicht. Es scheint, als ob diese gestreiften Wesen hier die Herren wären. Jedenfalls treten sie so auf.

Die Gestreiften sagen, wir sollten uns nicht um unser Gepäck kümmern, das würde uns hinterhergebracht. Die kleinen Kinder nimmt man den Müttern weg und übergibt sie den Großmüttern.

Sie sagen, wir sollen zu Fuß gehen. Wer zu schwach sei, der würde mit dem Bus nachkommen. Wir freuen uns, dass wir uns endlich bewegen, unsere versteiften Gliedmaßen strecken können. Diejenigen unter uns, die sehr jung wirken, werden gefragt, wie alt sie sind. Wenn jemand angibt, jünger als sechzehn zu sein, schreien sie ihn wütend an: »Du bist sechzehn, vergiss das nicht, wer immer Dich auch fragt, sag sechzehn, verstehst Du, sechzehn, merk Dir das gut, Du bist sechzehn Jahre alt!!!«

Wir bemerken nicht, dass wir in zwei Gruppen aufgeteilt worden sind, eine Frauen- und eine Männergruppe. Toni ist sicher im Waggon geblieben, er konnte nicht aussteigen, aber er ist am Leben. Mein Vater und Lajos steigen aus dem Waggon, aber eine Minute später sind sie verschwunden. Ich passe auf, neben meiner Mutter und Gilike zu bleiben, ich sehe nicht, wohin die Männer verschwinden. Wir sind mit Ferike beschäftigt, meine Mutter und Boci legen ihn auch jetzt oben auf den Korb und tragen jede einen Henkel, wie beim Einsteigen. Ein Gestreifter sagt ihnen, sie sollten Ferike meiner Tante Margit geben, aber sie antworten, er sei nicht schwer und sie trügen ihn gern. Und sie tragen ihn dann auch.

Der erste Imperativ ertönt:

– Ärzte hervortreten!

– Tanti, über fünfzig Jahre alt, tritt im vollen Bewusstsein ihrer ärztlichen Verantwortung vor.

Wir haben uns inzwischen schon in geordneten Reihen aufgestellt. In meiner Reihe steht neben mir Boci. Sie hält in der Hand den einen Henkel des Korbes mit Ferike, meine Mutter hält den anderen Henkel in der einen und Gilike an der anderen Hand. Am anderen Ende der Reihe steht meine Tante Margit. Es tut gut, sich endlich zu bewegen, zu gehen. Es dämmert, die Sonne geht auf, und mit dem neuen Tag wächst in uns die Hoffnung: Wir sind also angekommen, hier wartet anständige Arbeit auf uns, wir werden bald ordentlich arbeiten, werden irgendwie zurechtkommen, zusammenhalten, die ganze Familie gemeinsam. Und außerdem ist der Krieg sowieso bald vorbei.

Schließlich sehen wir auch die Deutschen, es sind wenige, Männer und Frauen durcheinander, sie stehen vor uns, wir müssen an ihnen vorbei. Als die Reihen bei ihnen ankommen, sprechen sie den einen oder anderen an, leise, fast könnte man sagen freundlich. Daraufhin geht der eine in diese, der andere in die andere Richtung.

Wenn jemand mit dem, den man in die andere Richtung geschickt hat, zusammenbleiben will, beruhigen sie ihn freundlich, die Kräftigen gingen zu Fuß, die etwas Erschöpfteren bringe man im Bus hinterher. In kurzer Zeit würden sie wieder zusammen sein. So beruhigt sich jeder. Natürlich.

Auch wir kommen zu der Gruppe der Deutschen.

Boci ist, da sie stillt, etwas fülliger als sonst. Dass sie acht Jahre älter ist als ich, sieht man nicht, und wir haben viel Ähnlichkeit miteinander. Freundlich spricht uns ein deutscher Herr an und fragt:

– Seid Ihr Zwillinge?

– Nein – antworten wir, und seine Handbewegung befolgend gehe

ich in die eine Richtung.

Boci, der Korb, im Korb Ferike, auf der anderen Seite des Korbes meine Mutter, an der Hand meiner Mutter Gilike und Tante Margit

… gehen in die andere Richtung.

Schon ist die nächste Reihe vor die Deutschen gekommen, und die setzen ihre freundlichen Einweisungen fort – hierhin, dorthin.

Die größte Tragödie meines Lebens geschah so, dass ich sie nicht einmal bemerkte.

Innerhalb einer Sekunde war ich allein, hatte meinen Vater, meine Mutter, meine Schwester, meine nächsten Verwandten verloren (Tanti überlebte). Mit einem Schlag war meine Kindheit vorbei, ich war erwachsen und völlig auf mich alleine gestellt. Das war mir damals noch nicht bewusst.

Mit der Freundlichkeit war es auch vorbei, nachdem wir uns von dem Selektionskomitee entfernt hatten, von Mengele, wie wir später erfuhren, der den Großteil der ungarischen Gruppen selektierte.

SS-Aufseherinnen nahmen uns in ihre Obhut. Es knallte die Peitsche, Flüche und Kommandos wurden gebellt, Ohrfeigen, Tritte und Schläge ausgeteilt. Wir mussten Fünferreihen bilden, man hetzte uns, trieb uns an, ob es nötig war oder nicht, brachte uns nach Brzezinka ins Bad.

Wer sich dafür interessiert, wie die Duschräume und die in mehrere Kammern unterteilten Vorräume aussahen, der sollte nach Buchenwald fahren. Sogar der Verbrennungsofen steht noch unversehrt. In Auschwitz-Birkenau wurden die Krematorien und die umliegenden Räume von den Deutschen vor dem Eintreffen der sowjetischen Truppen gesprengt. Ein Verbrennungsofen wurde in Auschwitz-Birkenau aus den Überresten für den Besuch von Präsident Bush im Jahre 2003 rekonstruiert, damit er sich vor ihm fotografieren lassen konnte. Bei meinem ersten Besuch in Buchenwald fühlte ich mich sofort zu Hause. Ich bin dort wieder die Räumlichkeiten des Bades abgegangen, des Bades von Brzezinka,

- wo wir kahl geschoren wurden,
- wo man uns am ganzen Körper enthaart hat,
- wo wir mit einem Desinfektionsmittel, das eigentlich für Tiere bestimmt war, abgespritzt wurden,
- wo wir als Menschen hineingingen und als Häftlinge wieder herauskamen.

Wer einmal ein Häftling war, wird nie wieder der Mensch, der er zuvor gewesen ist. Etwas in ihm ist für alle Zeit zerbrochen.

Zigeuner-Korbflechter, Dicsőszentmárton, 1911
Quelle: Volkskundemuseum; Foto: Artúr Adler

Wo bin ich?

Als uns die Gestalten in den gestreiften Pyjamas aus dem Waggon gezerrt und gestoßen hatten, als wir endlich unsere Glieder strecken konnten und in der morgendlichen Kühle die frische Luft einatmeten, was erblickten wir da?

Etwas so Erschütterndes, wie wir es nie zuvor gesehen hatten:

Das Zigeunerlager, das Zigeuner-Familienlager von Auschwitz-Birkenau.

Selbst die Deutschen wussten, dass der Zusammenhalt unter Zigeunerfamilien eine außerordentlich feste Klammer bildete, die auch sie nicht zerbrechen konnten. Darum ließen sie die Zigeunerfamilien auch im Lager beisammen.

Die romantische Vorstellung vom Zigeunerleben hatte für mich immer etwas Anziehendes, obwohl mir klar war, dass die Realität anders aussah. Ein Leben in Freiheit! Egal wie ärmlich es war. Denn was für eine großartige Sache musste es doch sein, frei wie ein Vogel mit dem Fuhrwerk umherzuziehen und am Ufer von Seen und Bächen das Lager aufzuschlagen. Sich zu vergnügen, am Lagerfeuer zu singen, zu tanzen. Und wenn einem der Sinn danach stand, weiterzuziehen, auf neuen Wegen, in fremde Gegenden. Die Mädchen trugen einen langen gerüschten Rock, die Männer eine mit Metallknöpfen besetzte Weste. Um aber die Pferde zwischendurch mit Hafer zu versorgen und für die Kinder etwas zu essen zu beschaffen, brauchten sie wohl auch eine Beschäftigung, mit der sie Geld verdienen konnten.

Schon in meiner Kindheit gab es diese Art von Zigeunerleben fast gar nicht mehr. Der Zigeunerwoiwode hatte zwar noch seinen Prachtbau in Bratislava, und seine Weste war mit echten Brillantknöpfen besetzt, doch von der ursprünglichen Freiheit war nur die Nostalgie geblieben. Einige Zigeuner übten noch ihre traditionellen Berufe aus, der Großteil lebte äußerst entbehrungsreich. Das »wahre« Zigeunerleben war nunmehr ein Traum, es gab kein Pferd, kein Fuhrwerk, stattdessen lebten die meisten in einer Lehmhütte, es herrschte Unwissenheit, Aberglauben, Analphabetismus, Elend.

Die Zigeuner wurden von uns Nichtzigeunern immer ausgegrenzt, das heißt, wir hielten sie auf Abstand. Dann warfen wir ihnen vor, sie würden sich nicht assimilieren.

Unsere Familie war noch eine der besseren Art. Wir betrachteten alle, die auf zwei Beinen gingen, als Menschen. (Und auch manche Vierbeiner!) Die Zigeuner unserer Umgebung, auf dem Gehöft und in Debrecen, kannten wir namentlich. Wir unterstützten sie, und natürlich duzten wir sie, ungeachtet ihres Alters und Geschlechts. Es lebe die Menschenwürde!

Wenn meiner Großmutter auf dem Gehöft plötzlich nach Wohltätigkeit zumute war, wozu sich reichlich Gelegenheit bot, gab es für sie zwei favorisierte Objekte: den Schächter von Mezőkeresztes und unseren Zigeuner Gazsi, der keinen festen Wohnsitz hatte.

Die Gemeinsamkeit zwischen diesen beiden ehrwürdigen Familienvätern war, dass sie ihre ehelichen Pflichten sehr ernst nahmen. Kein Jahr, in dem sie nicht für Nachwuchs gesorgt hätten. Aber keine Sorge, mit Sicherheit wurde die Familie des Schächters und höchstwahrscheinlich auch die Gazsis um die überzähligen Mitglieder dezimiert, indem man ihre Frauen mit den kleinen Kindern sofort nach der Ankunft in Auschwitz-Birkenau im Krematorium verbrannte.

Wenn der Schächter alle Bewohner des Dorfes abgeklappert hatte und keine Hoffnung mehr bestand, dort für die vielen Mäuler, die er noch zu stopfen hatte, einen Bissen aufzutreiben, wanderte er zu Fuß hinaus zum Gehöft. Er hatte immer ein oder zwei leere Säckchen bei sich. Auf dem Gutshof führten wir zwar keinen koscheren Haushalt, dort durfte die Hühner schlachten, wer wollte. Er kam ja auch nicht zum Schlachten. Er ließ sich dort seine Säckchen füllen, damit seine Kinder etwas zu essen bekamen, und er durfte auch mindestens eine Gans unter dem Arm mitnehmen.

Gazsi brauchte kein Apropos, er kam jederzeit. Ich korrigiere mich: Er hatte sehr wohl ein wichtiges Apropos, seine Familie hungerte, und ein weiteres Kind war schon unterwegs. Gazsi konnte sein Anliegen mit unnachahmlicher Eloquenz und großer Überzeugungskraft vortragen. Meine Großmutter brauchte nicht lange überzeugt werden. Er erhielt seine Gans, die Säckchen wurden gefüllt, und er zog seines Wegs.

An einem solchen Tag geschah es einmal, dass Gazsi von zwei Gendarmen wieder zu uns zurückgebracht wurde.

»Dieser nichtsnutzige Spitzbub wagt zu behaupten, er hätte die Gans geschenkt bekommen«, fluchte Ferenc, der Gendarm. Denn was wäre selbstverständlicher gewesen, als dass Gazsi die Gans gestohlen hätte. Zigeuner stehlen eben!!

Meine Großmutter durchschaute die Lage sofort, und ohne lange zu überlegen, ergriff sie für Gazsi Partei. Sie rief ihm zu:

»Ich hab Dir doch gesagt, Gazsi, dass Du zwei Gänse mitnehmen sollst. Was hast Du mit der anderen gemacht?«

»Jean Valjean«, flüsterten wir größeren Enkelkinder hinter Großmutters Rücken, auf Victor Hugo anspielend, doch Großmutter musste nicht aus den »Elenden« Barmherzigkeit lernen, sie besaß selbst genug davon.

Die Gendarmen waren nicht wählerisch in ihren Mitteln, wenn sie im Dorf oder auf dem Gehöft die Ordnung aufrechterhalten mussten. Sie waren jeweils für ein bestimmtes Gebiet zuständig. Meistens waren sie zu zweit unterwegs. Einer war immer dabei, das war Ferenc, genannt Feri. Auf dem Gehöft handelten sie nach einem festgelegten Drehbuch: Sie kamen in die Sommerküche, tranken dort einen gespritzten Wein und nahmen ein Päckchen unversteuerten Tabak entgegen. Der Tabak musste nämlich eigentlich staatlich versteuert werden. Wir bauten viel Tabak an. Aufgabe der Gendarmen war es, Unregelmäßigkeiten und Verstöße aufzudecken, und dabei rauchten sie den Tabak, für den wir Abgaben hätten zahlen sollen. Aber für sie war es auch vorteilhafter, ihren Tabak umsonst zu bekommen. Es gibt nichts Neues unter der Sonne.

Wenn sie einem Mitglied unserer Familie begegneten, grüßten die Gendarmen ehrerbietig. Mit meinem Großvater unterhielten sie sich gern über Pferde, weil auch sie gute Pferde hatten. Was mag Feri meinem Großvater gesagt haben, als sie sich im Ghetto von Mezőcsát begegnet sind? Denn sie müssen einander begegnet sein, Mezőcsát gehörte zu Feris Revier. Es ist nicht auszuschließen, dass er sich geschämt hat.

Die historische Forschung ist uns noch Aufklärung darüber schuldig, warum es seitens der ungarischen Gendarmen während der Zeit der Deportationen zu so viel Grausamkeit kam. Wo war sie vorher gewesen? Oder woher kam sie jetzt so plötzlich? Nicht, dass es im Resultat einen Unterschied gemacht hätte. Die Juden aus der ungarischen Provinz wären auf jeden Fall deportiert worden.

Die Gendarmen fluchten, prügelten, schlugen und traten. Das gehörte nicht zu ihren dienstlichen Pflichten. Das war ein freiwilliger Beitrag ihrerseits, eine bewusst angenommene ehrenamtliche Aufgabe. Auch ließen sie jeden Wertgegenstand mitgehen. Das konnte man ja noch nachvollziehen, sie ergriffen die günstige Gelegenheit, sich zu bereichern, und so eine Möglichkeit ergibt sich nun einmal nur in Ausnahmefällen. Aber warum waren sie so grausam? Sie hätten es nicht sein müssen, aber sie waren es.

Wie wunderbar wäre es, wenn ich schreiben könnte: »Die ungarische Gendarmerie hat sich heroisch verhalten. Sie hat ihre jüdischen Mitbürger geschützt, verteidigt und gerettet, wo sie nur konnte. Sie hat ihre Qual zu lindern versucht und mit ihrer Haltung eindeutig zum Ausdruck gebracht, dass sie mit der Deportation nicht einverstanden war. Die Deportationen wurden den Ungarn von den Deutschen aufgezwungen.«

Tatsächlich aber ist Eichmann mit gerade einmal sechzig bis achtzig Mann nach Ungarn gekommen. Christian Gerlach und Götz Aly* schreiben in ihrem 2002 erschienenen Buch »Das letzte Kapitel«, dessen vermutlich erste ungarische Leserin ich war, über die Zusammenhänge und die Umstände, die dazu führten, dass nicht nur sämtliche Segmente der ungarischen Wirtschaft, sondern auch, vulgär ausgedrückt, der letzte Hund in Ungarn daran interessiert war, den Massenmord an den Juden und den Raub ihres Vermögens stattfinden zu lassen. Das Buch ist äußerst lesenswert, ich kann es nur zur Lektüre empfehlen.

Nehmen wir an, dass jeder, der im Gefolge Eichmanns nach Ungarn kam, ein sehr wichtiger Mann war und einen eigenen Fahrer, eine Sekretärin und einen Burschen hatte. Auch dann wären es noch nicht viel mehr als dreihundert Personen gewesen. Sie waren alle sehr effizient und routiniert. Aber nicht diese paar hundert allein, sondern mit ihnen Hunderte, ja Tausende von Ungarn, mit wenigen Ausnahmen der gesamte administrative Apparat,

* Götz Aly, Christian Gerlach: Das letzte Kapitel. Der Mord an den ungarischen Juden, Stuttgart (DVA) 2002.

haben innerhalb von acht Wochen die Deportationen von ungefähr 430 000 jüdischen Ungarn nach Auschwitz-Birkenau organisiert und durchgeführt.

Ich schätze János Arany sehr, er ist einer meiner ungarischen Lieblingsdichter, wenn nicht sogar mein Lieblingsdichter überhaupt. Ich habe kürzlich sein Gedicht »Die Zigeuner von Nagyida« wiedergelesen. Der Reichtum der Sprache, die Sachkenntnis, die Leichtigkeit des Ausdrucks sind für den Leser ein Genuss. In diesem Gedicht zeigt sich kein bisschen Hass, nicht Verachtung noch Ausgrenzung. Eher eine Art liebevoller Nachsicht. Dass ein Zigeuner stiehlt und ein bisschen betrügt, das gehört dazu. Man kann sagen: Das ist natürlich, er ist ja ein Zigeuner! Und all das ist so humorvoll, genial, überzeugend geschrieben! Aber – und in der Hinsicht bin ich mittlerweile sehr hellhörig geworden – auch sehr gönnerhaft, sehr herablassend. Seitdem ich Erniedrigung am eigenen Leibe erfahren habe, sind meine Sinne geschärft. János Arany gehört zu den besseren Fällen. Diejenigen, die nicht zu den besseren Fällen gehören, schreiben nicht gönnerhaft und herablassend, sondern voller Verachtung und Hass. Das ist ein großer Unterschied. Aber trotzdem: selbst János Arany, einer der größten ungarischen Dichter!

Am Morgen des 1. Juli 1944 kamen mir »Die Zigeuner von Nagyida« nicht in den Sinn. Ich erstarrte beim Anblick der zum Skelett abgemagerten Frauen in dreckigen, zerfetzten Rüschenröcken, der an ihren leeren Brüsten hängenden Säuglinge, der abgemagerten Männer in ihren Westen, der zum Skelett abgemagerten Kinder mit riesengroßen, anklagenden schwarzen Augen.

Ich konnte sie nicht lange betrachten, denn ich wurde durch meine eigenen Probleme abgelenkt. Aber am 2. August 1944 konnte man nicht wegschauen. Als im Mai 1944 die Deportation der Juden aus der ungarischen Provinz anrollte, wurde in Auschwitz-Birkenau der Platz knapp. Die ungarischen Behörden hatten es sehr eilig. Tag für Tag, in kurzen Abständen, trafen die Transporte ein, so schnell, dass die Krematorien mit dem Verbrennen nicht nachkamen. Man musste Gräben ausheben, in denen die Leichen im offenen Feuer verbrannt wurden. Aber diejenigen, die vorläufig noch am Leben gelassen wurden, mussten irgendwie untergebracht werden. Wenigstens so lange, bis auch sie ihre endgültige Bestimmung erfüllten und ermordet wurden. Es bestand großer Bedarf nach einem mit allem Auschwitzer Komfort versehenen Lager, mit Wachturm, elektrischem Stacheldrahtzaun und vielen Scheinwerfern. Das Zigeunerlager war so eins. Nie werde ich erfahren, was für das, was in der Nacht vom 2. auf den 3. August geschah, ausschlaggebender war: der Platzmangel oder der »muselmanische«* Zustand der Zigeuner. Wahrscheinlich beides.

Die Nacht vom 2. auf den 3. August aber kam. Über dem Zigeunerlager läutete keine Totenglocke. Es wurde einfach so liquidiert.

Mir war klar, dass die SS-Leute deshalb nicht in normaler Lautstärke sprechen, sondern nur schreien konnten, weil sie Angst hatten. Wenn ein Mensch Angst hat, gibt er Laute von sich, normalerweise singt er. Bei der SS entsprach dem das Schreien, denn je lauter das Geschrei ist, desto weniger hört man die Stimme des Gewissens, bis sie schließlich ganz unhörbar wird, abstirbt, aufhört zu existieren. Das Schreien als Lebensform aber bleibt.

In dieser Nacht *brüllten* die SS-Leute. Sie wussten, dass die Insassen des Zigeunerlagers nie in ihrem Leben etwas angestellt hatten, wofür man sie hätte ausrotten müssen. Ihre einzige Sünde bestand darin, als Zigeuner geboren zu sein. Die SS-Chargen brüllten, um sich wenigstens selbst davon zu überzeugen, dass das, was sie taten, zu rechtfertigen war. Unter fürchterlichem Gebrüll, Fluchen und Geschrei trieben sie die Zigeuner ins Gas. Die Zigeuner jedenfalls wussten, was sie erwartete.

Wer die Verzweiflungslaute, das Wehgeschrei, Beten, Fluchen, Flehen, Weinen, Schluchzen, Klagen und Jammern gehört hat, wird es nie vergessen können. Ich habe keine Sprache, um diese Laute der Todesfurcht, des Entsetzens und des Schmerzes wiederzugeben, keine Worte, sie zu beschreiben.

Ich weiß, dass es keine Gerechtigkeit auf Erden gibt. Wie gut wäre es, zu wissen, dass die Verantwortlichen ihr ganzes Leben lang von diesem Geschrei verfolgt würden und ihre Seelen in einem Danteschen Höllenkreis bis zum jüngsten Gericht büßen müssten.

* Im Auschwitzer Jargon bezeichnete man einen Häftling, der sich schon selbst aufgegeben hatte und nur noch dahinvegetierte, als »Muselman(n)«.

Dieses Foto wurde am 13. August 1944 in Auschwitz-Birkenau aufgenommen. Es stammt aus dem sogenannten Auschwitz Album, das Lili Jacob im Lager Mittelbau-Dora gefunden hat. Die Abgebildeten sind zur Sklavenarbeit verurteilte Frauen, die in Waggons nach Deutschland verfrachtet wurden. Es ist die Gruppe, die in den Rüstungsbetrieb DAG (Dynamit AG) nach Allendorf geschickt wurde und in die auch ich geraten war. Von den beiden mit einem Pfeil hervorgehobenen Frauen ist die vordere Anikó, »meine zweite Hälfte«, die hintere bin ich.
Quelle: Das Auschwitz Album. Die Geschichte eines Transports, Yad Vashem/Wallstein Verlag, Göttingen 2005

Who is who?

Ich denke heute manchmal mit Rührung an die Erziehungsmethoden zurück, mit denen uns Kindern zu Hause Tischmanieren beigebracht wurden. Man schob uns zwei Bücher unter die Oberarme, die wir fest an die Rippen drücken mussten, damit sie nicht herunterfielen, während wir kerzengerade, ohne den Kopf zu beugen, das Essbesteck zum Mund führten und dabei nichts verschütten durften. Die Körperhaltung hatte dabei ganz natürlich und entspannt zu wirken. Es hieß: Zeige mir, wie Du isst, und ich sage Dir, wer Du bist.

Im Unglück zeigt sich vom ersten Augenblick und ganz von selbst, wer jemand ist, man muss dabei gar nicht wissen, wie er isst.

In Auschwitz-Birkenau war wie in jedem deutschen Konzentrationslager ein grundlegendes Ordnungsprinzip die Fünferreihe. Mindestens zweimal pro Tag mussten wir uns auf dem Appellplatz in Fünferreihen aufstellen, damit man uns abzählen konnte. Gezählt wurden auch die, die sich im Revier befanden, die, die sich gerade noch lebend dorthin geschleppt hatten, sowie die, die morgens tot in der Pritsche liegengeblieben und in eine Decke gewickelt, mit heraushängenden Armen und Beinen ebenfalls ins Revier gebracht worden waren. Ich sage, *in* der Pritsche liegenblieben, weil diese wie Särge ohne Deckel aussahen. Allerdings gab es Pritschen nur in »vornehmen« Lagern, nicht in unserem. Man sollte annehmen, dass es keine große Kunst ist, immer fünf und fünf zu addieren. Tatsächlich aber waren unsere Aufseherinnen mit dieser komplizierten mathematischen Aufgabe vollkommen überfordert. Folglich standen wir endlos lange auf dem Appellplatz. Endlich kam der LKW, der auf der Hinfahrt unsere »Speisen« brachte und auf der Rückfahrt die Leichen mitnahm. Man musste schließlich ökonomisch wirtschaften.

Es war keineswegs gleichgültig, mit wem man die Fünferreihe bildete. Denn wir fünf aßen aus demselben Geschirr, saßen den ganzen

Tag zusammen in der sengenden Sonne – tagsüber durfte der Block nicht betreten werden – und waren in jeder Sekunde aufeinander angewiesen. Wir wussten nie, welche Scheußlichkeit man uns im nächsten Moment antun würde. Um uns herum wurden Kommandos gebrüllt, die Aufseherinnen ließen ihre Peitschen knallen, jede beliebige Blockälteste konnte willkürlich einen Schlag oder einen Fußtritt austeilen, auch der Herrgott wusste nicht, weshalb. Man kann nicht in ständiger Angst leben. Nach einiger Zeit lässt man sich eine seelische Hornhaut wachsen, sonst hält man es nicht aus.

Wenn ich an Auschwitz-Birkenau und die Zeit meiner Deportation denke und darüber berichte, so ergibt es keinen Sinn, im Singular zu erzählen, »ich« und »wir« waren dasselbe. Wir, das heißt unsere Fünfergruppe, standen einander so nahe und unterstützten einander in einem Maße, als wären wir eine Person. Unsere Fünferreihe hatte sich in Auschwitz-Birkenau fast im ersten Augenblick gebildet. Im Lager Allendorf ist sie so etwas wie eine Norm geworden, wir standen immer an fast derselben Stelle, immer mit denselben Personen.

Am 1. Juli 1944 trafen wir in Birkenau ein. Birkenau wird oft als Synonym für das Lager Auschwitz-Birkenau benutzt, Brzezinka war der polnische Name des zuvor geräumten Dorfes, auf dessen Gebiet das Lager errichtet wurde. In Brzezinka befand sich das Bad. Dort wurden wir gemäß den Erfordernissen des »Dritten Reiches« zu Häftlingen transformiert: kahl geschoren, enthaart und mit beißendem Desinfektionsmittel bespritzt. Wir wussten nicht, dass aus der Dusche statt Wasser auch Gas strömen konnte. Man warf uns abgetragene, stinkende, dreckige Lumpen fremder Frauen vor die Füße, und da ich groß war, bekam ich selbstverständlich die kürzesten. Wir schauten einander an und fingen an zu lachen! Wir lachten, weil es uns so unwirklich erschien, dass wir das sein sollten, wir, die verwöhnten, eleganten jungen Damen aus Debrecen, wir, deren Eltern auf unsere Kleidung, Schuhe, Frisur, Kosmetik, unsere Schule und Ausbildung, unsere Bücher, Noten, Sportgeräte usw. so viel Wert gelegt hatten. Es war so unglaublich, dass wir diese in Lumpen und Fetzen gekleideten Kahlköpfe sein sollten, die wir im Glasfenster der Baracke gespiegelt erblickten.

Ohne dass es uns bewusst war, entwickelte sich zwischen uns ein starker Zusammenhalt, ohne den wir, davon bin ich fest überzeugt, nicht wieder nach Hause zurückgekehrt wären. Es gab immer eine unter uns, die den anderen half, nicht den Mut zu verlieren, die tröstende Worte fand. Immer gab es eine, die den anderen das ungenießbare Essen hineinstopfte. Drei meiner Mithäftlinge standen mir nahe wie Geschwister: Anikó Weisz aus Debrecen und die Schwestern Lili und Klári Glück aus Miskolc.

Bei keiner von ihnen bin ich jemals zu Hause gewesen, aber ich kann ganz genau beschreiben, wie es dort aussah.

Der Vater von Lili und Klári hatte einen schönen Beruf: Er war Ledergalanteriemeister. Sein gutgehendes Geschäft befand sich in der Hauptstraße von Miskolc, die Werkstatt im Keller unter dem Geschäft. Im selben Haus war auch die Privatwohnung der Familie. Vater Glück war ein Meister seines Fachs, er kannte sich hervorragend mit Ledersorten aus. Er schnitt alles selbst zu, seine Gesellen nähten und klebten nach seinen Instruktionen alles schön zusammen. Sein guter Ruf war ihm sehr wichtig, er bediente seine Kundschaft nur mit einwandfreier Ware. Er war mit der Beschaffung des Leders und der Vorbereitung der Herstellung voll ausgelastet.

Lilis und Kláris Mutter führte den Haushalt und bediente auch im Geschäft. Sie war dabei sehr tüchtig und geschickt. Sie mochte die Kunden und konnte ihre Sprache sprechen. Eigentlich brauchte sie sich nicht besonders anzustrengen, die Ware sprach für sich, die schönen Handtaschen, Brieftaschen, Börsen usw. verkauften sich wie von selbst.

Zur Familie gehörte noch eine sehr originelle Großmutter, die sich selbst versorgte. Eine Toreinfahrt ist nicht allzu groß, für sie aber war sie groß genug, um sich dort den Lebensunterhalt zu verdienen. Denn sie verkaufte in dieser Toreinfahrt Drillichhosen. In der Nähe von Miskolc, in Diósgyőr, gab es ein Stahlwerk mit vielen Arbeitern, die Drillichhosen benötigten. Die Großmutter hatte sogar Stammkunden und verkaufte auch auf Kredit.

Lili war ein schönes Mädchen, eine richtige Brünnhilde mit naturblondem Haar, blauen Augen und einem kräftigen, wohlproportionierten Körper. Sie war klug, wollte ihre Intelligenz nutzen und etwas lernen. In das örtliche Gymnasium wurde sie nicht aufgenommen, dort wollte man keine »Saujuden« haben. Deshalb arbeitete sie vormittags in der Werkstatt ihres Vaters und

Vater Glück mit Lili und Klári
Foto: Privatbesitz

erwarb den Meisterbrief in der Ledergalanterie. Am Nachmittag erhielt sie Privatunterricht und lernte, soviel sie konnte: Sprachen, Mathematik und Kunstgeschichte. Der Vater finanzierte alles.

Die schwarzhaarige Klári war wie ein kleines, aus dem Nest gestoßenes Vögelchen. Als sie in Birkenau ankam, brüllten ihr die »Kanadahäftlinge« ins Ohr: »Du bist sechzehn Jahre alt!« Wer immer sie fragen würde, sie solle sagen, sie sei sechzehn. Sie war zwar groß genug, aber dünn und blass, sie wirkte fast durchsichtig. Zwischen Lili und Klári bestand ein Altersunterschied von ungefähr vier Jahren, Klári war demnach nicht mehr als vierzehn Jahre alt. Schnell gewachsen, dünn, ein richtiges Kind noch, ein kleiner Backfisch, der die Nestwärme in der Familie, die Liebe der Eltern, schöne Kleider, Spielzeug, Freunde, die Schule, gute, gesunde Ernährung, ein Leben voller Freude gebraucht hätte. Stattdessen brannte auf sie die sengende Sonne auf der Auschwitzer Hochebene, und sie musste Hunger und Durst leiden. Es gelang uns nicht, ihr die ungenießbaren Speisen einzutrichtern. Besorgt beobachtete Lili, wie rapide sich der Zustand ihrer kleinen Schwester verschlechterte.

Die beiden hatten schon eine Selektion hinter sich, bei der Klári vor Lili ging und natürlich auf die Seite der Nicht-Arbeitsfähigen geschickt wurde. Lili hätte es fast nicht geschafft, sich zu verstecken. Denn wäre sie zur Arbeit eingeteilt worden, hätte sie Auschwitz-Birkenau verlassen müssen. Für Klári, die dann ja ohne sie zurückgeblieben wäre, hätte das den sicheren Tod bedeutet. Lili beschloss, dass sie versuchen mussten, bei der folgenden Nacktselektion unbedingt beide aus Auschwitz-Birkenau wegzukommen. Sie stellten sich bei der nächsten Selektion deshalb in umgekehrter Reihenfolge auf. Dieses Mal ging Lili vorne. Sie rechneten zwar damit, dass man Klári wieder als nicht arbeitsfähig einstufen würde, aber sie hatten verabredet, dass Klári trotzdem gemeinsam mit Lili zu den arbeitsfähigen Frauen hinüberlaufen sollte. Alles lief nach Plan. Lili wurde mit einem Wink zu den arbeitsfähigen Frauen gewiesen, und Klári lief mit ihr, obwohl man sie zur anderen Seite geschoben hatte. Entsetzliches Fluchen und Gebrüll begleiteten sie, und schon kam eine Aufseherin hinter ihnen her, um Klári zurückzuholen. Aber wie die beiden verabredet hatten, versteckte sich Klári zwischen den vielen nackten Frauen. So geschah es, dass die Aufseherin sie nicht entdeckte. Ein anderes Mädchen meldete sich freiwillig an ihrer Stelle. Sie war von ihrer Mutter weggerissen worden und wollte zurück zu ihr auf die andere Seite. Damit war ihr Schicksal besiegelt, doch Lili und Klári blieben zusammen. Lili wusste immer, was sie zu tun hatte, um Klári zu beschützen. So erreichte sie, manchmal auf energische, manchmal auf sanfte Weise, dass Klári überlebte. Ohne Lili wäre Klári nicht wieder nach Hause zurückgekehrt.

Anikó stammte aus Debrecen und hatte dieselbe Klosterschule besucht wie ich, einige Klassen unter mir. In der Welt der Mädchenschulen bewundert man die Schülerinnen der höheren – und beschäftigt sich überhaupt nicht mit denen in den niedrigeren Klassen, den Rotznasen! Soviel aber hatte sich schon damals über Anikó herumgesprochen, dass das schöne dunkelhaarige Mädchen im Zeichnen und Malen sehr begabt war. Übrigens waren ihre Eltern in Debrecen sehr bekannt, weil sie ein außerordentlich schönes Paar waren. Anikós Mutter war eine richtige Schönheit, und ihr Vater war auch sehr fesch. Er war der Vertreter von Fiat in Debrecen.

Wenn ich Anikó trösten wollte, sagte ich nur:

»Gerade habe ich daran gedacht, wie bildschön Deine Mutter ist!« Allerdings war ihre Mutter zu diesem Zeitpunkt allenfalls bildschöne Asche.

Anikó hatte einen kleinen Bruder, geboren als Folge des »sträflichen« Optimismus. Jede normale Frau verspürt in sich den sehnlichen Wunsch nach einem Baby. Wenn es spät kommt und noch dazu unerwartet, ist die Freude umso größer. Auch Anikós Mutter hatte diesem weiblichen Urinstinkt nicht widerstehen können: Sechzehn Monate vor der Deportation hatte sie ihren kleinen Sohn zur Welt gebracht, mit dem zusammen sie in die Gaskammer geschickt wurde.

Am 12. August 1944 führte Mengele wieder eine Nacktselektion an uns durch.

Damals war uns schon bewusst, dass wir, um zu überleben, so schnell wie möglich aus Auschwitz-Birkenau wegkommen mussten. Wir standen also am 12. August splitternackt auf der Lagerstraße. Unsere Schuhe, die wir aus unerfindlichem Grund behalten durften, mussten wir auf dem Kopf festhalten, standen folglich mit erhobenen Armen da. Das hatte auch den Zweck, dass man so den Scharlach, der damals in Auschwitz-Birkenau grassierte und dessen frühe Symptome sich in Form von Flecken besonders in den Achseln zeigen, sofort entdecken konnte.

Wir wussten, es ging um unser Leben.

Vor uns stellten sich einige Aufseherinnen auf sowie ein paar SS-Männer mit ihren Hunden und Mengele, den wir schon von der ersten Selektion bei unserer Ankunft kannten. Er hatte offenbar eine gute Kinderstube gehabt, verfügte über tadellose Manieren. Er brüllte nie, alles was er tat, war leise und effizient. Er winkte nur leicht mit der Hand, eine kleine Bewegung nur, nach rechts, nach links. Das war gleichbedeutend mit Leben oder Tod. Die Szenen, die sich am 12. August 1944 hier abspielten, haben sich unauslöschlich in unser Gedächtnis eingeprägt. Bei unserer ersten Selektion waren wir noch ahnungslos gewesen, bei dieser jedoch wussten wir bereits, worum es ging, und dass das, was passieren würde, unwiderruflich war. Es wurden Mütter und Kinder, Geschwister, Verwandte und Freundinnen für immer auseinandergerissen. Die Verzweiflung, die sich in den Gesichtern spiegelte, die leeren, oftmals tränenlosen Augen, die Schreie, der Schmerz und die Wut ob unserer Wehrlosigkeit, all das ist unbeschreiblich, aber auch unvergesslich.

Tausend Frauen wurden ausgewählt, tausend Frauen, die nach Allendorf verschleppt werden sollten. Erzsébet Brodt, heute Erzsébet Szemes, war die letzte, die ausgewählt wurde. »Tausend!«, rief Mengele und trennte nach ihr die Reihe ab. Die dahinter standen, blieben in Auschwitz-Birkenau. Auch Erzsébets liebste Freundin.

Man öffnete uns das große Tor, und wir marschierten nach Brzezinka. Dort wurden wir gebadet, und man warf uns ein graues Häftlingskleid und ein graues Kopftuch zu. Die Schuhe von zu Hause hatten wir immer noch. An diesem Tag erhielten wir keine Verpflegung, wir waren hungrig und durstig, nahmen es jedoch kaum wahr, weil wir sehr aufgeregt waren. Wir wussten nicht, was man mit uns vorhatte. Und die Ungewissheit war schwer zu ertragen. Manchmal ist eine schlimme Gewissheit leichter zu ertragen als Ungewissheit. Wir wussten nur, dass man uns irgendwohin verschleppen würde, vielleicht in irgendein Arbeitslager. Das ständige Nichtstun in Auschwitz-Birkenau hatten wir auch als sehr demütigend und demoralisierend erlebt. Das »neue Kleid« verkörperte für uns ein wenig Hoffnung. Wenn man vernichtet werden soll, braucht man kein neues Kleid. Dazu braucht man überhaupt keine Kleidung.

Wir wurden nicht mehr in unser gewohntes Lager zurückgeführt.

An diesem Punkt setzt meine Erinnerung aus. Erzsi Szemes, Lili Gábor und Magda Perlstein schwören, dass wir die Nacht vom 12. auf den 13. August in einer Gaskammer, die gerade nicht in Betrieb war, verbracht haben. Können wir, die tausend Frauen vom Lager Münchmühle bei Allendorf, sagen, dass wir in einer Gaskammer von Auschwitz-Birkenau übernachtet hatten und trotzdem am Leben geblieben waren? Vielleicht handelte es sich aber auch um die sogenannte Zentrale Sauna, das Gebäude, in dem die Häftlinge nach der Ankunft im Lager die Prozedur der Aufnahme über sich ergehen lassen mussten.

Dann brach der 13. August 1944 an, der Tag, von dem ich heute weiß, dass er mein zweiter Geburtstag war.

Am Nachmittag schob man einen Zug auf die Gleise, und wir wurden, wie schon bei der Hinreise, in Viehwaggons verladen.

Dieses Ereignis ist fotografiert worden.

In Auschwitz-Birkenau durfte niemand fotografieren. Eine Ausnahme bildeten zwei professionelle SS-Fotografen des Erkennungsdienstes, Bernhard Walter und Ernst Hoffmann, deren Aufnahmen Lili Jacob gefunden hat und die in der Welt als »Auschwitz Album« bekannt geworden sind. Als mir das Bild in die Hände geriet, wollte ich meinen Augen nicht trauen: Zuerst entdeckte ich Anikó mit ihren gestreiften Socken und dann mich selbst, mit meinen Sandalen, die der Schuster, Onkel Hadnagy, in Debrecen angefertigt hatte. Die Sandalen waren schon mit Fetzen an meinen Füßen festgebunden, weil sie für die spitzen Steine der Lagerstraße nicht geeignet waren. In Auschwitz-Birkenau hatte man uns alles weggenommen, nur die Schuhe nicht. Die wurden erst in Allendorf gegen Holzpantinen eingetauscht.

Um die Geschichte abzurunden, will ich noch erwähnen, dass ich von der Existenz des »Auschwitz Albums« erst nach der Wende im Jahre 1989 erfahren habe. Es gab keine ungarische Ausgabe, und offiziell gibt es auch heute noch keine. Im Rahmen meines Engagements für die Aufklärung über den Holocaust und seine Dokumentation lernte ich Götz Hütt aus Duderstadt kennen. Er ist der Initiator eines wunderbaren Projekts, in dem er zusammen mit einer Schar von Freiwilligen die jüngste Vergangenheit von Duderstadt und Umgebung erforscht und dokumentiert hat. Auch bei Duderstadt hat ein Außenkommando des KZ Buchenwald bestanden. Das Exemplar des »Auschwitz Albums«, das ich besitze, ist ein Geschenk von ihm.

So reiste ich sechs Wochen nach meiner Ankunft in Auschwitz-Birkenau wieder im Viehwaggon, wieder mit achtzig Personen, jedoch diesmal ohne jedes Gepäck. Nachdem wir am Vortag keinerlei Verpflegung erhalten hatten, gab es jetzt ein Stück Quargel, das war ein stark riechender Käse, der dem Harzer Käse ähnlich ist, und ein Viertel (250 g) Brot. Für drei Tage, wie sich später herausstellen sollte. Selbstverständlich aßen wir sofort alles auf. Wasser erhielten wir nicht. Seitdem weiß ich, wie es ist, Quargel zu essen und kein Wasser zu trinken.

Wir fuhren und fuhren, und so, wie man im Volksmärchen am dritten Tag am Ziel seiner Wünsche anlangt, traute ich meinen Augen nicht, als wir nach drei Tagen an einem Bahnhof hielten mit der Aufschrift:

»Weimar-Buchenwald«.

Aufgrund meiner lückenhaften Bildung hatte ich keine Vorstellung von Buchenwald. Umso mehr aber von Weimar.

Tante Mici in Debrecen – gesegnet sei ihre Asche – hatte mich in das Wunderland der deutschen Literatur eingeführt. Woher Mici kam und was ihre Ausbildung war, weiß ich nicht. Man sagte, sie sei eigentlich hässlich, ich aber machte mir überhaupt keine Gedanken über ihre Schönheit. Wenn sie ihren Mund öffnete und zu erzählen begann, war alles andere uninteressant. Sie kannte die aufregendsten Geschichten über Dichter, Schriftsteller, Komponisten, Maler, Bildhauer und deren Werke. Sie trug so anregend und lebhaft vor, dass sie mich neugierig machte und mich inspirierte, Bücher zu lesen, die Lektüre mit ihr zu besprechen und mir eine eigene Meinung darüber zu bilden. Ich war zehn Jahre alt, als ich bei ihr zu lernen begann, und ich ging bis zur letzten Minute zu ihr. Ihr verdanke ich meine Kenntnisse der klassischen deutschen Literatur – sogar Klopstock und Lessing habe ich gelesen – und die Freude, die mir das Lesen bereitet. Auch zu Hause sah ich, dass meine Eltern viel lasen. Als ich fünfzehn Jahre alt wurde, erlaubten mir meine Eltern, alles zu lesen, was ich wollte. Mit sechzehn gab mir mein Vater Zola zur Lektüre, damit ich erfahre, wie das Leben ist. Das Elend von Germinal und Nana! Damals wusste ich noch nicht, wie vielen Arten von Elend ich noch begegnen sollte.

Ich saß also im Viehwaggon auf der Verladestation von Weimar, und mir kam nicht nur Tante Mici in den Sinn, sondern ich musste auch an meine Mutter denken.

»Sei nicht ungeduldig mein Kind, wenn diese Zeiten vorüber sind, und sie können nicht mehr lange dauern«, so meine Mutter, »dann fahren wir nach Weimar und Du wirst alles über Deine Lotte und Goethe, Schiller und Liszt mit eigenen Augen sehen!«

Das Leben hat mir seine Fratze gezeigt. Wenige Dinge hatte ich mir damals heißer ersehnt, als Weimar zu besuchen. Und bitte, da hatte ich's. Man darf keine Wünsche haben. Gott möge verhüten, dass sie in Erfüllung gehen! Ich war in Weimar.

Im Sommer des Jahres 2007, siebzig Jahre nach der Inbetriebnahme des Lagers Buchenwald, sollte ich wieder auf diesem Bahnhof stehen, gemeinsam mit vielen ehemaligen Häftlingen, mit Einwohnern von Weimar und den Wissenschaftlern, die in der Gedenkstätte Buchenwald arbeiten, um einen Kranz der Erinnerung für alle Häftlinge, die über diesen Bahnhof nach Buchenwald verschleppt worden waren, niederzulegen.

Damals setzte sich der Zug nach kurzem Aufenthalt wieder in Bewegung, und die nächste Station war Allendorf.

Erschöpft, todmüde, wie üblich durstig und hungrig, stiegen wir aus dem Waggon. Uns erwartete ein Empfangskomitee, bestehend aus Abgeordneten der Rüstungsfabrik, in der wir zukünftig arbeiten sollten, sowie Hauptscharführer Adolf Wuttke, unserem künftigen Lagerführer, umgeben vom Damenkränzchen der SS-Aufseherinnen, die zu unserer Bewachung abgestellt waren. Bei unserem Anblick bekam Eberlein, der Oberingenieur des Werkes, einen

Wutausbruch. Er hatte in Auschwitz-Birkenau kräftige Männer in guter körperlicher Kondition bestellt, damit er die deutsche Kriegsindustrie in Schwung bringen konnte. Er hatte Pech gehabt, stattdessen waren wir eingetroffen.

Jetzt brauchten wir schon kein Fahrzeug mehr, die letzte Strecke legten wir zu Fuß zurück, bis wir in der Mitte eines Waldes zwar nicht das Pfefferkuchenhaus der Hexe von Hänsel und Gretel erblickten, aber etwas Ähnliches: ein mit Stacheldraht umgebenes, alleinstehendes (!!!) Lagerchen. Es war nicht so wie unser Lager in Auschwitz-Birkenau von unzählbaren anderen Lagern umgeben. Wir hatten nicht einmal zu hoffen gewagt, einen so alleinstehenden Solitär unser eigen zu nennen. Aber so war es. Das war unser Lager, das KZ-Außenlager Münchmühle bei Allendorf, in dem wir am 16. August 1944 eintrafen.

Eine geringe Anzahl von Baracken stand dort, gerade so viele, wie eben für tausend Personen ausreichten, außerdem noch ein Revier und die Krönung des Luxus: ein Waschraum, in dem man sich jederzeit, wenn man es wollte, waschen konnte, wo das Wasser trinkbar war, wo jede Menge Wasser vorhanden war. Es gab Latrinen, keine vollen Kübel, die wir schleppen mussten wie in Auschwitz-Birkenau. Es war Wasser da!!! Jede Menge Wasser! Das war das Paradies, ein Märchenschloss. In den sechs Wochen, seit wir Ungarn verlassen hatten, waren wir sehr bescheiden geworden.

Sogar die Inneneinrichtung der Baracken war luxuriös. Sie waren – ganz unglaublich – mit Etagenpritschen ausgestattet, wo jede Person – Entschuldigung, jeder Häftling – eine eigene Lagerstätte fand, mit einem Strohsack und einer dünnen, fadenscheinigen, groben, kratzigen, stinkenden, braunen Decke. Mir kamen nur beiläufig die Pferdedecken aus Kamelhaar bei meinem Großvater Alfréd Weisz in den Sinn, die waren mit seinem W.A.-Monogramm verziert und hatten in Messing gefasste abgerundete Ecken. Und sie verströmten den besten Duft der Welt: den von Pferden. Wie gerne wäre ich jetzt bei Großpapa ein Pferd gewesen.

Nachdem sich unsere künftigen Leiter über den unbefriedigenden Zustand der neuen Arbeitskräfte – also über uns – genügend aufgeregt hatten, entschieden sie, dass uns eine kleine Erholungskur nicht schaden könne. Die aber durfte nicht übertrieben werden.

Das neue Leben stand schon ganz im Zeichen der Kindermärchen.

Schnell fand ich heraus, dass ich in Kurhessen war, wo die Gebrüder Grimm einst so viele schöne deutsche Volksmärchen sammelten. Ein Glück, dass man sie mir so oft erzählt hatte und ich sie so gut kannte. So versetzte ich mich sofort in die Lage von Hänsel und Gretel. Die Hexe mästet Hänsel, um ihn bald aufzuessen. Jeden Tag prüft sie seinen kleinen Finger, ob er schon dick genug ist. (Weshalb wohl gerade den kleinen Finger, wo man es am wenigsten sieht? Aber das ist Sache der Hexe.)

Auch wir wurden von der Dynamit-AG-Hexe »gemästet« und mussten ihr jeden Tag unsere Fingerchen zeigen, damit sie feststellen konnte, ob wir schon dick und rund genug waren. Viel Zeit ließ man uns nicht. Etwa nach einer Woche wurden wir für arbeitsfähig befunden. Wir hingegen hatten einige Einwände, besonders, als wir mit den Anforderungen vertraut gemacht wurden. Wie schon erwähnt, hatte das Werk starke Männer mit guter Kondition erwartet. Für sie war die Arbeit bemessen, aber jetzt wurde sie uns übertragen!!!

Die glücklichen Tage der Mastkur mit echten Kartoffeln und einem Drittel Brot pro Person waren schnell vergangen. Es kam der Zeitpunkt, an dem wir unsere Arbeit im Dienste der Kriegsindustrie des »Dritten Reiches« anzutreten hatten. Je nachdem, wie viele Rohstoffe angeliefert wurden, schufteten wir täglich in zwei oder drei Schichten, also acht oder zwölf Stunden. Das war die Zeit, die wir im Werk verbrachten. Anfangs dauerten der Hin- und Rückmarsch zwischen Lager und Fabrik je eine Stunde. Je schwächer wir wurden, desto länger brauchten wir. Zusätzlich standen wir jeden Tag zweimal Appell, das waren noch einmal eine Stunde, anderthalb Stunden.

Im Werk wurden Kanonengeschosse, Granaten und Bomben hergestellt, mit einem Gewicht zwischen fünf Kilo und einem Zentner. Die Grundstoffe waren: Trinitrotoluol, Trinitrobenzol und Salpeter. Als das Werk gegen Ende der Dreißiger-, Anfang der Vierzigerjahre erbaut und in Betrieb genommen wurde, waren dort deutsche Arbeiter beschäftigt gewesen. Sogar fotografiert hatte man sie, in ihren starken Schutzstiefeln, Schutzhandschuhen, in dicker Lederkleidung, mit Schutzmaske, Schutzhelm und einer alles bedeckenden Lederschürze. Wie gesagt, sie waren pedantisch genau von allen Seiten fotografiert worden. Niemand empfand hingegen Lust, uns zu fotografieren. Das ist verständlich. Wir waren bei weitem nicht so attraktiv. Und wir trugen überhaupt keine Schutzkleidung.

Wir gingen also mit schweren, giftigen Rohstoffen um, nahmen alles ohne Schutzhandschuhe in die Hand, für uns waren keine Schutzmasken und Schürzen erforderlich, wir atmeten alle Gifte ein und wateten bis zu den Knien im Salpeter. Die Einheimischen nannten uns »Zitronen«, weil unsere Haut so gelb verfärbt war. Unser Haar, das gerade begonnen hatte, wieder nachzuwachsen, changierte in kräftigeren oder schwächeren Violetttönen, je nachdem, ob man von Natur aus blond oder dunkelhaarig war. Auf unseren Lippen und unserer Haut spürten wir ununterbrochen den bitteren Geschmack des Giftes, das wir nicht aus- oder abwaschen konnten, unsere gesamte Umgebung war ja verseucht.

Im Werk wurde nicht zwischen schwerer oder leichter Arbeit unterschieden. Alle Arbeitsphasen waren zweckmäßig und effizient organisiert und durch die eingesetzten Sklaven auch höchst ökonomisch. Nichts auf Erden wird neu erfunden, das Rezept ist mehrere tausend Jahre alt. Außerdem – ich kann es nicht genug betonen – hätte die Arbeit starke Männer mit guter Kondition erfordert, aber wir Frauen mussten sie leisten. Von der ersten Minute an überstieg das unsere Kräfte, und infolge der fortschreitenden Verschlechterung unseres Zustandes wurde die Arbeit für uns immer schwerer und zermürbender.

Nach allem, was ich bis jetzt seit der Deportation erlebt hatte, war ich nicht überrascht, dass ich für eine Arbeit eingeteilt wurde, bei der mein schwächster Punkt, meine Wirbelsäule, die man bis dahin in meinem Leben sorgfältig gepflegt und mit ununterbrochener Gymnastik zu stärken versucht hatte, in extremem Maße in Anspruch genommen und übrigens auch für den Rest meines Lebens ruiniert wurde. Ich wurde deshalb für diese Arbeit eingeteilt, weil ich nicht nur kräftig gebaut, sondern auch tatsächlich stark war, wenngleich nicht stark genug für den gewünschten Zweck.

Lili und ich mussten als Paar zusammenarbeiten. Sie war wie ich groß und kräftig. Die Technik der Granatenherstellung war nicht kompliziert. Die pulverförmigen Bestandteile wurden im Werk auf die oberste Ebene gebracht, eine Gruppe meiner Mithäftlinge war damit beauftragt, die mindestens fünfzig Kilogramm schweren Säcke die Treppe hinauf, in die Etage über uns zu schleppen. Die

Säcke enthielten Trinitrotoluol (TNT) und Salpeter. Diese Stoffe wurden in einem vorgeschriebenen Mischungsverhältnis in einen Kessel geschüttet und auf 80° C erhitzt. Die so erhaltene flüssige Substanz wurde dann eine Etage tiefer in einen kleineren Kessel gefüllt. Dieser hatte unten einen Hahn zum Auf- und Zudrehen. Unter den Hahn schob man einen Wagen mit leeren Granathülsen, die oben eine Öffnung hatten. Mit Hilfe eines Trichters füllte man die Flüssigkeit in diese Hülsen. Damit war die erste Phase der Granatenherstellung beendet.

Meine Mithäftlinge, die die mindestens fünfzig Kilogramm schweren Säcke die Treppen hinaufzuschleppen hatten, kamen den ganzen Tag mit bloßen Händen mit Trinitrotoluol und Salpeter in Kontakt, denn natürlich reißen beim Transport selbst in dickste Papiersäcke Löcher. Die Person, die den Hahn auf- und zudrehte und den flüssigen Sprengstoff in die Granathülsen goss, atmete mit jedem Atemzug die giftigen Dämpfe ein.

Die folgende Herstellungsphase war das sogenannte »Stochern«. Während der flüssige Sprengstoff hart wurde, durften sich keine Blasen bilden und keine fremden Stoffe dazukommen, weil dann angeblich die Gefahr bestand, dass die Granate nicht explodieren würde. Um die Blasenbildung zu verhindern, musste man mit einem Stab im Sprengstoff herumstochern. Und damit *doch* fremde Stoffe hinzukamen, pinkelten die, die dort arbeiteten, wann immer es möglich war, in die Granathülse hinein. Vielleicht würde die Granate so tatsächlich nicht explodieren! Auch die Mithäftlinge, die stochern mussten, atmeten mit jeder Bewegung die giftigen Dämpfe ein.

Danach wurden die bereits gekühlten, halbfertigen Granaten auf »Wanderschaft« geschickt, das heißt in einen anderen Teil des Werkes transportiert. Dort bohrte man oben ein Loch in sie hinein, das den schönen Namen Mundlochbuchse trug. In diese Buchse wurden eine Kerze und Papier gelegt. Das brennende Papier sollte den Sprengstoff nach Abschuss der Granate zur Explosion bringen. Danach kam noch eine Kappe auf die Mundlochbuchse, und die Granate war fertig. Diejenigen meiner Mithäftlinge, die in diesem Werksteil arbeiteten, verbrachten den ganzen Tag im giftigen Staub, da die Luft nicht gefiltert wurde.

Lili und ich sowie die sowjetischen Kriegsgefangenen hatten dafür zu sorgen, dass die Granaten an die Front kamen. Anikó bildete mit einem anderen Mädchen das zweite Paar in unserer Abteilung. Wir waren »Ablegerinnen«. Ich nannte Lili meine »Tanzpartnerin«.

Was hieß »ablegen« in diesem Kontext? Wie zwei Athletinnen standen Lili und ich einander am Fließband gegenüber. Die Granaten kamen eine nach der anderen angerollt, und wenn die erste eintraf, schnappten wir sie uns. Lili ergriff das eine, ich das andere Ende. Dann liefen wir mit der Granate zu einem Wagen, auf den die Granaten ungefähr in Hüfthöhe abgelegt werden konnten, oder zu einer auf dem Boden stehenden Kiste, die nur zwei Granaten fasste. Danach mussten wir uns sehr beeilen, zurück zum Fließband zu kommen, weil die nächste Granate schon nahte und nicht herunterfallen durfte.

Wer hat nicht schon einmal erlebt, dass etwas, was ihm in seiner Kindheit mächtig und riesengroß erschien, sich zehn Jahre später als klein und unbedeutend entpuppte? Von meiner gemeinsamen Arbeit mit Lili sind mir entsetzlich bedrückende Erinnerungen geblieben, besonders, weil die Arbeit mit der fortschreitenden Verschlechterung unseres körperlichen Zustandes immer anstrengender für uns wurde. Ich hatte die Granaten als sehr schwer in Erinnerung, ich glaubte, sie mochten etwa zehn oder vielleicht zwanzig Kilo gewogen haben. Keinesfalls mehr, nachdem selbst wir »Großknochigen« – wie man auf Ungarisch sagt – im März 1945 nicht mehr als etwa vierzig Kilogramm wogen. In diesem Zustand die Hälfte des eigenen Körpergewichtes zu heben, war schon eine übermenschliche Leistung. Ich wusste auch nicht, wieviele Granaten wir eigentlich pro Schicht ablegten.

Ich erinnerte mich nur daran, dass ich alle meine physischen und mehr noch meine seelischen Kräfte zusammenreißen musste, um mich an das Fließband zu stellen, die Granate zu heben und mit ihr zum Wagen oder zur Kiste zu gehen, wieder zurück zu eilen und aufs Neue eine Granate anzuheben, wo ich doch bei der vorherigen schon das Gefühl hatte, dass meine Kräfte versagten. Und so ging es weiter.

Eine bessere Partnerin als Lili hätte ich nicht finden können. Lili war nie müde, nie schlechter Laune, sie war sehr korrekt. Wir tauschten nämlich am Fließband immer wieder die Seite, da der Kopf einer Granate um ein weniges leichter war als der Fuß. Lili erfand immer etwas, damit das Leben erträglich blieb.

Lili
Foto: Privatbesitz

Wären wir nicht im Jahr 1990 zur Begegnungswoche nach Stadtallendorf eingeladen worden, hätte ich vielleicht die richtigen Daten nie erfahren.

Im Jahresbericht der DAG Allendorf von 1944 ist Folgendes über uns zu lesen:

»Die Erfahrungen, die mit den seit dem August eingesetzten 1000 ungarischen Jüdinnen gemacht wurden, sind befriedigend. Auch das Verfüllen der fast 50 kg schweren 15 cm Granaten konnte mit bestem Erfolg durch Einsatz weiblicher jüdischer Häftlinge bewältigt werden.«

Ich musste das zweimal lesen. Aus der Statistik entnahm ich weiterhin, dass wir pro Tag achthundert Granaten eingepackt haben.

Mit der Granate in der Mitte »tanzten« wir, Lili und ich, bei Hochbetrieb achthundertmal vom Fließband zu einem Wagen oder zu einer Kiste, das heißt: wir hoben täglich in acht bis zwölf Stunden achthundertmal fünfzig Kilogramm auf, schleppten sie irgendwo hin und legten sie noch ab. Die anstrengende Bewegung, die man am Ende des Ablegens vollbrachte, spüre ich immer noch im Rückgrat. Wir mussten die Granate ablegen, ohne dass sie uns auf die Füße fiel oder aus der Hand rollte. Wer kann mir erklären, woher wir am Ende die Kraft nahmen, wo wir selbst nur um die vierzig Kilogramm wogen? Ich kann mich also damit rühmen, dem Grundsatz unserer Familie »Eine Fahidi erledigt alles nach bestem Wissen und Gewissen!« auch zum Nutzen der Kriegswirtschaft des »Dritten Reiches« treugeblieben zu sein.

Und es gab noch einen Satz in dem Jahresbericht, der aus einem Abstand von über sechzig Jahren sehr komisch klingt:

»Die Gewährung von Leistungsprämien wirkte sich sehr gut aus.«

Was für Leistungsprämien sollen das gewesen sein? Wir haben keine Prämien erhalten, nur immer geringere Lebensmittelrationen, weil wegen der deutschen Kriegswirtschaft praktisch nichts mehr vorhanden war, und dazu die giftige Luft eingeatmet. Gottlob waren wenigstens noch entrahmte Milch und heißes Wasser im Werk erhältlich. Falls es wirklich Prämien gab, wer hat sie an unserer Stelle erhalten?

Bis zum März 1945 hatten wir alle ein Drittel unseres normalen Körpergewichtes eingebüßt. An Durst und Hunger kann man sich nicht gewöhnen, es sei denn wie der Esel des armen Mannes, der krepierte nämlich, als er endlich das Hungern gelernt hatte. In Auschwitz-Birkenau war der Durst das Schlimmste. In Allendorf brauchte man nicht zu dürsten, es waren aber dafür andere Leiden da.

Der Hunger hat seine Phasen, die erste ist schrecklich, die weiteren sind noch schrecklicher.

Auch zu Beginn, wenn man zwar noch seine menschliche Form hat, aber kaum etwas zu essen bekommt, dazu noch gezwungen ist, eine die Leistungsfähigkeit weit übersteigende Sklavenarbeit zu vollbringen, ist man nicht nur physisch, sondern auch psychisch extrem belastet. Man vermag kaum, sich aufrecht zu halten, leidet am ganzen Körper, trägt mit Mühe sein geringes Körpergewicht. Ständig kreisen die Gedanken ums Essen. Wir in der Münchmühle haben zuerst dauernd »gekocht«. Es gab kein Kochrezept, an das wir nicht gedacht hätten.

In der nächsten Phase bedeutet, über Speisen zu reden, eine physische Qual. Wir beschlossen, uns zu schonen und statt zu »kochen« ein »kulturelles Leben« zu führen. Wir »gingen« ins Theater, ins Kino, in Konzerte, in die Bibliothek. Übrigens war dies die wirksamste unserer Selbsterhaltungsstrategien. Die Verwirklichung erfolgte wahllos mit derselben Besetzung: Schauspieler, Statisten, Theaterdirektoren und Filmvorführer, alle waren – mangels Auswahl – immer dieselben, also wir, aber wir wurden dessen nie müde. Eine von uns nannte den Titel eines Theaterstücks oder eines Kinofilms. Dann erzählten wir einander den Inhalt. Genauso machten wir es mit einem Buch, einem Gedicht. Beim Konzert saßen wir auf unseren Plätzen – malten uns sogar aus, wie schön wir gekleidet und herausgeputzt waren – und fingen an zu singen, was wir hören wollten. Die Haupt- und Nebenthemen von Beethoven-, Mozart-, Schubert-Symphonien, Sonaten und Konzerten, Opernarien usw., und, ohne es zu wollen, waren wir plötzlich doch wieder beim Essen angelangt. Die armen Leute in Ungarn essen ein Gericht namens Kartoffelpaprikasch. Das wird leicht und schnell zubereitet. »Einmal noch im Leben will ich mich an Kartoffelpaprikasch satt essen«, sagten wir. In der Not wird man sehr schnell bescheiden.

Die dritte Phase ist die leichteste. Die Welt weicht zurück, fängt an, allmählich zu verschwinden. Sie entfernt sich immer weiter. Alles wird leiser, unwirklicher, etwas schwankend und *gleichgültig*. Als ich das mit größtem Erschrecken bei mir beobachtete, befürchtete ich, dass ich vergessen würde, wer ich bin. Ich beschloss: »Ich gebe mich nicht auf, ich reiße mich zusammen, ich hänge am Leben, dieses Elend kann nicht mehr lange dauern.« Jeden Morgen, wenn mich das »Los!-Los!«-Gebrüll der Aufseherinnen weckte, überprüfte ich, ob ich meinen Namen noch wusste, mich noch an meine Adresse in Debrecen erinnerte. Ich rief mir schnell einen Vers, eine Melodie ins Gedächtnis und taumelte zum Appellplatz hinaus.

Bei jedem Wetter standen wir früh morgens auf dem Appellplatz. Unsere Decke, die wir als Wärmequelle gebraucht hätten, durften wir nicht mitnehmen. Und es drängten sich mir unvermeidlich die Fragen auf: »Wie bin ich hierher geraten? Was habe ich falsch gemacht? Wer ist verantwortlich? Womit habe ich das verdient? Und weshalb gerade ich?« Bei Sonne, Regen, Schnee, Frost oder normaler Winterkälte, die unter diesen Umständen fast unerträglich war, stand ich auf dem Appellplatz zwischen tausend Frauen, denen genauso kalt war, die genauso schwere Arbeit leisten mussten, genauso hungerten und zitterten, alles genauso spürten und genauso litten, und ich fand natürlich keine Antwort auf diese Fragen. Jede fühlte sich so einsam und verlassen, als wäre sie allein im tiefsten Brunnen der Welt oder im letzten Kreis der Hölle.

Wenn ich sagen sollte, worunter wir am meisten gelitten haben, fällt mir die Antwort schwer. Für jede war etwas anderes am schrecklichsten. Für mich war es vor allem die Kälte. Schon als Kind mochte ich Kälte nicht. Skilaufen habe ich nie gelernt, nicht einmal gesehnt habe ich mich danach. Schlittschuhlaufen habe ich zwar gelernt, aber sehr begeistert war ich nicht. Man konnte mich noch so warm ankleiden, auf einmal wurden meine Füße und Hände wachsbleich, kalt wie Eiszapfen und wollten abbrechen. Es half nur, wenn man mich schnell in eine Wanne mit heißem Wasser steckte.

In Allendorf trafen wir im August ein, in unserem einzigen Kleid aus grauem Leinen und mit einem Kopftuch auf dem kahlen Schädel. Anstelle unserer Schuhe erhielten wir ein Paar Holzpantinen. Damit war unsere Kleidung komplett. Die aufmerksame Lagerführung sorgte dafür, dass wir unsere teure Zeit nicht damit zu verplempern brauchten, unsere Garderobe in Ordnung zu halten. Im Werk arbeiteten wir im Overall.

Aber die Zeit verging, und es kamen Herbst und Winter. Gegen Oktober erwachte unsere besorgte Lagerführung und forderte für uns aus Auschwitz-Birkenau wärmere Kleidung an, die auch eintraf. Ein einziges Teil sollte für uns warme Unterwäsche, warme Strümpfe, warme Winterstiefel, warme Handschuhe, Mütze und Schal ersetzen. Das heißt, wir erhielten einen Mantel. Nach neuester Häftlingsmode war auf dem Rücken ein Stoffstreifen aus einem anderen Mantel eingesetzt. Das Pech war nur, dass diese Mäntel eigentlich gar keine Wintermäntel waren, sondern nur sehr dünne Übergangsmäntel.

Mein Mantel hatte dem Aussehen nach vielleicht einem lieben Backfisch gehört, etwa einen Meter fünfzig groß. Ich stellte mir lebhaft vor, wie gut dem jungen Mädchen der grün gemusterte Stoff gestanden haben mochte. Grün ist dabei auch meine Farbe. Gemäß der Häftlingsmode hatte mein Mantel auf dem Rücken einen schicken roten Streifen. Nur dumm, dass ich zwanzig Zentimeter zu groß war. Die Differenz überbrückte ich mit heraushängenden Armen und Beinen.

Der Winter 1944/45 war wie jeder Winter: kalt. Wie gesagt friere ich sehr leicht, und jetzt, 1944/45, war es Winter in meiner Münchmühle. Man brauchte in der Früh eine übermenschliche Willenskraft, um zum Appellplatz hinauszugehen.

Zu den Wundern, die ich erlebt habe, gehört, dass ich in der Münchmühle in einem ungefütterten Übergangsmantel, der jemandem gehört hatte, der um zwanzig Zentimeter kleiner war als ich, ohne Schuhe, ohne Strümpfe – wo waren die Kniestrümpfe der Kinderjahre und die warmen Patentstrümpfe der Klosterschule? – den Winter ohne eine Erkältung, ohne Husten, ohne Niesen überstand. Irgendwo war evident, dass ich keine Möglichkeit hatte, Taschentücher zu beschaffen. Als Kind war ich jeden Winter erkältet und brauchte deshalb von Anfang September bis Ende Februar nicht zur Schule zu gehen. Stattdessen erhielt ich zu Hause Privatunterricht.

Am schlimmsten waren die Nächte in den Baracken. In den Stuben der Baracken in der Münchmühle befand sich zwar ein Ofen, der war aber mehr zur Dekoration da. Geheizt wurde nicht. Mit dem Ofen wurde uns nur der Mund wässrig gemacht. Anstelle von Kohle und Holz durften wir unseren Atem und die Ausdünstung unserer Körper nutzen, was nicht viel hergab. Wenn man eine Holzbaracke, die nicht isoliert ist, im Winter nicht heizt, besteht zwischen Außen- und Innentemperatur kein großer Unterschied. Wenn Hände und Füße den bereits erwähnten Eiszapfenzustand erreichen und keine Badewanne voll mit heißem Wasser vorhanden ist, man aber trotzdem schlafen will, weil man vor Müdigkeit fast krepiert, wenn man schon den betonfest gefrorenen Weg vom Werk ins Lager mühsam zurückgelegt hat, wenn das Essen, das man bekommt, nicht einmal die verbrauchten Kalorien ersetzt, fängt man zu zittern an. Man zittert nicht nur vor Kälte, man zittert von innen nach außen, man zittert unkontrollierbar, und die ganze Etagenpritsche zittert mit.

Ich teilte meine Etagenpritsche mit Anikó, ich schlief oben, sie unten. Und wenn mich das unkontrollierbare Zittern überfiel, kletterte ich zu Anikó hinunter. Sie streichelte meinen Rücken, versuchte mich zu wärmen und zu beruhigen. Obwohl wir die zwei zerschlissenen, dünnen, stinkenden Decken hatten und ich zusätzlich noch Anikós Körper- und Seelenwärme, dauerte es lange, bis es ihr gelang, mich einigermaßen zu beruhigen, und ich aufhörte zu zittern. Ich sage von Anikó: »Sie ist meine zweite Hälfte.« Bei der Evakuierung verlor ich sie, und es verstrichen viele Jahre, ohne dass ich etwas über sie erfuhr. Ich wusste nicht, dass sie in Amerika geheiratet hatte, und obschon ich 1990, als wir die Begegnungswoche in Stadtallendorf organisierten, ihren neuen Namen auf der Liste der ehemaligen Allendorf-Häftlinge gelesen habe, wusste ich nicht, dass es der ihre war. Vor der Eröffnung, als wir ehemaligen Häftlinge aus aller Welt eintrafen, stand Anikó auf einmal vor mir. Unsere Freude war unbeschreiblich.

Ich will noch erwähnen, dass eine unserer Zimmergenossinnen, eines der fünf Gärtner-Mädchen, im »Außenkommando«, also nicht drinnen im Werk, sondern draußen im Hof arbeitete. Sie hat weniger Gift geschluckt als wir, aber sie war bei jedem Wind und Wetter draußen, schleppte Steine, planierte den Weg, hackte den gefrorenen Boden, bei Regen, Schnee und Sonnenhitze. Doch sie hatte die Möglichkeit, Papierfetzen, kleine Äste zum Heizen, manchmal auch ein Stück Kohle zu finden und – heimlich und vorsichtig – mit anderen Menschen zu sprechen, Nachrichten zu erfahren, sogar gelegentlich Streichhölzer von ihnen zu bekommen. Ihr war es zu verdanken, dass wir dann und wann heizten, wenngleich das eine große Ausnahme bildete.

Da Anikó und ich uns nur selten treffen, nutzen wir die kurze Zeit, die wir zusammen verbringen, um uns gemeinsam zu erinnern. Wir haben eine Geschichte, die wir uns immer erzählen: Ich weiß ganz sicher, dass ich eines schrecklichen, dunklen, entsetzlich kalten Wintermorgens so schwach und derart mit den Nerven am Ende war, dass ich weder aufstehen noch zum Appell hinausgehen wollte. Anikó stand an meiner Pritsche. »Morgen«, beschwor sie mich, »morgen ist der Krieg zu Ende, übermorgen fahren wir nach Hause.

Dort ist alles unverändert. Wenn wir ankommen, sind Gilike, Deine kleine Schwester, und Deine Eltern schon da. Du musst aufstehen!!! Wenn nicht um Deinetwillen, um Ihretwillen musst Du zum Appell, *ihnen* kannst Du es nicht antun, nicht Appell zu stehen.« Und ich fand mich am Appellplatz ein. Anikó hingegen schwört fest, dass ich ihr das Leben gerettet hätte, weil sie es gewesen sei, die eines schrecklichen, kalten Wintermorgens so schwach und am Ende ihrer Nerven war, dass sie nicht imstande war, Appell zu stehen, was einem Selbstmord gleichgekommen wäre. Und angeblich erzählte ich ihr die schönsten Geschichten, bis wir doch auf dem Appellplatz standen und schließlich auch diesen Tag überlebten. In einem meiner Lieblingsbücher »Die Insel der Pinguine« schreibt Anatole France über die Zeit, die vergehen muss, bis die geschichtliche Wahrheit ans Tageslicht kommt. Er sagt, es dauere ungefähr zweihundert Jahre. Mag schon sein, dass er bezüglich weltgeschichtlicher Ereignisse Recht hat. Aber wie verhält es sich mit unserer Geschichte? Vermutlich sind beide Versionen wahr.

Wenn Anikó und ich uns treffen, sagen wir einen eigenartigen Kaddisch*. Wir stellen uns die ehemaligen Straßen von Debrecen vor, gehen in Gedanken in jedes Haus und erinnern uns derer, die dort wohnten. Wir denken an alle Personen, die wir gekannt haben und die nie zurückgekommen sind, und sprechen ihre Namen. Namen von Säuglingen – von Ferike Fuchs, meinem Neffen, der sechs Monate alt war und, getragen in seinem Körbchen, mit meiner Cousine, meiner Mutter und meiner Schwester vor Mengele kam und folglich in das Gas ging – bis zu Onkel Löbl mit seinem grauen Haupt, der uns Kindern so alt erschien und der in Debrecen für Generationen die Brillen angefertigt hat.

Zu unseren Überlebensstrategien gehörte, dass wir einander ermutigten und Hoffnung machten, dass aus uns noch etwas werden würde. Wir sprachen viel darüber, was wir studieren wollten, wenn wir nach Hause kämen, und wir glaubten fest daran, es zu verwirklichen. Es war phantastisch, dass wir uns unter diesen Umständen Ziele setzten. Anikó wollte Malerin, ich Pianistin werden, Lili, und natürlich ihre kleine Schwester Klári, wollten wieder zur Schule gehen. Klári wurde später Abteilungsleiterin beim Ungarischen

* Das Kaddisch ist eines der wichtigsten Gebete der jüdischen Religion.

Anikó, 1990
Foto: Privatbesitz

Rundfunk, und Lili hatte es bei ihrer Pensionierung bis zur Oberrätin im Ungarischen Statistischen Institut gebracht. Hätten wir das in der Münchmühle gewusst!!

Anikó war schon als Kind vielseitig begabt und hätte alles werden können. Am nächsten stand ihr die bildende Kunst. Auch in Allendorf machte sie Figuren aus Lehm, zu meinem Geburtstag formte sie ein Piano aus einer Kerze, die wir aus der Mundlochbuchse einer Granate gestohlen hatten. Später, im Zivilleben, wurde sie in Huntington bei New York eine begabte und erfolgreiche Bildhauerin. Sie entwarf dort für einen öffentlichen Platz eine eigenartige Menora, die aus einem Baumstamm emporsteigt und deren Äste leuchten. Sie hat oft Ausstellungen und unterrichtet viele Studentinnen und Studenten, die für sie schwärmen. Als Auftragswerk des ungarischen Kultusministeriums fertigte sie den Gedenkstein für den großen ungarischen Schriftstellers Sándor Márai, der sich 1989 in San Domingo das Leben nahm. Ich wollte Pianistin werden, was aber an meiner Wirbelsäule scheiterte. Bis ich dazu kam, stellte sich heraus, dass ich nicht so viel sitzen konnte, wie es zum Klavierspielen erforderlich ist.

Zu unseren weiteren überlebenswichtigen Beschäftigungen gehörten die Theatervorstellungen, die wir drei- oder viermal veranstalteten. In Auschwitz-Birkenau hatte es eine Musikkapelle gegeben, die spielte, wenn die Männer morgens zur Arbeit aus dem Lager marschierten und am Abend wieder zurückkamen. Sie spielte den »Einmarsch der Athleten in den Zirkus« von Fučik. Die Musik war bis zu unserem Lagerbereich in Auschwitz-Birkenau zu hören. In der Münchmühle hatten wir keine Kapelle, nur unsere reiche Erfindungsgabe.

Bei unseren Theatervorstellungen waren die Vorbereitungszeiten das Schönste. Als erstes hatten wir zu überlegen, was wir spielen wollten. Dann mussten wir dazu die Synopse und ein Drehbuch schreiben. Proben wurden abgehalten, Kostüme entworfen und aus dem »reichhaltigen Fundus« gewählt. Wir haben die Grundregeln der Physik und Chemie umgestoßen: Aus nichts kann nämlich nichts entstehen, wir hingegen zauberten tatsächlich aus nichts alles hervor.

Wo immer ich in einer Gemeinschaft war, habe ich gesungen, getanzt oder geturnt, sofort einen Chor und eine Tanzgruppe organisiert. In der Schule gab es natürlich einen guten Chor, bei den Pfadfindern ebenfalls. Jeden August war ich bei Großpapa auf dem Gut, dort sangen die Bauern viele wunderschöne Volkslieder, und natürlich tanzten sie auch. Später im Sozialismus verbrachten wir jedes Jahr zwei Wochen in einem Erholungsheim der Gewerkschaft, und ich organisierte sofort eine Gruppe zum täglichen Turnen. Auch in der Münchmühle stellte ich einen Volksliedchor zusammen.

Die erste Vorstellung organisierten allerdings nicht wir. Das war ganz am Anfang, als uns Auschwitz-Birkenau noch zu nahe war. Der Oberscharführer rief einen Wettbewerb zur Erheiterung des Volkes aus. Die Gruppe von Erzsi Brodt nahm daran teil. Aus dem Revier besorgten sie Papier für weiße Blusen mit Puffärmeln. Aus den Kopftüchern banden sie ein »Pruslik« – ein enges Leibchen – über ihre Busen. Aus der Decke zogen sie Fäden heraus, die dienten als Zwirn zum Nähen. Wer weiß, woher sie eine Nähnadel erbettelt hatten, mit deren Hilfe sie aus Handtüchern weite Röcke zauberten, die sie mit angenähten Laubblättern reich verzierten. Sie tanzten und sangen dazu die passenden ungarischen Lieder und gewannen den Preis, den der Lagerführer Adolf Wuttke großzügig gestiftet hatte: einen vollen Eimer Marmelade und Margarine.

Ein weiterer Auftritt von Erzsi Brodt – heute Präsidentin des Ungarischen Auschwitz Komitees – ist mir im Gedächtnis geblieben: Sie tanzte als Apachin. Die dazu erforderliche Zigarette erwarb sie vom Hauptscharführer, der natürlich in der ersten Reihe saß. Für ein paar Züge aus der Zigarette wurde dann in den folgenden drei Tagen jeweils ein Teller Suppe eingetauscht.

Mit Anikó tanzte ich einmal bei einer unserer Theatervorstellungen in der Münchmühle ein Menuett zu der bekannten Melodie von Boccherini – woher wir dazu die Kostüme nahmen, weiß ich nicht mehr, jedenfalls passten sie zu einem Menuett. Mit selbstverständlicher Frechheit trugen Anikó und ich Shakespeares »Antonius und Cleopatra« vor – adaptiert für zwei Personen –, natürlich in zeitgenössischem Kostüm.

Bei einer anderen Gelegenheit führten wir »Schneewittchen und die sieben Zwerge« mit einem auf die Situation in unserem Lager bezogenen Text auf – wobei das Schönste war, dass die Deutschen die ungarischen Pointen, in denen sie verspottet wurden, nicht verstanden. Es war bezeichnend und wunderbar, dass ihnen keine von den tausend Frauen die Texte übersetzte und uns verriet. Die sieben größten Mädchen spielten die Zwerge, und Gabi war das Schneewittchen. In Friedenszeiten war Gabi »Diseuse« von Beruf, wie wir uns vornehm ausdrückten. Gabi konnte moderne Chansons und Schlager singen, oft machte sie unser schweres Leben mit ihren Darbietungen erträglicher. Sie verfügte über eine gute Menschenkenntnis und war bei den Frauen angesehen.

Unsere Stube in der Baracke war klein, wir mussten sie uns zu sechzehnt teilen. Acht Etagenpritschen standen darin. Gabi wohnte mit in unserer kleinen Stube und nahm unsere Fünferreihe oft vor den Gemeinheiten, die unter den Gegebenheiten eines Lagers unvermeidlich waren, in Schutz. Sie bemutterte uns, und wir hatten sie sehr gern. Nach der Befreiung eröffnete sie wieder – in ihren eigenen Worten – ihr »Büro« und übte ihren ursprünglichen »Beruf« aus. Das störte uns nicht, wir hatten sie weiterhin sehr gerne. Wir waren sehr enttäuscht, dass sie nach unserer Rückkehr nach Ungarn nichts mehr von uns wissen wollte. Auf der Straße tat sie, als würde sie uns nicht mehr kennen. Ich bedauere, dass ich sie aus den Augen verloren habe, und denke noch immer mit viel Liebe an sie.

Außerdem waren da die fünf Gärtner-Schwestern, sehr fromme, brave, hilfsbereite Mädchen, die weit mehr Lebenserfahrung besaßen als wir. Mit Kati Gärtner, die jetzt in Israel unter hebräischem Namen lebt, stehe ich noch heute in Verbindung. Jedes Jahr am 1. April, dem Tag unserer Befreiung, ruft sie mich an. Und ich schreibe ihr jedes Jahr einen Brief, in dem ich von den Feiern, die jährlich am 11. April in Buchenwald zum Gedenken an die Befreiung stattfinden und an denen ich teilnehme, berichte. Die Gärtner-Schwestern bildeten immer eine eigene Fünferreihe, hier sollen ihre Namen stehen: Erzsike, Ica, Klári, Adél und Kati. Sie hielten fest zusammen und sprachen nie hässlich miteinander. Wir alle standen einander nahe, spendeten uns gegenseitig Trost, teilten das letzte Krümelchen Brot zum Überleben. Es mag unwahrscheinlich klingen: Wir sechzehn in unserer Stube haben uns nie gestritten. Meine Fünferreihe hatte die Gärtners nicht nur sehr gerne, sie waren auch Vorbilder für uns. Sie waren so »erwachsen«, alle konnten nähen, und Ica war Fotografin.

Begegnungswoche in Stadtallendorf, 1990. Drei der fünf Gärtner-Mädchen stehen an der rechten Seite vor dem Haus von Heini Kurz.
Foto: Privatbesitz

Sie waren begeisterte Zionistinnen und wanderten sofort nach der Befreiung nach Israel aus, mit Ausnahme Icas, die nach Amerika emigrierte. Die Gärtners gehörten zu meiner Familie, das fühle ich noch heute. Nach der Befreiung wohnte ich mit ihnen, sie nähten mir meine Kleidung. Große Auswahl an Stoffen gab es damals nicht. Man nähte auch aus Bettwäsche. So kam ich zu einem Kleid, auf dem mit schönen gotischen Buchstaben geschrieben stand: »gute Nacht, gute Nacht«, was mich nicht daran hinderte, es tagsüber zu tragen.

Kati Gärtner erinnert sich noch an unser amüsantes gemeinsames Abenteuer, als wir nach der Befreiung im Dorf Ziegenhain Kleiderstoffe kaufen wollten. Der deutsche Kaufmann weigerte sich, uns zu bedienen, und warf uns mit Hilfe eines deutschen Polizisten aus seinem Laden. Wir besorgten uns auch schnell einen Polizisten, jedoch einen amerikanischen. Der ließ uns den ganzen Laden ausräumen. Ich erwarb eine dunkelbraune Decke. Daraus nähten mir die Gärtner-Mädchen einen Rock, der jetzt in einem Schaukasten des Dokumentations- und Informationszentrums von Stadtallendorf ausgestellt ist.

Kati erinnert sich auch noch, dass auf unsere Unterkunftsplätze zwar geschrieben stand: »OFF LIMIT FOR AMERICAN SOLDIERS«, dass das aber wenig wirksam war. Wenn die Army Ablenkung wollte, wurden wir immer gefunden. So geschah es, dass wir eines schönen Tages gezwungen waren, einige Mitglieder der US Army energisch hinauszuschmeißen, wobei wir ihnen zu erklären versuchten, wieso und weshalb wir uns in Deutschland aufhielten. An den folgenden Tagen kamen sie mit Lebensmitteln und um uns um Verzeihung zu bitten.

In der Münchmühle erfuhren wir immer wieder aus vertrauenswürdiger Quelle, vor allem von Ilona Katz aus Debrecen, dass wir in der kommenden Woche, und wenn nicht dann, so ganz sicher in zwei, drei Wochen, nach Hause fahren dürften, dass der Krieg schon am nächsten Morgen zu Ende sei. Ilon – so ihr Kosename – war eine tief religiöse, fromme kleine Frau, mit schwarzem Haar, dunklen, sehr lebhaften Augen und der wohlproportionierten Figur einer Charakterpuppe. Ihr war es einmal geschehen, dass sie, als wir in Birkenau aus dem Bad kamen und uns die Fetzen zum Ankleiden hingeschmissen wurden, nichts mehr zum Anziehen fand, weil sie die letzte war. Sie stand da, von Kopf bis Fuß nur in ihrer eigenen Haut. In Auschwitz-Birkenau wurde auf die Menschenwürde keinerlei Rücksicht genommen, und wir mussten, sooft man uns dazu zwang, nackt vor den Augen der ganzen Welt defilieren. Diese groteske Situation habe ich deshalb so genau im Gedächtnis bewahrt, weil Ilon, als sie splitternackt und aufrecht dort stand, die strahlende Verkörperung menschlicher Würde war.

Die Frommen im Lager waren im Block von Ilona Katz, da auch sie tief religiös war. Sie war nicht wie eine Blockälteste, sie war eine jüdische Mamme, die Mutter all derer, die ihr anvertraut waren. Sie wagte sogar, an den Befehlen der Aufseherinnen und des Lagerführers etwas zu bemängeln, wodurch sie die Ihrigen schonen wollte. Einmal wurde der Lagerführer Wuttke so zornig, dass er mit ihr brüllte:

»Ich dulde Dich nur so lange, wie Du mir nützlich bist! Was bildest Du Dir eigentlich ein? Halte also lieber Deinen Mund.« – Was die Arme auch tat.

Ilon wusste immer, was zu tun war, und hatte für jeden ein tröstendes Wort. Es waren zwei sehr fromme Mädchen unter uns, für die es eine schwere Sünde bedeutete, nicht koscher zu essen. Einmal sah Ilona Katz sie, als sie beim Essen richtige Tränen weinten. Sie fanden, es sei schon schlimm genug, dass sie unkoschere Speisen aßen, aber dass ihnen diese sündhaften Lebensmittel auch noch schmeckten! Ilona Katz konnte sie sofort beruhigen:

»Ihr, meine lieben Kinder, müsst schwer arbeiten, dazu muss man essen. Es gibt keine koscheren Lebensmittel hier, Ihr müsst essen, was man Euch gibt. Die Sünde, dass Euch das Essen schmeckt, nehme ich auf mich.«

Ilona Katz ist heute über fünfundneunzig Jahre alt und lebte bis vor kurzem in Jerusalem. Ihr einziger Sohn, ein Chirurg, hingegen lebt in Miami. Sie hat drei Enkelkinder, und die Entfernung zwischen Jerusalem und Miami hinderte sie nicht daran, ihnen ihr Lieblingsgebäck zukommen zu lassen, wie es alle Großmütter der Welt tun. Sie buk zwei große Koffer voll!!!! Flog dann von Jerusalem nach Miami, füllte dort die Kühlschränke, und bis die geleert waren, war sie mit zwei neuen Koffern voll mit ihrem Gebäck wieder da. Sie hat mich viele Jahre lang jedes Jahr besucht. Sie ist noch immer wie eine kleine Charakterpuppe, dünn, wohlproportioniert und beweglich, und ihre klugen Augen leuchten mit dem alten Glanz. Aber jetzt lebt sie schon bei ihrem Sohn in Miami.

Die Peitsche, die Ilon zur Ausübung ihrer Funktion als Blockälteste bekam, die sie jedoch nie in die Hand genommen hat, ist heute in einem Schaukasten des Dokumentations- und Informationszentrums in Stadtallendorf zu sehen.

Hauptscharführer Adolf Wuttke, unser Lagerführer, war aus dem KZ Buchenwald zu uns überstellt worden. Er hatte keinen guten Ruf, war grausam wie die übrigen SS-Männer. Er war mittleren Alters und, wie wir später erfuhren, Vater von drei Töchtern. Seinem Stellvertreter, Unterscharführer Ernst Schulte, gaben wir wegen seines attraktiven Aussehens den Spottnamen »Bel Ami«, aber wir hassten ihn aus vollem Herzen. Er quälte uns, wo er nur konnte.

Was Wuttke dazu veranlasste, sich in gewissen Fällen unerwartet human zu verhalten, wird man wohl nie erfahren. Sei es, dass er doch eine gewisse Menschlichkeit bewahrt hatte, sei es, dass er nur an seine Zukunft dachte, weil er wusste, dass der Krieg für Deutschland verloren war. Er verbot, dass wir ohne Grund geprügelt wurden, an den großen jüdischen Feiertagen gab er den Frommen frei, und was uns betraf: Klári, die kleine Schwester meiner Tanzpartnerin Lili, die die Jüngste im Lager war, wurde nicht zu schwerer körperlicher Arbeit eingeteilt.

Klári kam mit uns in das Werk, blieb aber in der kleinen Stube neben unserem Umkleideraum. Sie war unser »Stubendienst«. Es war ihre Aufgabe, unser Essen, das wir in einem Kessel aus dem Lager mitgebracht hatten, aufzuwärmen. Eigentlich hätte sie auch den Kessel mindestens an einer Seite mit anfassen müssen, aber ihr Zustand war so schlecht, dass schon der Schöpflöffel zu schwer war. Jeden Tag wurde sie durchsichtiger.

Wir gingen ins Werk und ließen Klári allein in der kleinen Stube zurück. Zum Mittag- und Abendessen kamen wir auf je eine halbe Stunde zu ihr. Im Übrigen war Klári den ganzen langen Tag allein. Sie durfte ihren Platz, wir den unseren nicht verlassen, sie war allein und fürchtete sich ununterbrochen. Obschon ihr Organismus, der noch nicht ausgewachsen war, viele Vitamine, nahrhafte Speisen und viel Obst gebraucht hätte, hungerte sie mit uns, aß Futterrüben. Bei der Befreiung wog sie kaum fünfunddreißig Kilogramm.

All das blieb auch nach der Befreiung nicht ohne Folgen. Sie war noch sehr jung, als sie anfing, ständig zu kränkeln. Die ständige Angst hat sie Jahre ihres Lebens gekostet. Trotzdem hat sie ein erfülltes Leben gelebt. Sie übte eine verantwortungsvolle Tätigkeit aus, hatte Kinder und Enkelkinder, die sie innigst liebten. Als ihr Ende nahte, schaute sie dem Tod tapfer ins Auge. Sie regelte alles, damit die Familie ohne sie weiterleben konnte. Sie war die Jüngste von uns, sie hätte uns alle überleben sollen.

Nach der kalten Nacht in unseren Baracken, nachdem wir vor Kälte zitternd Appell gestanden hatten, schleppten wir uns auf dem gefrorenen Weg mühsam zum Werk, kamen dort in den zugigen, kalten Hallen an, die wir nicht verlassen durften. Unsere Gesellschaftsdamen, die SS-Aufseherinnen, begleiteten uns überall hin. In den Hallen wurden wir von unseren Werksführern erwartet, die die fachgemäße Durchführung der Arbeit zu überwachen hatten. Sie übergaben uns das Minimum an benötigtem Werkzeug. Rücksicht wurde darauf genommen, dass wir weder uns selbst noch dem Werk einen Schaden zufügen konnten. Mein erster Vorarbeiter reichte mir kaum bis zur Hüfte und war angeblich im zivilen Leben Clown. Ich zweifelte stark daran, die Clowns, die ich kannte, waren humorvolle, gute Menschen. »Mein« Clown aber verspottete mich:

»Mach Dir Knoten in Beine und Arme, dann werden sie kürzer und hängen nicht mehr aus den Hosen und Ärmeln heraus!«, sagte er geistreich.

Gottlob wurde er ausgewechselt, und dann kam Peter.

Peter sah aus wie ein Gorilla mit Engelsgesicht. Er ließ seine Stimme schon von Weitem ertönen, damit wir wussten, dass er kam. So vermied er, uns zur Arbeit zwingen zu müssen, wozu er auch völlig unfähig gewesen wäre. Wegen der Lieferschwierigkeiten gegen Ende des Krieges gab es nämlich für uns nicht immer genug zu tun. Wir hatten Zeit, schnell die warme Rohrleitung zu verlassen oder aus der Ecke, wo wir eventuell dösten, hervorzukriechen. Im Werk gab es warme Rohrleitungen, an die man manchmal den Rücken halten konnte. Hinten war es brennend heiß, vorne herrschte grimmige Kälte. Wenn Peter uns erreicht hatte, ließ er, immer noch brüllend, seine Jause fallen, oder es kullerten aus seiner Tasche kleine grüne, saure Äpfel heraus, so miese Äpfel, wie es sie in Ungarn überhaupt nicht gibt. Aber sie waren wunderbar für uns und haben uns sehr geholfen.

Anlässlich der Begegnungswoche 1990 in Stadtallendorf versuchte ich, etwas über sein weiteres Schicksal zu erfahren. Es gelang mir nicht. Es war unwahrscheinlich, dass er noch lebte, da er gewiss zehn bis fünfzehn Jahre älter war als wir. Die Erinnerung an ihn soll gesegnet sein, er ist in der Hölle ein Mensch geblieben. Aber im Jahr 2004, anlässlich des 59. Jahrestages der Befreiung, gab der Stadtallendorfer Magistrat mein auf Deutsch geschriebenes Büchlein, das die Grundlage dieses Buches bildet, heraus. Bei dieser Gelegenheit las ich vor, was ich über Peter geschrieben hatte, und ein paar Tage darauf erschien seine Tochter. Sie erzählte, sie sei damals ein kleines Mädchen gewesen, erinnere sich aber, wie sehr ihre Mutter sich ängstigte, dass entdeckt würde, wie gut Peter zu uns war. Das hätte für die ganze Familie schlimme Folgen haben können.

Ich weiß noch, dass ich einmal mit »Magenvergiftung«, wie wir es vereinfachend nannten – wir haben ja ungeschützt mit Trinitrotoluol und Trinitrobenzol gearbeitet –, eine Woche lang im Revier sein durfte. Dieser Gnade wurde man erst zuteil, wenn einem schon schwindelig war, man nicht mehr gehen konnte und vor Übelkeit sogar den Hunger nicht spürte. Dann erst kam man ins Revier. Ich kannte das Wort »Revier«, gewiss aus einem Gedicht von Heine oder Witzenmann, es hatte für mich einen lieben, romantischen Klang, weil es etwas Schönes bedeutete, etwas in der Natur, mit Blumen, Bäumen oder Büschen. Schon in Auschwitz-Birkenau war mir das Wort begegnet, es war die Bezeichnung für den sogenannten Krankenbau im Lager, zwei Blöcke von meinem Block entfernt. Ein schrecklicherer, öderer, beängstigenderer Ort war kaum vorstellbar. In der Münchmühle gab es auch ein Revier, wo zwei meiner Mithäftlinge, Manci Wiesel und Judit Fürst, das Unmögliche versuchten, nämlich ohne Medikamente und ohne Hilfsmittel zu heilen.

Da dort nicht die Gefahr bestand, dass man wie in Auschwitz-Birkenau am folgenden Tag zusammen mit den Leichen in das Krematorium gebracht wurde, wenn man noch nicht einmal gestorben war, bedeutete es schon eine Erleichterung, eine volle Woche lang keinen Appell zu stehen und nicht zur Arbeit zu gehen, sondern im Bett zu liegen. Und wenn auch kaum ein trostloserer Ort vorstellbar war als unser Revier, hatte man doch zumindest etwas Ruhe.

Ich war also im Revier. Ich wusste schon lange, dass man für alles zahlen muss: Mir wurde auferlegt, das Brot meiner Fünferreihe eine Woche lang zu bewachen. Das war schon nicht mehr in der glücklichen Anfangszeit, als wir ein Drittel Brot pro Person bekamen. Wir erhielten ein Fünftel, das heißt ein Brot pro Fünferreihe. Die Hälfte verschlangen wir umgehend nach Erhalt, aber die andere Hälfte bewahrten wir auf, damit wir nach der Heimkehr von der Arbeit etwas zu essen hatten. Wo man das Brot auch hinlegte, es war eigentlich immer riskant. Es kam vor, dass es einfach verschwand. Ich lag, wie gesagt, im Revier und bewachte die zweite Hälfte des Brotes meiner Fünferreihe unter meinem Kopfkissen. Ich war sehr hungrig, seit Monaten ausgehungert. Ich konnte an nichts anderes denken als an unser Brot, an das Stück Brot unter meinem Kissen – eine volle Woche lang, jeden Tag, jede Minute –, und ich durfte nicht einen Brösel essen, nicht einmal meinen eigenen Anteil. Denn das Teilen unseres Brotes war ein strenges Zeremoniell, gegen das ich nicht verstoßen durfte. Ich dachte an meine Mutter, an meinen Vater und dass ich keine Schande über sie bringen durfte.

Ich habe es ausgehalten.

Hätte ich je Feinde im Leben gehabt, ich hätte ihnen nicht gewünscht, so etwas durchzumachen.

Unser Lager ist kaum bombardiert worden. Die einzige kleine Brandbombe, die eines Nachts auf das Lager abgeworfen wurde, fiel auf die SS-Baracke. Wir dachten sofort an das Brot, das wir noch hatten. Wir stürzten zu unseren Schränken und aßen schnell die für den kommenden Tag sorgfältig aufgehobene Ration auf. Wenn wir schon sterben mussten, dann wollten wir wenigstens vorher noch unser Brot aufessen und es nicht etwa jemandem anderen überlassen. Bei den folgenden Bombenalarmen kamen die SS-Leute zu uns in die Baracken gerannt. Sie glaubten, ihre Baracke sei absichtlich bombardiert worden. Dabei war das ganze vermutlich nur ein Zufall. Aber es tat gut zu sehen, welche Angst sie hatten.

Woran man sich nicht gewöhnen kann und was ich auch nicht vergessen will, sind die erlittenen Erniedrigungen. Ein Häftling ist eine Nummer. Er trägt sie an seiner Kleidung. Er hat keinen Namen, kommt aus dem Nichts, geht ins Gas, hat keine Vergangenheit und keine Zukunft. Und jeder, ob SS-Aufseherin, Wehrmachtssoldat oder Wachmannschaft, Vorarbeiter in der Munitionsfabrik – praktisch jeder Deutsche – kann uns mit oder ohne Grund zusammenschlagen, treten, beschimpfen, verfluchen, verspotten, quälen, seinen Hund auf uns hetzen, uns zu menschenunwürdiger Arbeit zwingen, uns nach Gutdünken behandeln. Ein Häftling ist kein Mensch.

Je größer der äußere Druck, desto stärker der innere Widerstand. Wir blieben trotz allem Menschen, trugen das Haupt aufrecht, hielten das Essbesteck wie zu Hause, wuschen uns täglich und putzten uns die Zähne. Wir sprachen korrekt und zivilisiert miteinander. Und wir vertrauten und achteten einander und glaubten an unsere Zukunft. Deshalb haben wir das Lager überlebt, deshalb sind wir zurückgekommen.

Bis zum Zeitpunkt der Begegnungswoche im Jahr 1990 glaubte ich, dass es zwischen Allendorf und Ziegenhain nur eine einzige Scheune gegeben hätte, »meine« Scheune, in der ich die letzten Tage bis zu meiner Befreiung verbrachte. Als ich erfuhr, dass es über hundert waren, gab ich keine Ruhe, bis ich die richtige gefunden hatte.
Foto: Privatbesitz

Meine Scheune

In den letzten Märztagen des Jahres 1945 lag das Ende des Krieges förmlich in der Luft. Immer mehr Anzeichen deuteten darauf hin. Wir bemerkten sie in unserem Lager, auf dem Weg durch den Wald zu unserer Fabrik, auf dem Appellplatz, in der näheren und weiteren Umgebung.

Was uns dabei am empfindlichsten traf, war die Verringerung der Brotration. Das Viertel Brot schrumpfte auf ein Fünftel, wobei ja schon das Viertel bei Weitem nicht ausgereicht hatte. Gleichzeitig verschwanden die Kartoffeln und die eher symbolische Fleischration von unserer Speisekarte. Es blieben lediglich die Futterrüben. Wir wurden zunehmend schwächer und wären bald den »Muselmännern«, wie sie in Auschwitz-Birkenau genannt wurden, ähnlich geworden. Wenn sich der Vormarsch der alliierten Truppen nach Norddeutschland verzögert hätte, wären wir innerhalb kurzer Zeit gestorben. Die Nationalsozialisten hätten uns nicht einmal vergasen müssen. Was wir damals nicht wussten, war, dass die Deutschen die noch funktionierenden Krematorien abmontieren bzw. sprengen ließen, bevor sie Auschwitz-Birkenau verließen. Das Krematorium Nr. IV war mitsamt der Gaskammer am 7. Oktober 1944 bei einer Revolte von Häftlingen des überwiegend ungarischen Sonderkommandos in die Luft gesprengt worden. Ebenso wenig wussten wir, dass im KZ Buchenwald, einige Kilometer von uns entfernt, zwar keine Gaskammern, so doch Verbrennungsöfen in Betrieb waren, die nach denselben Plänen wie jene in Auschwitz-Birkenau konstruiert waren. Sie sind nicht zerstört worden, man kann sie noch heute besichtigen.

Mindestens jedes zweite Jahr fahre ich nach Buchenwald. Hier spüre ich die Beklemmung, von der für mich in Auschwitz-Birkenau nichts mehr vorhanden war, hier gibt jeder Stein, jeder Platz, an dem die Baracken standen, das Grauen wieder. Die Brennöfen wurden von der Firma Topf & Söhne Erfurt erbaut, in Buchenwald wie in Auschwitz-Birkenau. In Auschwitz-Birkenau war ich nicht im Krematorium, denn dann würde ich heute nicht leben.

Anfang der Fünfzigerjahre sah ich einen Dokumentarfilm mit dem Titel »Die Götterdämmerung«. Er handelte von den Experimenten mit Zyklon B. Die Wirkung des Gases wurde an Gänsen demonstriert, wie sie minutenlang litten, bevor sie erstickten.

Wenn ich in Buchenwald über die trostlose öde Fläche vor den Krematorien und durch die fensterlosen Räume mit den Betonwänden und den Betonfußböden gehe, bin ich sofort in Auschwitz-Birkenau. Ich sehe, wie meine Mutter sich entkleidet, sehe meine kleine Schwester, wie sie die Hand meiner Mutter hält, meine Cousine Boci, wie sie ihren sechs Monate alten Sohn Ferike an sich drückt, und ich höre, wie man sie mit »Los!-Los!«-Kommandos zu den Duschen drängt. Ich stelle mir vor, wie sie nach der entsetzlichen Zugfahrt auf das erfrischende Wasser warten. Dann, wie sie es zuerst gar nicht fassen, dass es kein Wasser ist, was aus den Duschköpfen strömt. Ich sehe das Gesicht meiner Mutter, wie sie begreift, dass sie jetzt umgebracht werden. Ich sehe, wie sie durch das Zyklon B ersticken, ich sehe meine Mutter, die außer ihren eigenen Tod auch den von Gilike miterleben muss. Ich sehe, wie meine Mutter Gilike hochhebt, weil das Giftgas, das schwerer als Luft ist, nach unten fällt, wie sie dann, ineinander verschlungen, ersticken. Diese Vorstellung quält mich nicht nur hier in Buchenwald, sie überfällt mich überall, immer wieder.

Während wir im Frühling 1945 in aller Stille dem Hungertod entgegensahen, nahmen wir andere Ereignisse mit Freude zur Kenntnis. Das machte mehrere hundert Kalorien wett. In der Fabrik wurden die Rohstoffe knapper. Langsam, aber kontinuierlich. Einmal gab es keine Granathülsen, einmal kam kein Waggon, dann wieder gab es keine Kisten für die Granaten. Trinitrotoluol und Salpeter dagegen waren auf der Halde im Freien reichlich vorhanden, so reichlich, dass die Beseitigung der Folgeschäden im Jahr 2004 noch nicht abgeschlossen war und es Millionen D-Mark kostete, das Grundwasser von Stadtallendorf zu entgiften.

Es gab keine Arbeit mehr, wir lungerten im Werk herum, fegten, machten sauber, räumten auf. Zum Glück hatten wir noch warmes Wasser und konnten uns waschen. Das hat nicht unerheblich zu unserem Überleben beigetragen. So gab es bei uns keine Läuse, die in den anderen Lagern Typhus verbreitet haben, dem tausende

Häftlinge noch im letzten Augenblick zum Opfer gefallen sind. Wir hatten keinerlei ansteckende Krankheiten.

Eines Morgens, als wir uns in die Fabrik schleppten, stand in der Halle, in der ich arbeitete, oben unter der Decke mit riesengroßen Buchstaben: »NOUS SOMMES FRANÇAIS, NOUS RESTERONS FRANÇAIS, ET NOUS AURONS LES BOCHES!« Was auf Deutsch soviel heißt wie: Wir sind Franzosen, wir bleiben Franzosen, und wir werden die Boches kriegen!

Das war das Ende.

In der Fabrik arbeiteten französische, belgische und italienische sogenannte »Freiarbeiter«. Sie wurden deshalb »frei« genannt, weil man sie nicht nach Deutschland verschleppt hatte, sie waren lediglich in Deutschland zur Arbeit gezwungen worden. Sie durften sich in einem Umkreis von dreißig Kilometern frei bewegen. Von ihnen erfuhren wir immer, was wirklich los war; obwohl uns untersagt war, mit ihnen zu sprechen, fanden wir doch immer Mittel und Wege, dieses Verbot zu umgehen.

Natürlich durften wir auch mit den sowjetischen Kriegsgefangenen nicht sprechen. Bei ihnen wurden nicht nur die Gesetze der Genfer Konvention missachtet, sie standen zusätzlich in der Hierarchie der Gefangenen auf der untersten Stufe. Alles, womit wir gequält wurden, wendete man in gesteigertem Maße auch bei ihnen an. Ohne jeden Grund wurden sie geschlagen, verprügelt und erniedrigt. Doch sie hatten ein beispielhaftes Selbstbewusstsein. Sie waren überzeugt, dass sie auch hier für Stalin und ihre Heimat kämpften. Ihre Aufgabe war, die eingepackten Granaten in die Waggons zu verladen, aber das kleine Fließband, an dem sie arbeiteten, ging dauernd kaputt. Sie sabotierten die Arbeit, wo es ihnen möglich war, obwohl sie wussten, dass man sie dafür halbtot schlagen würde.

Ihr Lager war das erste, das nach der Befreiung geleert wurde. Wie wir sie beneideten! Es dauerte keine zehn Tage, und sie durften nach Hause! Sie bekamen die meisten Pakete vom Roten Kreuz, aber bevor sie abreisten, brachten sie alles zu uns, denn sie brauchten ja nichts mehr, sie fuhren in die Heimat, nach Hause! Zu ihren Müttern, Vätern, Geschwistern, ihren Liebsten.

Viele Jahrzehnte später, als im Ausland das Buch »Der Archipel GULAG« von Alexander Solschenizyn erschien, erfuhr ich, dass meine lieben, bedauerten und bewunderten sowjetischen Kriegsgefangenen nicht nach Hause gekommen waren, sondern in den Gulag, ein heimatliches Gefangenenlager. Denn, nicht wahr, wer so viele Monate im Kapitalismus unter Kapitalisten verbringt wie die unglückseligen sowjetischen Sklavenarbeiter der deutschen Rüstungsindustrie, den infiziert die kapitalistische Ideologie, und von der musste man ihn kurieren, damit nicht das saubere sowjetische hochmoralische Umfeld angesteckt wurde. Wenn er dabei draufging? Wen interessierte das schon. Die Sowjetunion war ein großes Land mit vielen Einwohnern, und überhaupt: »Der höchste Wert war der Mensch« – wie ein bekannter Slogan im kommunistischen Ungarn lautete.

Seit Januar 1945 beobachteten wir abends und nachts am Himmel kleine Blitze, die von der Bombardierung der Stadt Kassel rührten. Wir hatten das Gefühl, dass die kleinen Blitze sich auf uns zubewegten, was bedeutete, dass nicht nur Kassel, sondern auch seine Umgebung bombardiert wurde. Häufiger und häufiger und für immer längere Zeit hörten wir das intensive Motorengebrumm der amerikanischen Bomber, der Flugzeuge unserer Befreier.

Uns erfreute dieser Lärm, er war unser nächtliches Schlaflied, der schönste Laut, mit dem man sein Haupt zum Schlafen niederlegen konnte. Unter tausend Flugzeuggeräuschen könnte ich auch heute noch das der Befreier heraushören. Übrigens war die Arbeitsteilung gegen Ende des Krieges: USA by day, RAF by night, das heißt, dass tagsüber die amerikanischen, nachts die britischen Flugzeuge flogen.

Die Luftaufnahme unseres Lagers stammt von den Briten.

Wir waren unruhig und voller Erwartung. Auch am 27. März, als wir nicht zur Arbeit in die Fabrik zogen. Wir fragten uns, was mit uns passieren würde. Der Kriegslärm und das dumpfe Grollen der Kanonen kamen näher, die alliierten Flugzeuge flogen immer häufiger und in immer größeren Formationen.

Dann werden wir zu einer ungewöhnlichen Zeit zum Appellplatz befohlen. Der Hauptscharführer verkündet, dass wir alle das Lager verlassen. Ich lerne auch das entsprechende Wort: Das Lager wird evakuiert. Wir verteilen die Brotreserven, jede bekommt ein Fünftel Brot, das heißt zweihundert Gramm. Ich weiß noch nicht, dass das mein Proviant für vier Tage sein wird.

Es ist schon später Abend, als man das Tor des Lagers Münchmühle öffnet und alle, also die etwa tausend Gefangenen, die Lagerleitung, die SS-Aufseherinnen, das Wachpersonal der Wehrmacht und noch der letzte Hund das Lager verlassen.

Wir ziehen ins Ungewisse.

Schon seit Tagen kann ich mich kaum dahinschleppen. Ich schaffe nur mit äußerster Willensanstrengung den eigentlich angenehmen Weg durch den Wald zur Fabrik und wieder zurück zum Lager. Auch jetzt sind meine Beine wie aus Blei. In der grausam kalten Märznacht ist es sowieso eine Tortur, die Beine anzuheben und einen Schritt weiterzuschieben. Jeder Schritt verursacht eine neue Wunde an meinen nackten Füßen, mit jedem Schritt werden sie von den Holzpantinen ein bisschen mehr aufgescheuert. Aber wir ziehen weiter und weiter. Der SS-Zugführer fuchtelt mit seinem Gewehr herum und droht, jeden, der zurückbleibt, zu erschießen. Und so schleppen wir uns weiter, ohne Ende. Wir gehen nicht auf der Straße, sondern schleichen auf Feldwegen und über Weiden. Endlich bleiben wir stehen. Ich erblicke die geöffnete Tür einer Art Scheune, einer Hütte, aus der mir der lange nicht gespürte Geruch von Schafen entgegenströmt. Welch eine Freude! Durch diesen Geruch fühle ich mich zu Hause, auf dem Gehöft ... Halb ohnmächtig falle ich ins Stroh. Es ist warm, man kann sich hineinkuscheln.

Es ist der 28. März 1945. Den ganzen Tag über dröhnen Flugzeuge über unseren Köpfen, bekämpfen einander. Zitternd sitzen wir im Stroh. Wir wagen nicht, aus der Hütte zu treten. Als es ganz dunkel geworden ist, ertönt das Gebrüll: »Los! Los!« In Fünferreihen ziehen wir weiter.

Ich komme nicht auf die Beine, erstens, weil ich aus Schwäche nicht in der Lage bin, aufzustehen und mich aufzurichten. Schon die Nacht zuvor musste ich all meine Kräfte zusammenraffen, um mitgehen zu können, um Schritt zu halten und nicht zurückzubleiben. Jetzt bin ich am Ende meiner Kräfte angelangt. Ich kann mich nicht rühren. Wenn man in so einem Zustand ist, ist man auch psychisch zu nichts in der Lage. Nichts ist von Bedeutung, alles ist irgendwie weit weg, alles ist unwirklich, alles schwankt. Man hat nur einen Wunsch: Man will in Ruhe gelassen werden, sich nicht bewegen, nicht nachdenken. Man ist sowieso nicht in der Lage dazu, und überdies ist alles belanglos. Ich weiß gar nicht mehr, wer ich bin bzw. einmal war.

Und außerdem kann ich meine Füße, die voller Blasen und Wunden sind, nicht in die Holzpantinen stecken. So kann man nicht gehen. Irgendwie schaffe ich es, aus dem Stroh und aus der Hütte herauszukriechen, doch meine Fünferreihe finde ich nicht. In dem großen Durcheinander und Gebrüll stelle ich mich in die letzte Reihe an den rechten Rand. Neben mir der Wachmann und der Hund.

Die Hütte steht mitten auf einer Wiese. Ein idyllischer Ort: Vor der Hütte plätschert ein kleiner Bach, an seinem Ufer stehen verkrüppelte Bäume und Büsche, und um auf die Straße zu gelangen, geht man über eine hübsche kleine Holzbrücke. Das Bild ist wie das Exlibris meiner Kindheit: Ein kleines Mädchen wandelt über eine mondbeschienene Holzbrücke – als Anspielung auf meinen Namen Fahidi, was ja Holzbrückler bedeutet. Über diese Brücke hier hätte aber mindestens eine Fünferreihe gleichzeitig hinübergehen sollen. Dafür ist sie zu schmal. Als die zweite und danach die dritte Fünferreihe an die Brücke kommen, bildet sich ein Stau, es entsteht ein Durcheinander. Das bemerkt der Wachmann neben mir und läuft mit seinem Hund nach vorn, um an der Brücke für Ordnung und ein reibungsloses Überqueren zu sorgen.

Die wenigen Schritte, die ich von der Hütte bis dorthin, wo die Fünferreihen gebildet werden, zurückgelegt habe, haben meine letzten Kräfte verbraucht. Ich habe keine Energie mehr, für nichts. Ich weiß, dass ein Schritt nicht viel ist, dass ich aber auch dazu nicht in der Lage bin und dass alles, aber auch alles gleichgültig ist. Ich möchte nur noch eines: regungslos liegenbleiben.

Ich setze mich ins Gras.

Der Wachmann sorgt vorne für Ordnung, und weiter geht es. Ich aber bleibe im Gras sitzen. Ich warte, dass der Wachmann wiederkommen, schreien und mich zum Weitergehen zwingen wird, mir ist alles egal, ich habe das Gefühl, alles ist vorbei, Schluss, Ende.

Ich sitze im Gras, die Gruppe zieht weiter, ich kann die Stimmen schon nicht mehr hören.

Ich weiß nicht, wie lange ich dort gesessen war, nur einen Augenblick oder Minuten. Der Wachmann kam nicht zurück.

Plötzlich wurde mir bewusst, dass ich mich auf einer fremden Wiese in Deutschland befand, vollkommen allein, über mir der Vollmond, der fast taghell auf mich herabschien.

Ich begriff nicht, dass ich frei war!

Ich fühlte weder Freude noch Angst. Ich wusste nur, dass ich ins Stroh zurück musste, in das schöne warme Stroh. Und ich kroch auf allen Vieren in die Hütte. Auf allen Vieren, weil ich nicht die Kraft hatte, mich aufzurichten, aber auch, weil ich im hellen Mondlicht auf der Wiese eine perfekte Zielscheibe abgegeben hätte. Ich kroch ins Stroh, und erst hier überfiel mich die Angst. Ich hörte mein Herz laut klopfen, als wollte es aus der Brust springen. Was suchte ich hier? In Deutschland, in einer fremden Scheune, am Ende des Krieges, inmitten von Bombenabwürfen, Kanonendonnern und Luftkämpfen? Was für Menschen würden am nächsten Tag vorbeikommen? SS-Soldaten? Was sollte ich ihnen sagen, wer ich war, woher ich kam, was ich hier verloren hatte? Und was, wenn sie mich töteten? Jetzt, wo alles fast vorbei war?

Und dann raschelte das Stroh am anderen Ende der Hütte. Es stellte sich heraus, dass ein Mithäftling gar nicht erst hinausgegangen war, um sich einzureihen.

Es wurde eine bewegte Nacht. In größeren und kleineren Gruppen trafen nach und nach insgesamt fünfundzwanzig weitere Häftlinge in der Scheune ein, zum Glück auch die fünf Gärtner-Mädchen, mit denen ich im Lager einen Raum geteilt hatte. Der Kriegslärm kam näher. Wir saßen im Stroh und hatten Angst. In der Scheune befanden sich auf allen vier Seiten in Augenhöhe kleine Fenster. Wir organisierten Wachen, die Ausschau hielten, und lösten einander die ganze Zeit ab.

Als erster erschien am nächsten Morgen zu unserem großen Erschrecken der Schäfer. Doch es stellte sich schnell heraus, dass er ein wenig debil war. Wir erklärten ihm, es käme bald ein Lastwagen, um uns abzuholen. Vier Tage lang wiederholten wir das, zum Glück wunderte es ihn nicht weiter, dass wir so lange da waren.

Zwei bedeutende Zwischenfälle ereigneten sich: Am zweiten Abend marschierten zwei deutsche Soldaten geradewegs auf die Hütte zu, mit voller Waffenmontur und mit ihren Stiefeln um den Hals. Sie kamen so nahe, dass wir ihre Unterhaltung verstanden. Wir hockten erstarrt im Stroh und wagten kaum zu atmen.

»Lasst uns weitergehen«, sagte der eine, »es ist noch nicht dunkel.« Und sie zogen weiter.

Am dritten Tag, dem 30. März 1945, saßen wir noch immer im Stroh. An das Brot, das wir am 27. bekommen hatten, konnten wir uns kaum noch erinnern, Trinkwasser hatten wir auch nicht. Wir waren alle in Auschwitz-Birkenau gewesen und daher geübt, mit Durst umzugehen. Im Sumpf von Auschwitz-Birkenau hatten wir auch gelernt, nicht aus unbekannten Gewässern zu trinken. Wir wussten, dass der kleine Bach, der vor der Schafhütte plätscherte, vermutlich von den Chemikalien in der nahen Munitionsfabrik vergiftet war. Also wagten wir nicht, aus ihm zu trinken.

Ich hielt gerade Wache, als auf der einen Seite der Scheune ein bekanntes Gesicht auftauchte: der »Eidechser«, ein langer dünner Holländer, einer der »Freiarbeiter«. Er hatte in der Fabrik einen elektrischen Karren gefahren, mit dem er kleinere Gegenstände transportierte und den wir »Eidechse« getauft hatten, weil er blitzschnell hin- und hersauste. Der Mann erklärte, dass der Krieg jeden Augenblick vorbei sein würde, wir aber aus Sicherheitsgründen besser noch in der Scheune bleiben sollten. Wir sollten ausharren, er würde uns Kartoffeln bringen.

Am vierten Tag, dem 31. März, warteten und warteten wir auf die Kartoffeln. Vergeblich. Dafür erschienen aber in den Fenstern und auf den Dächern der Häuser in den umliegenden Dörfern weiße Laken. Wir bereiteten uns darauf vor, in der Abenddämmerung in das nächste Dorf zu gehen, denn wir ertrugen den Hunger und den Durst nicht mehr. Es begann, dunkel zu werden, als wir Panzer erblickten. Sie hatten einen fünfzackigen weißen Stern. Sie näherten sich unserer Scheune. Schnell sammelten wir uns, krochen aus der Hütte und stellten uns vor ihr auf. Wir befürchteten, dass die Soldaten sie vielleicht beschießen würden – sie konnten ja nicht wissen, ob sich nicht deutsche Wehrmachtsangehörige in unserer Scheune versteckten. Die Panzer kamen immer näher. Wir fühlten keine Angst.

Die Panzer erreichten die Hütte. Sie wurden von schwarzen Amerikanern gefahren. Sie bildeten die Vorhut. Die weißen kamen zwei Tage später, als die Luft mit Sicherheit schon rein war. Denn auch die amerikanische Demokratie war so, dass alle Menschen gleich sind, aber die weißen noch etwas gleicher.

Diese Soldaten hatten noch kein deutsches Konzentrationslager gesehen, auch keine Häftlinge der Deutschen. Da standen wir nun aufgereiht vor der Scheune, auf unsicher schwankenden Beinen, in Lumpen; lauter lebende Gespenster, mit zitronengelber Haut, mit kurzen lilafarbenen Haarstoppeln. Unser an sich schon ausgemergelter Zustand hatte sich durch das Hungern in den letzten Tagen noch verschlechtert. Die Soldaten starrten uns entgeistert an. Soviel hatten sie allerdings sofort erkannt, dass sie gegen uns keine Waffen einsetzen mussten.

Es dauerte lange, bis wir ihnen verständlich gemacht hatten, dass wir menschliche Wesen wie sie waren, auch wenn es nicht den Anschein hatte. Keine Kriminellen. Keine Diebe, keine Betrüger, keine Mörder. Sie konnten nicht begreifen, wie wir in so einen Zustand geraten waren, worin unsere Schuld bestand. Denn jemand, den eine Gesellschaft so bestrafte, der musste doch etwas Schlimmes angerichtet haben.

Inzwischen war es dunkel geworden. Es wurde kalt, und ich zitterte und fror. Einer der Soldaten zog seinen Pullover aus und gab ihn mir. Ich habe ihn bis heute aufbewahrt als Erinnerung an diese Geste des Mitgefühls und der Menschlichkeit. Jetzt befindet sich der Pullover in der Sammlung des Dokumentations- und Informationszentrums von Stadtallendorf.

Wir gingen in das nächste Dorf mit den weißen Laken. Beim ersten Haus blieben wir stehen und läuteten an der Tür. Es war wie zu Friedenszeiten, es gab noch Häuser mit einem Gartenzaun, einer Pforte, an der Pforte einen Klingelknopf, auf den man drücken konnte und der dann klingelte!

Eine erschrockene Bauersfrau öffnete uns. Der amerikanische Soldat, der uns begleitete, machte ihr unmissverständlich klar, dass sie uns hereinlassen, verpflegen und einquartieren musste.

Sowie das Tor geöffnet war, rannte ich wie von Sinnen ins Haus. Plötzlich waren alle meine Kräfte zurückgekehrt, mich trieben der Hunger und der Durst. Als wäre ich jeden Tag zu Gast in diesem Haus gewesen, stürmte ich mit sicherem Instinkt in die Küche, und als hätte ich die Gewohnheiten der Hausfrau gekannt, fand ich sofort auf der Fensterbank die Schüssel mit den geschälten Pellkartoffeln, die dort offenbar zum Abkühlen standen.

Ich kann nicht mit Worten beschreiben, was mit mir geschah. Mich überfiel eine ungeheure Aufregung, begleitet von heftigstem Herzklopfen. In den vergangenen neun Monaten hatten wir immer, wenn wir unverhofft etwas Essbares erlangt hatten, dieses sorgfältig beiseitegelegt und gemeinsam verzehrt. Jetzt stand vor mir eine ganze Schüssel voll gekochter Pellkartoffeln, und ich vergaß jegliches Gemeinschaftsgefühl und stopfte mit beiden Händen die Kartoffeln in mich hinein. Ich wäre beinahe erstickt. Als die anderen in die Küche kamen, trocknete ich mir schon die Tränen, denn in der großen Anstrengung, mit der ich die Kartoffeln verschlungen hatte, waren mir auch die Tränen geflossen. Wie viele der unglückseligen Häftlinge starben, weil sie nicht als erstes Kartoffeln, sondern Speck oder etwas für normale Menschen völlig Alltägliches, für sie aber Unverdauliches herunterschlangen? Wenn der Mensch lange hungert, kann sein Verdauungssystem nach einer Weile schwere, fette Speisen nicht mehr verarbeiten. Das war eine furchtbare Tragödie. Sie hatten das Leiden im Lager und die Zwangsarbeit überstanden und sich dann im ersten Augenblick der Freiheit zu Tode gegessen.

Als ich im Haus wieder bei Sinnen war, fühlte ich den Geruch von Sauberkeit, sah die Küche, in der gekocht wurde, die Zimmer, die auf menschliche Weise bewohnt waren, und mir wurde der eigene Zustand erst so richtig bewusst: schmutzig, stinkend, ein spindeldürres Wesen, nur noch durch einen dünnen Faden mit dem Leben verbunden. Noch eine Stunde vor Eintreffen der amerikanischen Panzer war es mir gleichgültig, wenn auch dieser Faden gerissen wäre. Jetzt mit den vielen Kartoffeln im Bauch klammerte ich mich an diesen Faden und empfand ihn als dickes Drahtseil. Aber ich fühlte auch die tiefe Kluft, die uns vom normalen Leben trennte.

Und es überfiel mich das Gefühl, das mein Leben nach Auschwitz-Birkenau kennzeichnen sollte: das Gefühl der Entwurzelung, das mich seit der Deportation, seit ich aus der Gemeinschaft mit meinen Eltern und meiner Familie herausgerissen wurde, überall begleitet hat und weiterhin begleiten wird, solange ich lebe. Es gibt kein Leben, das lang genug ist, um so etwas zu vergessen. Nicht nur, dass kaum jemand aus der Verwandtschaft überlebt hat, die Toten haben nicht einmal eine Grabstätte. Nichts, wo ich einen Kieselstein ablegen könnte. Es gibt kein Grab für meinen Vater und meine Mutter. Nur im Geiste bringe ich meiner Mutter zu ihrem Geburtstag am 10. März Maiglöckchen, die hat sie auch immer von meinem Vater bekommen, sie mochte sie so gern. Jedes Jahr

Heini Kurz, 1945
Foto: Privatbesitz

im August, wenn die Tuberosen blühen, kaufe ich sie, solange es sie gibt, zur Erinnerung an meine Mutter. Denn am 24. August im Jahre 1924 hatten meine Eltern geheiratet, und der Brautstrauß bestand aus Tuberosen. Und jedes Jahr am Hochzeitstag schenkte mein Vater meiner Mutter einen Strauß Tuberosen.

Wir erfuhren, dass sich das Haus, in dem wir noch einige Wochen nach der Befreiung wohnten, in Ziegenhain in der Schulstraße befand und einer Familie Kurz gehörte. Der Familienvater war im Krieg gefallen. Den kleinen landwirtschaftlichen Betrieb und den Haushalt führte Frau Kurz beispielhaft. Der Sohn, Heini Kurz, war damals sechzehn Jahre alt. Er war offensichtlich schwer erschüttert. Sein Kopf war mit der Naziideologie vollgestopft worden, und da waren nun wir, ein mit Händen greifbares Produkt des Nazismus. Und wir waren, wie wir waren, und nicht so, wie man es ihm beigebracht hatte.

Als wir im Jahr 1990 in der unvergesslichen Begegnungswoche »meine Scheune« aufsuchten, besuchten wir auch Heini Kurz. Aus Ziegenhain war inzwischen Schwalmstadt geworden, aus dem Dorf eine kleine Stadt. Das Haus der Familie Kurz stand immer noch, schön in Ordnung gehalten, in der Schulstraße. Als wir ins Haus traten, ich und die fünf Gärtner-Mädchen, sprach uns Heini mit Namen an. Er erinnerte sich genau an uns. Er hatte seine Kinder großgezogen, war mittlerweile Großvater und hatte viele Jahre in Afrika gearbeitet.

Im April und Mai 1945 waren wir so mit unserer körperlichen Regenerierung beschäftigt, dass wir nicht registrierten, wie die Zeit verging. Unsere gesamte Energie verwendeten wir darauf, Fett und Muskelgewebe unter der Haut und auf den Knochen zu bilden. Das gelang auch, sogar mehr, als uns lieb war. Zu Anfang aßen wir völlig hemmungslos. Die amerikanischen Truppen sahen es als ihre Pflicht an, unsere Versorgung zu organisieren. Sie taten das auf einem Niveau wie zu Friedenszeiten. Plötzlich waren wir mit jeder Menge Lebensmittel von guter Qualität versorgt, und wir konnten und wollten uns beim Essen nicht mäßigen. Wir fanden, wir hatten einen enormen Nachholbedarf auf diesem Gebiet. Doch dann nahmen wir bald wieder unsere alten, gewohnten Formen an.

Wir zogen bei Familie Kurz aus. Meine Fünferreihe war an jenem 28. März, als ich zurück in die Scheune gekrochen war, weitermarschiert. Ich schloss jetzt mit Magda Perlstein Freundschaft. Wenn es stimmt, dass nomen omen ist, traf es auf sie unbedingt zu. Sie war wirklich eine Perle. Wir bewohnten zu zweit eine kleine Mansarde über einer Gewürzhandlung in Allendorf. Der Besitzer konnte uns nicht leiden, er war nicht wie die Kurz-Familie. Die Gärtner-Mädchen wohnten gegenüber, auf sie konnte man sich immer verlassen. Das Haus, in dem wir wohnten, ist später abgerissen worden, es hat einer Straße im wachsenden Stadtallendorf Platz gemacht.

Magdas Kosename war Bodri. Bodri war die Treue, Zuverlässigkeit und Herzlichkeit in Person. Sie besaß zwei beneidenswerte Dinge: Erstens wusste sie eine amerikanische Adresse, von ihrem Onkel oder ihrer Tante. Sie hatte sich die Adresse so gut eingeprägt, dass sie sie noch im Tiefschlaf fehlerfrei aufsagen konnte. Von dieser

Bodri, Olga und ich im Juni 1945
Foto: Privatbesitz

Adresse erhielt sie ein Affidavit, das heißt die Bürgschaftserklärung eines amerikanischen Bürgers, für einen Flüchtling aufzukommen. Das andere, wofür man sie beneiden konnte, war, dass sie erfuhr, dass auch ihr Bruder Miklós die Deportation überlebt hatte. Die beiden trafen sich später in Deutschland. Von diesen beiden Dingen ist eines allein schon viel: ein Ort, an den man gehen, ein Familienmitglied, mit dem man zusammenhalten kann. Beides verleiht Sicherheit.

Magda und Miklós beschlossen, dass Miklós nach Ungarn fahren soll, um sich dort umzusehen, und danach wollten sie gemeinsam nach Amerika reisen. Miklós fuhr auch nach Hause und wurde dort von einer sowjetischen Patrouille für eine »malinkij robot« – eine kleine Arbeit – für vier bis fünf Jahre nach Sibirien verschleppt. Zum Glück kam er zurück und konnte dann endlich, nach der ungarischen Revolution 1956, ebenfalls in die USA emigrieren.

Magda wurde Krankenschwester. Ihr ganzes Arbeitsleben hatte sie dieselbe Arbeitsstelle inne, als Assistentin bei einem ungarischen Arzt. Sie hat einen Sohn und eine Tochter und ist inzwischen mehrfache glückliche Großmutter von begabten Enkelkindern.

Im Sozialismus, als es nicht ratsam war, Briefe mit amerikanischem Absender zu erhalten, sind all meine ausländischen Beziehungen abgerissen, mit Ausnahme jener zu meinen Verwandten in Israel. Auch zu Bodri hatte ich den Kontakt verloren. Aber dann, irgendwann in den Achtzigerjahren, als die Verhältnisse im »Gulaschkommunismus« unter János Kádár schon etwas lockerer geworden waren, kam Bodri nach Budapest. Sie suchte fieberhaft nach mir. Es dauerte Tage, bis sie meine Telefonnummer herausfand, dann rief sie sofort – es war gegen Mitternacht – an.

»Wo bist Du Bodri? Ich komme sofort und hole Dich!«, rief ich. Und seitdem warte ich jedes Jahr auf das Ende des Sommers, weil sie dann gemeinsam mit Miklós nach Budapest kommt. Ihr Haar ist heute nicht mehr schwarz, aber ihr Herz, ihre Freundlichkeit und ihre Treue sind wie einst.

Inzwischen war es Juni, Juli 1945 geworden, und ich musste den Tatsachen ins Auge sehen. Es zirkulierten Namenslisten von Überlebenden der verschiedenen Lager, wir hörten Nachrichten, lasen Zeitungen, und unser Traum von einem Zuhause wie in unserer unberührten Kindheit in der Zeit vor dem Ghetto verflog. Ich musste entscheiden, ob ich zurück nach Ungarn gehen oder draußen bleiben wollte. Von meinen Angehörigen fand ich keinen Namen auf irgendeiner Liste.

Wie kann man Gefühle und Verstand trennen? Überhaupt nicht.

Nach dem Krieg brauchte man nicht viel Verstand, um zu erkennen, dass es in Auschwitz-Birkenau keine dritte Seite gegeben hatte, sondern nur zwei: Die eine Seite, auf der man direkt in den Tod geschickt wurde, die andere, auf der man eine Chance hatte, eventuell zu überleben. Wer nicht auf der zweiten Seite war – mein Vater, meine Mutter, meine Schwester –, der war nirgends. Ich wollte nicht wahrhaben, dass es Gilike nicht mehr gab.

Wenn ich als Kind gefragt wurde, was ich mir wünschte, antwortete ich immer, dass ich eine lebendige Puppe haben wollte, mit anderen Worten eine Schwester oder einen Bruder. Acht Jahre musste ich warten. Eines Tages teilte meine Mutter mir mit, dass es bald soweit sein würde. Es kam dann der Abend, an dem meine Zahnbürste, mein Kamm und meine Bürste, mein Pyjama und meine Hausschuhe eingepackt wurden und ich bei unseren Nachbarn, bei Tante Rezsinke, ein paar Häuser weiter, einquartiert wurde. Meine Eltern versprachen mir, dass ich höchstens zweimal dort übernachten müsste, und wenn ich nach Hause käme, wäre meine lebendige Puppe da. Aber schon am nächsten Morgen weckte mich Tante Rezsinke mit einem breiten Lächeln und verkündete, wenn wir jetzt nach Hause gingen, dann würde ich dort eine schöne lebendige Puppe finden. Ich wollte nicht einmal frühstücken, nur ganz schnell nach Hause laufen.

Meine Mutter lag im Bett und erschien mir schöner als je zuvor. Ihr Gesicht strahlte so glücklich. Mein Vater stand am Fuß des Bettes und schien sehr zufrieden. Neben meiner Mutter war eine Wiege, und darin lag ein richtiges Baby, ein kleines Mädchen, pummelig wie ein Murillo-Engelchen, rosig wie der schönste Pfirsich, und auf dem Kopf hatte sie einen Schopf roter Haare, der wie ein Hahnenkamm aussah. Sie war schöner als alles, was ich mir gewünscht hatte. Sie schlief friedlich. Auch sie war offensichtlich mit ihrer Lage einverstanden.

Ich zog meinen Vater sofort zur Seite, sogar bis ins Badezimmer. Denn ich musste ihn etwas sehr Wichtiges fragen, das niemand sonst hören durfte. Bis dahin war ich ja die Einzige gewesen, hatte das Revier beherrscht, war die Hauptperson. Ich hatte mir diese lebendige Puppe sehr gewünscht, ich war auch sehr glücklich, dass sie endlich da war, nachdem ich schon so lange auf sie gewartet hatte. Aber ich musste meinen Status klären. Denn jetzt sollte ich ja meine Macht mit ihr teilen, meine bisherige Alleinherrschaft aufgeben. Also fragte ich meinen Vater:

»Wird das Kind mich duzen dürfen?« – Denn ich sprach von ihr als »das Kind«, damit wollte ich meine Überlegenheit betonen. Mein Vater erfasste sofort die tiefe Bedeutung dieser Frage und antwortete vollkommen ernsthaft: »Ja.«

In der Geburtsurkunde meiner Schwester ist als ihr Name Ágnes Terézia Fahidi eingetragen, als Geburtstag der 24. April 1933, der St. Georgstag. Dieser Tag ist auch der Beginn des Lebens auf dem Gehöft: Die Schafe werden herausgelassen, die dann nach und nach auf allen Weiden grasen. Die Rinder werden auf die alkalische Wiese bei Csikokút gebracht und kommen bis zum Herbst nicht auf das Gehöft zurück. Es gibt keine größere Freude, als an diesem Tag geboren zu sein. Alle sind wir sehr glücklich.

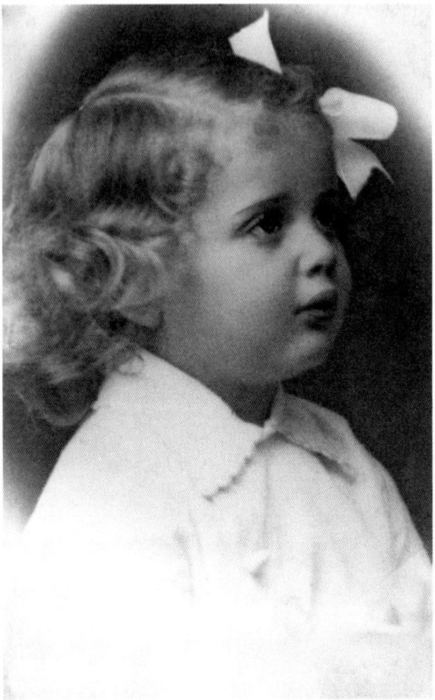

Gilike im Alter von drei Jahren
Foto: Privatbesitz

Ich habe das Gefühl, dass ich die Glücklichste von allen bin. Ich darf das Baby wiegen, auf den Schoß nehmen, mit ihm sprechen, ihm etwas vorsingen, beim Baden, beim Wickeln und beim Stillen assistiere ich, ich bin die Große, die geschickt ist und helfen kann. Ohne mich wüsste meine Mutter gar nicht, wie sie das alles schaffen soll. Stolz schieben wir gemeinsam den Kinderwagen.

Das Kind beginnt zu babbeln, und wir babbeln zurück. Wir sagen Ágnes, Ágika. Und dann wird Ágnes zu Ágili, Gili, Gilike. Und dieser Name bleibt an ihr haften. Unsere einzige Gilike, meine Gilike.

Sie ist wie ich, nur noch etwas kleiner. Aber es lässt sich trotzdem schon alles Mögliche mit ihr anstellen. Vor allem kann man ihr das Turnen beibringen. Wir machen ständig Vorführungen für die Familie. Gilike wird von Tag zu Tag geschickter. Man muss sie schon nicht mehr anstoßen, sie schaukelt ganz alleine. An den Ringen beherrscht sie bereits alles, was ich beherrsche. Man sagt über uns, dass wir mehr auf den Händen als auf den Füßen gehen. Kaum fünf Jahre alt, schwimmt Gilike schon ganz prima und spielt mit ihrem kleinen Schläger Tennis. Ich genieße es, immer eine Spielkameradin zu haben. Wir spielen Federball, Handball, bauen Sandburgen. Gilike erweist mir, was einer großen Schwester zusteht: strahlende Bewunderung, so wie ich sie für Boci empfinde, meine um acht Jahre ältere Cousine.

Gilike war vielleicht sechs Wochen alt, als über dieselbe Vermittlungsstelle, durch die Ruth Stein zu uns gekommen war, für Gilike ein Kindermädchen namens Erna Rieß bei uns eintraf. Sie hatte ebenfalls die Waldorf-Ausbildung absolviert. Erna war noch nicht einmal achtzehn Jahre alt. Sie kam nicht so an wie Ruth damals. Sie trug einen abgetragenen kleinen Wintermantel und hielt in der einen Hand einen ganz kleinen Koffer, in der anderen eine Gitarre. An der Gitarre waren viele bunte Bänder. Ihr dickes honigblondes Haar trug sie in zwei Schnecken über den Ohren. Erna war schüchtern, sehr lieb, spielte Gitarre und sang sehr schön dazu, und ich sang gerne mit ihr. Es war, als hätte meine Mutter plötzlich drei Töchter.

Gilike im Alter von fünf Jahren
Foto: Privatbesitz

Gilike hatte Erna sehr gern. Das zeigte sich auch darin, dass ihr erstes Wort nicht »Mama«, sondern »Erna« war.

Erna wurde mit uns gemeinsam unter der freundlichen Obhut unserer Mutter erzogen. Sie lernte sehr viel, wozu sie zu Hause nicht die Möglichkeit hatte. Sie stammte aus einer armen Familie. Meine Mutter brachte ihr Manieren bei, zeigte ihr, wie man einen Haushalt führt, sich kleidet, in einer Gesellschaft entspannt am Gespräch teilnimmt. Als Erna nach dem Tod ihrer Mutter 1943 nach Hause fuhr, reiste statt des kleinen Kükens, das damals zu uns hereingehüpft war, eine richtige Dame wieder ab. Sie verabschiedete sich unter Tränen und versprach, die Verbindung nie abbrechen zu lassen. Sie wusste nicht, was für eine schwere Aufgabe sie da auf sich genommen hatte, aber sie hielt ihr Versprechen.

Es waren seit 1943 viele Jahre vergangen bis zu den Fünfzigerjahren. Dass es Erna in den Sinn gekommen war, mich ausgerechnet bei der Alliance Française zu suchen, muss eine Freud'sche Eingebung gewesen sein. Wie schon erwähnt, besuchte ich die Alliance, als ich Hilfsarbeiterin war, um mich aufzuwärmen und um Friedensgeruch zu schnuppern. Dort erreichte mich ein Brief von Erna. Als 1968 die Lage sicher erschien, kam sie mit ihrem Mann nach Budapest, um mich in die Arme zu schließen. Sie hieß jetzt Mme Auberger, lebte in Arles sur Rein und hatte sechs Kinder. Ihr Mann war Kulturbeauftragter und Vorsitzender der Handelskammer von Arles. Bei unserer Begegnung wussten wir nicht, ob wir lachen oder weinen sollten. 1975 erwiderte ich den Besuch. Sie hat mich auf Händen getragen. Innerhalb einer Woche wollte sie all das, was sie von meiner Mutter bekommen hatte, zurückgeben.

1945 war aus dem Frühling Sommer geworden. Mein Haar war wieder gewachsen. Mit Beklemmung studierte ich die in Deutschland erstellten Listen von Überlebenden. Nirgends ein Name aus meiner Familie. Ich versuchte, mich an den Gedanken zu gewöhnen, dass kein Angehöriger mehr am Leben war. Aber ich konnte mir immer noch nicht vorstellen, dass ich nach Hause fahre – denn nur so konnte ich mir ein Bild von dem machen, was geschehen war – und keiner der Meinigen wäre da. Vor allem konnte ich mir nicht vorstellen, dass Gilike nicht da war. Das Treffen mit ihr hatte ich mir immer so ausgemalt, dass ich schon zu Hause bin und sie kommt...

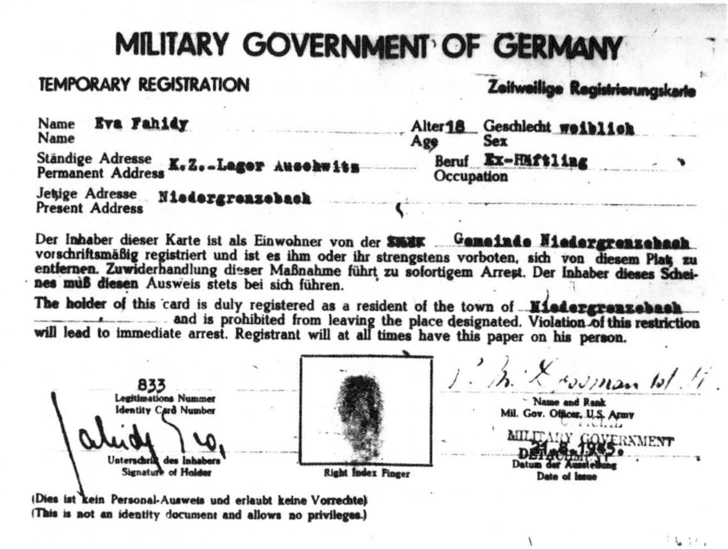

MILITARY GOVERNMENT OF GERMANY

TEMPORARY REGISTRATION — Zeitweilige Registrierungskarte

Name / Name: Eva Fahidy — Alter / Age: 18 — Geschlecht / Sex: weiblich

Ständige Adresse / Permanent Address: K.Z.-Lager Auschwitz — Beruf / Occupation: Ex-Häftling

Jetzige Adresse / Present Address: Niedergrenzebach

Der Inhaber dieser Karte ist als Einwohner von der Gemeinde Niedergrenzebach vorschriftsmäßig registriert und ist es ihm oder ihr strengstens vorboten, sich von diesem Platz zu entfernen. Zuwiderhandlung dieser Maßnahme führt zu sofortigem Arrest. Der Inhaber dieses Scheines muß diesen Ausweis stets bei sich führen.

The holder of this card is duly registered as a resident of the town of Niedergrenzebach and is prohibited from leaving the place designated. Violation of this restriction will lead to immediate arrest. Registrant will at all times have this paper on his person.

833
Legitimations Nummer / Identity Card Number

Unterschrift des Inhabers / Signature of Holder

Right Index Finger

Name and Rank
Mil. Gov. Officer, U.S. Army

MILITARY GOVERNMENT DETACHMENT

21.8.1945.
Datum der Ausstellung / Date of Issue

(Dies ist kein Personal-Ausweis und erlaubt keine Vorrechte)
(This is not an identity document and allows no privileges.)

Mein erster Personalausweis nach der Befreiung
Quelle: Privatbesitz

Im Sommer und im Herbst 1945 war ein Mann namens Dawning im Rang eines Oberst Oberbefehlshaber der amerikanischen Militärpolizei. Von ihm erhielt ich meinen Personalausweis, in dem als meine ständige Adresse das »K.Z.-Lager Auschwitz« und als mein Beruf »Ex-Häftling« eingetragen ist. Er hängt heute im Museum von Stadtallendorf. Soviel über die Vorstellung der Amerikaner von menschlicher Würde. Abgesehen von der Verpflegung, auf die großes Gewicht gelegt wurde, wurden wir auch dementsprechend behandelt. Dawning ließ nicht zu, dass wir nach Ungarn zurückkehrten, mit der Begründung, dass es von den Sowjets besetzt sei. Wir sollten ruhig in Deutschland bleiben. Schließlich drohten wir, sein Büro anzuzünden, wenn er uns keinen Waggon beschaffte und uns nach Hause fahren ließ.

So saß ich dann wieder im Viehwaggon, unter mir ratterten langsam die Räder. Die Reise dauerte Wochen, an jedem Bahnhof ließ man uns warten.

Im Waggon feierte ich meinen zwanzigsten Geburtstag. Allein. Niemand von denen, die mir wichtig waren, denen mein Geburtstag etwas bedeutet hätte, wusste davon. Meine Eltern, meine Verwandten, sie lebten schon längst nicht mehr. Ich konnte nicht umhin, daran zu denken, was für einen zwanzigsten Geburtstag sie mir bereitet hätten und was daraus geworden war. Ich hatte große Sehnsucht nach meinem Zuhause, aber zur gleichen Zeit wünschte ich mir beinahe ebenso sehr, nie in Debrecen anzukommen. Denn solange ich unterwegs war, konnte ich noch hoffen. Doch ich wusste, einmal würde ich ankommen und dann musste ich mich der Realität stellen.

Am 4. November 1945 traf ich in Debrecen ein. Graue Wolken zogen über den Himmel, wie damals, am 19. März 1944, als die deutsche Wehrmacht Ungarn besetzte. Wenn ich nur den Himmel betrachtete, schien es, als wäre ich nie weg gewesen. Aber ich musste auch um mich schauen. Da stand ich am Bahnhof von Debrecen, und alles war von Bomben zerstört, kein Stein war auf dem anderen geblieben. Alles sah vollkommen fremd aus, ich hatte es nie gesehen. Auf dem Weg nach Hause blickte ich in die Barna Straße, wo das Haus meines Onkels Toni gestanden hatte. An seiner Stelle lagen Trümmer. Mit klopfendem Herzen rannte ich weiter.

Ich lief an unserem Haus vorbei. Ich hatte es nicht bemerkt. Ich war schon am bekannten Tor des Nachbarhauses und musste umkehren und zu unserem Haus zurückgehen. Als ich vor der Tür stand, wusste ich: Hier hatte ich nichts zu suchen. Von unserem Garten, der mit seinen gepflegten Blumenbeeten, den sorgfältig beschnittenen Buchsbäumen und den Weinranken an der Hauswand der Stolz meiner Mutter gewesen war, war nichts mehr zu sehen. Er war von einer Bombe getroffen worden. Der Bombentrichter hatte die eine Gartenecke verunstaltet, um den Garten hatte sich offensichtlich niemand gekümmert.

Mit zitternden Händen läutete ich.

Ein fremder Mann öffnete die Tür. Ich erklärte, dies sei mein Haus und ich sei wieder nach Hause gekommen. Er erwiderte, dass ihn das nicht interessiere. Jetzt wohnten hier dreizehn Personen, mehrere Familien, für mich sei hier kein Platz, ich solle gehen, wohin ich wolle.

Jetzt verlor ich alle Hoffnung.

Mir wurde bewusst: Ich war vollkommen allein, hatte niemanden mehr auf der Welt.

In der griechischen Tragödie gilt die Regel, dass der Mensch seinem Schicksal nicht entgehen kann. Aber er muss es sich verdienen, er muss gegen die Menschheit sündigen, Verbrechen begehen, die jeden entsetzen, so dass die Gesellschaft gezwungen ist, ihn zu bestrafen. Ich aber stand nur vor der Tür des eigenen Hauses. Was hatte ich getan, dass mich das Schicksal wie in der griechischen Tragödie ereilte?

Was man zwar mit dem Verstand weiß, kann man oft gefühlsmäßig trotzdem nicht erfassen. Ich wusste, dass ich meine Eltern verloren hatte. Damit abfinden kann ich mich bis heute nicht, wo sie längst eines natürlichen Todes gestorben wären. Die Art, wie ich sie verloren habe!! Den Gastod von Gilike habe ich weder mit dem Verstand noch mit den Gefühlen jemals begriffen. Ich wartete immer, dass sie kommen würde. Im November 1945, als ich gerade nach Debrecen zurückgekehrt war, fand Hédi, die Schwester meiner Mutter, meinen Namen auf einer Liste. Nur *meinen* Namen. Dadurch wusste sie, dass ich allein übriggeblieben war. Sie ließ nach mir schicken, und ich konnte bei ihr in Érsekújvár unterschlüpfen. Ich weiß nicht, wie oft ich von dort nach Ungarn hinübergefahren bin, denn ich hatte das Gefühl, ich müsse sofort in Debrecen sein, da Gilike jeden Augenblick eintreffen könnte.

Nach der Wende im Jahr 1989 konnte ich ein kleines privates Unternehmen gründen. Einmal exportierte ich in den Neunzigerjahren sechzehntausend kleine Handarbeiten nach Finnland. Als Markennamen hatte ich Gili und als Logo ein tanzendes kleines Mädchen mit Zöpfen gewählt. Wenn Gili irgendwo lebt und ihr zufällig so eine Handarbeit in die Hände kommen würde, würde sie erkennen, dass es eine an sie gerichtete Botschaft war. Denn seinen Namen vergisst man nicht. Noch heute denke ich, ich müsste mehr Nachrichten in die Welt schicken, denn Gilike lebt, nur weiß ich nicht, wo. Eines schönen Tages steht sie vor der Tür und sagt: »Wir haben uns aber lange nicht gesehen, lass uns gemeinsam ein Rad schlagen.«

Als ich mich 2004 in Deutschland aufhielt, erschien in Budapest eine Zeitungsannonce: »Ich suche die Schwester von Gilike aus Debrecen. Ich war Gilikes Freundin.« Darunter ein Name und eine australische Telefonnummer. Mehrere Bekannte hatten diese

Gilike mit Mari Vágó, 1940
Foto: Privatbesitz

Nachricht auf meinen Anrufbeantworter gesprochen, weil sie wussten, dass ich nicht zu Hause war. Der Name der Freundin war mir vollkommen unbekannt. Ich recherchierte und fand anhand der australischen Telefonnummer heraus, dass es sich um Marika Vágó handelte. Sie war ein wunderschönes Mädchen gewesen, die Jüngste in der Vágó-Familie und wirklich eine gute Freundin Gilikes. Die beiden hatten sich am liebsten unter dem Tisch und unter dem Flügel aufgehalten und dort miteinander getuschelt. Die Erwachsenen beider Familien lernten sich über die Kinder kennen.

Die Familie Vágó wurde, wie viele bekannte Familien von gutem Ruf, Opfer des Sozialismus. Marikas Vater wurde nach einem Schauprozess verurteilt. Die Nerven ihrer Mutter versagten. Marikas Schwester starb entsetzlich jung und hinterließ einen kleinen Sohn. Auch Marika kam ins Gefängnis. Sie ließ Ungarn, den Schauplatz ihres Leidens, so weit hinter sich, wie es nur möglich war. Sogar ihren Familiennamen legte sie ab. Es war mir nicht vergönnt, sie zu treffen, als sie Ungarn besuchte. Das bedauere ich unendlich.

Das war der Stand der Dinge, als ich die ungarische Version dieses Buches schrieb. Aber je weiter die Kindheit zurückliegt, desto stärker sehnt man sich nach ihr. Und so erhielt ich noch eine Nachricht von Marika:

Nächstes Jahr komme ich wieder. Ich komme für eine Woche zu Dir.

Mit großer Freude, aber auch ein wenig angespannt, sah ich dieser Woche entgegen.

Woran konnte ich mich noch erinnern? Was erhoffte sich Marika, die sich inzwischen Anna nennt, von mir? Was konnten ihr meine wenigen Erinnerungsfetzen geben, um deretwillen sie sich noch einmal von Australien hierher auf den Weg machen wollte? Ich erinnerte mich kaum daran, wie sie damals als Kind war. Aber als sie dann ankam, war es viel wichtiger, wie sie jetzt war. Mich beeindruckten die Ruhe, die sie ausstrahlte, ihre Ausgeglichenheit, ich kann fast sagen ihre Weisheit. Ich hatte das Gefühl, dass sie alles über die Welt wusste, das zu wissen sich lohnt. Sie hatte sich ihre eigene Welt geschaffen, die heiter, harmonisch und friedlich war, voller Mitgefühl und tiefer Einsicht. Marika/Anna weiß, dass nur das zählt, was das Wichtigste im Leben ist. Mit unwichtigen Dingen sollte man sich nicht befassen. Die Woche verging wie ein einziger Tag, wie ein einziger Augenblick. Ich weiß gar nicht mehr, was wir uns eigentlich erzählt haben. Wir haben auch nichts Besonderes unternommen. Aber wir mussten nicht lange suchen, was wir einander geben konnten. Die Erinnerungen kamen von selbst, an unsere Elternhäuser, unsere Gärten, die gemeinsame Schule, an Debrecen. Auch mich erfüllte Frieden. Wir hatten ein tiefes Verständnis und Mitempfinden füreinander. Beide hatten wir sehr, sehr viel verloren, in uns war die gleiche Trauer… In dieser verzauberten Woche habe ich vom Schicksal ein spätes Geschenk erhalten: Marika/Anna/Gilike.

Auch wenn wir anders sind als unsere verlorenen Geschwister, so können wir doch geschwisterliche Gefühle füreinander empfinden und mit schwesterlicher Liebe aneinander denken.

Magda Perlstein, Heini Kurz und ich während der Begegnungswoche in Stadtallendorf, 1990
Foto: Privatbesitz

Die unvergessliche Begegnungswoche

Im Jahr 1989 erschien in allen wichtigen Zeitungen Ungarns eine Anzeige, in der der Magistrat von Stadtallendorf alle ehemaligen Häftlinge des Lagers Münchmühle, die im Zweiten Weltkrieg in der Munitionsfabrik in Allendorf gearbeitet hatten, dazu aufrief, sich zu melden.

Im kommunistischen Ungarn war von uns erwartet worden, den eigenen Holocaust zu vergessen oder, wenn wir dazu nicht fähig waren, wenigstens nicht darüber zu sprechen oder, falls uns auch das unmöglich war, uns auf keinen Fall *öffentlich* darüber zu äußern. Jeder totale Staat funktioniert ähnlich, es gab zu viele Gemeinsamkeiten zwischen Faschismus und Stalinismus, die nicht offenkundig werden sollten. Und wir schwiegen um unserer Ruhe willen, gehorsam und opportunistisch.

Für die meisten von uns lebte Deutschland in der Erinnerung so weiter, wie es war, als wir es 1945 verließen: ein faschistischer Staat, in dem Menschen wie wir und beinahe auch wir selbst ermordet wurden, wo man uns erniedrigt und gequält hatte. Daran erinnerten uns unsere Albträume immer wieder aufs Neue. Als ich die Anzeige las, war mein erster Gedanke und auch der meiner Mithäftlinge: »Was wollen die jetzt noch von uns?«

Für uns, die wir in Ungarn lebten, war unvorstellbar, was in Deutschland inzwischen vor sich gegangen war: Die Deutschen beschäftigten sich mit ihrer Vergangenheit und hatten den Mut, Konsequenzen zu ziehen, die Kraft, ihre Verbrechen zu bekennen. In der Geschichte ist wiederholt der Begriff der Kollektivschuld aufgetaucht, die Deutschen haben ihn auf sich angewendet. Das irritiert mich sehr. Es gibt so etwas wie Kollektivschuld nicht. Schuld trifft denjenigen, der sich schuldig gemacht hat. Ebenso fremd ist mir eine Religion, nach der der Mensch als Sünder geboren wird. Ich glaube, dass jeder gut und unschuldig als unbeschriebenes Blatt auf die Welt kommt. Wie das Blatt beschrieben wird, hängt von jedem Einzelnen ab. Die Verantwortung liegt bei ihm, er kann sie niemand anderem zuschieben.

1990 lernte ich anlässlich der Begegnungswoche ein anderes Deutschland kennen. Das Motto der Begegnung lautete: »Das Geheimnis der Versöhnung heißt Erinnerung.« Es war eine demütig ausgestreckte Hand, wir mussten sie ergreifen.

Seitdem sind schon wieder Jahrzehnte vergangen. Die Generation der heute Zwanzig- und Dreißigjährigen fragt sich mit Bangen, was ihre Großväter oder ihre Großmütter damals womöglich verbrochen haben, als sie in ihrem Alter waren. Wann fragen sich das die jungen Leute in Ungarn?

Am 10. April 2005 wurde in Buchenwald und in Weimar anlässlich des sechzigsten Jahrestages an die Befreiung des Lagers erinnert. Tausendzweihundert ehemalige Häftlinge aus den während des Zweiten Weltkriegs von Deutschland besetzten Ländern waren eingeladen: aus Polen, Belgien, Holland, Dänemark, Russland, der Ukraine, Ungarn, Siebenbürgen usw., dazu Vertreter der alliierten Befreier einschließlich der ehemaligen sowjetischen Roten Armee.

Sie sprachen alle im Weimarer Theater. Diese Erinnerung in Deutschland stand unter dem ausdrücklichen offiziellen Motto: »Ein Teil der heutigen deutschen Identität sind der Zweite Weltkrieg, Auschwitz, der Massenmord und die Rassendiskriminierung.« Und: »Auch die Rote Armee hat als Befreierin an der Niederschlagung Nazideutschlands mitgewirkt.«

Seit ich diese Zeilen geschrieben habe, sind wieder fünf Jahre vergangen, und wir haben inzwischen den fünfundsechzigsten Jahrestag der Befreiung Buchenwalds begangen. An dieser Feier nahmen nur noch siebenundachtzig von uns ehemaligen Häftlingen teil, zusammen mit unseren Begleitern, den ebenfalls etwas gealterten Generälen, die uns damals, als sie noch junge Offiziere waren, befreit hatten. Im Weimarer Rathaus, dessen schöne historische Holztreppen wir schon etwas stärker keuchend emporstiegen, hielten der Oberbürgermeister Stefan Wolf und der Leiter der Gedenkstätten Buchenwald und Mittelbau-Dora, Volkhard Knigge, bewegende Reden. Im Namen der heutigen deutschen Gesellschaft sprachen sie aus, dass die Verantwortung für den Holocaust auch an die kommenden Generationen übertragen werde, damit sie nie erlösche. Ich glaube fest daran, dass die deutsche Gesellschaft ihre Pflicht nicht vergessen wird, auch wenn nach weiteren fünf Jahren am 11. April vielleicht kein ehemaliger

Beim Dolmetschen für den Bürgermeister Manfred Vollmer während der Begegnungswoche in Stadtallendorf am 25. Oktober 1990
Foto: Privatbesitz

Häftling mehr zum Gedenken an die Befreiung des Lagers Buchenwald auf dem Appellplatz stehen kann.

Ich bin optimistisch und vertraue darauf, dass ich noch erleben werde, wie die Erinnerung an die vier Judengesetze von 1920, 1938, 1939 und 1941 und die Ereignisse von Kamenez-Podolsk

Beim Besuch des ehemaligen Lagers Allendorf, 1990
Foto: Privatbesitz

1941* sowie die Rolle Ungarns bei den Deportationen und der Ermordung von fast sechshunderttausend Ungarn Teil der ungarischen Identität geworden sind.

Als mein erstes kleines Büchlein, das die Grundlage für dieses Buch bildet, in Deutschland erschien, schlug es unerwartet hohe Wellen. Seitdem werde ich zu Lesungen eingeladen, oft treffe ich Abiturklassen, etwa siebzehn- bis neunzehnjährige Jugendliche. Der deutsche Geschichtsunterricht und die Vorbereitung der Lehrerinnen und Lehrer haben mich sehr beeindruckt. Ich begreife diese Begegnungen als Mission. Wenn man mich einlädt, komme ich.

In Ungarn habe ich die unterschiedlichsten Erfahrungen gemacht. In Debrecen war ich als Gast im Tóth Árpád-Gymnasium, wo mich weder der Schulleiter noch einer der Pädagogen mit in den

* Im Juli 1941 schoben ungarische Truppen mehrere tausend Juden aus Ungarn in die ukrainische Stadt Kamenez-Podolsk ab. Hier wurden sie Ende August zusammen mit den ortsansässigen Juden, insgesamt 23 600 Menschen, von der SS erschossen.

Vortragssaal begleitete. Man hatte die Schülerinnen und Schüler einfach hineingeschickt, ohne sie in irgendeiner Weise vorzubereiten. Die armen Kinder waren völlig verwirrt. Noch heute ist mir nicht klar, warum man mich eingeladen hatte.

Gottlob habe ich auch andere, positive Erfahrungen gemacht, und zu meiner Freude kann ich feststellen, dass es immer mehr werden. Auch bei uns in Ungarn gibt es inzwischen Pädagoginnen und Pädagogen, denen es wichtig ist, dass die Geschichte des Holocaust in Ungarn und die Verantwortung der ungarischen Gesellschaft nicht vergessen werden. Die jungen Menschen zwischen fünfzehn und achtzehn Jahren sind offen und sensibel. Auch ungarische Schülerinnen und Schüler stellen Fragen, aus denen ihr Mitgefühl oder sogar ihre Scham deutlich werden. Und hier hat

Vor dem Gedenkstein im ehemaligen Lager Allendorf, 1990
Foto: Privatbesitz

Mit Anikó und Lili, 1990
Foto: Privatbesitz

die aktuelle ungarische Regierung eine große Verpflichtung: Solange es keine Geschichtslehrbücher gibt, in denen die Tatsachen der jüngsten Vergangenheit entsprechend gewürdigt werden, wird es leicht sein, Xenophobie und Rassenhass in der Gesellschaft zu verbreiten.

Denn es geht schon lange nicht mehr nur um das, was vor sechzig, siebzig Jahren passiert ist. Damals trug der Tod in Europa deutsche Wehrmachtsstiefel, und ganz Europa war erfüllt von Angst. Wenn die Angst unserer Familie, die Angst der ungarischen Juden, der europäischen, auf von Deutschen besetzten Gebieten lebenden Juden, Nichtjuden, Zigeuner und aller Verfolgten zusammengeflossen wäre, wäre die Welt darin versunken.

Darüber muss gesprochen werden, aber das allein reicht nicht aus. Leiden ist immer sinnlos. Es gibt kein Leiden, vor allem kein von der Geschichte verursachtes, von dem man sagen könnte, es war aus bestimmten Gründen sinnvoll. Deshalb empfinde ich es als so schmerzhaft, dass auch ich meine grausamen Erlebnisse nicht so vermitteln kann, dass jemand, der sie nicht durchlitten

Feierliche Übergabe von Anikós Skulptur im Büro des Bürgermeisters Manfred Vollmer, Stadtallendorf im Oktober 1992
Foto: Privatbesitz

hat, in der Lage ist, sie nachzuempfinden. Allein das eigene Erleben überzeugt. Die Gefahr besteht, dass sich aufgrund mangelnder Erfahrung alles wiederholt, so wie wir es heute in verschiedenen Teilen der Welt beobachten. Man muss sich nur umschauen. Solange es Rassendiskriminierung gibt – offene oder verdeckte –, solange es Hass, Verachtung und Erniedrigung gibt, besteht die Gefahr des Massenmordes. Und nicht nur die Gefahr, sondern auch die Realität. Denken wir nur an das Ende des letzten Jahrhunderts, an Jugoslawien, an Ruanda. Da war der Zweite Weltkrieg schon längst Geschichte. Und was geschieht heute?

Deutschland nimmt die Gefahr des Wiederauflebens des Faschismus ernst und kämpft ehrlich dagegen.

Und Ungarn?

Wie aus meinem Buch wahrscheinlich deutlich wird, bin ich hoffnungslos naiv und optimistisch. In den Augen meiner Enkel sehe ich keine Angst. Möge das immer so bleiben! Vielleicht gelingt es ihnen – Marci, Zsófi, Mihály und Luca –, eine bessere Welt zu schaffen, als unsere Generation es vermocht hat.

Liste der am 13. August 1944 von Auschwitz nach Allendorf verschleppten eintausend Frauen

Politische Abteilung — Weimar-Buchenwald, 20. Oktober 1944

Neuzugänge vom 20. Oktober 1944

1000 weibl. Häftlinge von KL Auschwitz nach Akdo Allendorf (eingetroffen am 13. 8. 44)

Politische Ungarinnen / Jüdinnen

Nr.	Häftl.-Nr.	Name		Vorname	Geb.-Datum	Geburtsort	Beruf
1.	23001	Abelsberg	geb. Krausz	Julia	24. 3.01	Sarajevo	Med.Assis
2.	23003	Abraham	led.	Sara	23. 9.21	Halmi	Näherin
3.	23002	Abraham	led.	Sarolta	26. 9.21	Vamosatya	"
4.	23004	Aas	"	Katalin	20.10.14	Munkacs	Beamtin
5.	23013	Adler	geb. Stern	Aranka	31. 2.05	Dioszeg	Hausfrau
6.	23012	Adler	led.	Edith	10.11.26	Preßburg	Weberin
7.	23009	Adler	Ella geb. Fried		10. 2.08	Csenyete	Hausfrau
8.	23011	Adler	led.	Gertrud	20. 4.29	Preßburg	Schüleri
9.	23005	Adler		Ida	7. 4.26	Berezna	Hausfrau
10.	23010	Adler	"	Juliann	7. 9.26	Ersekujvar,	Näherin
11.	23007	Adler	"	Margit	25.11.25	Berezna	Hausfrau
12.	23006	Adler	"	Regina	25. 3.25	Berezna	"
13.	23008	Adler	"	Sarolta	12. 6.15	Ersekujvar,	Schneider
14.	23015	Allender	"	Ilona	16. 2.28	Dombo	Schülerin
15.	23014	Alexander	"	Judith	8. 1.19	Miskolc	Näherin
16.	23016	Angyal	gesch.	Terez	3. 3.12	Gadoros	Kaufm.
17.	23019	Armuth	led.	Eva	7.11.23	Nagykanizsa,	Hausfrau
18.	23017	Aron	"	Alice	4. 1.23	Berecske	Näherin
19.	23023	Balassa	"	Magdolna	5. 3.23	Baja	Spinnerin
20.	23021	Balazs	vh. Braun	Iren	11.12.05	Mezökövesd,	Modistin
21.	23028	Balla	led.	Ilvia	18.10.26	Debrecen	Hausfrau
22.	23020	Baryasz	vh.	Ilona	19. 5.10	Berecske	Kosmetik.
23.	23022	Baradlai	led.	Jozsa	31. 1.19	Budapest	Strickeri
24.	23026	Basch	"	Ibolya	22.11.21	Miskolc	Näherin
25.	23025	Basch	"	Ilona	18. 9.20	Miskolc	Schneider
26.	23024	Bauer	geb. Silberer	Erzsebet	7. 7.18	Szeged	Hausfrau
27.	23027	Bauer	led.	Julia	13. 4.23	Somogyszin,	"
28.	23039	Becski	"	Katalin	28. 2.20	Miskolc	Sprachenl
29.	23038	Becski	vh. Fodor	Olga	15.11.17	Mieszonen	Lehrerin
30.	23029	Benedek	led.	Judith	2. 3.22	Budapest	Pflegerin
31.	23032	Berger	geb. Prager	Edith	24.10.19	Keszthely	Näherin
32.	23035	Berger	vh. Weisz	Erzsebet	1.8. [illegible]	Debrecen	"
33.	23034	Berger	led.	Ilona	21. 3.19	Debrecen	"
34.	23030	Berger	geb. Klein	Iren	10. 9.16	Kutnok	Hausfrau
35.	23033	Berger	led.	Katalin	2. 3.25	Debrecen	Friseurin
36.	23031	Berger	geb. Schlesinger,	Rozsi	28.10.96	Nagykanizsa,	Näherin
37.	23080	Berkovics	led.	Gyöngyi	15. 7.25	Hajduhadhaz,	"
38.	23081	Berkovics	"	Olga	24. 1.24	Hajduhadhaz,	Ledermä
39.	23040	Berkovics	geb. Horvai	Zsuzsanna	23.6.21	Miskolc	Näherin
40.	23037	Berliner	led.	Piroska	10.10.18	Kassa	"
41.	23036	Birnbaum	vh.	Roza	9. 5.21	Fornaalja	"
42.	23043	Biro	geb. Frank	Borbala	19.10.02	Kaposvar	Hausfrau
43.	23042	Biro	led.	Katalin	5. 6.27	Kaposvar	Näherin
44.	23041	Biro	"	Magdolna	7.5.22	Nagykanizsa,	Hausfrau
45.	23047	Blau	"	Frieda	12.12.21	Tet	Arb.
46.	23045	Blau	geb. Lukacs	Ilona	1. 5.06	Szombathely,	Zahntech
47.	23048	Blau	led.	Marta	7. 3.26	Tet	Arb.
48.	23046	Blau	"	Marta	29. 3.26	Szombathely,	Zahntech
49.		Blaustein	geb. Weisz	Ilona	5. 4.04	Miszkatolcsva,	Beamti
50.	23050	Blechner	led.	Barbara	26. 9.19	Rimaszecs	Hausfrau

1.	23001	Abelsberg	Kraus Júlia	1901.03.24.	Szarajevó
2.	23003	Ábrahám	Sára	1921.09.23.	Halmi
3.	23002	Ábrahám	Sarolta	1921.09.23.	Vámosatya
4.	23004	Ács	Katalin	1914.10.20.	Munkács
5.	23013	Ádler	Stern Aranka	1905.08.31.	Diószeg
6.	23012	Ádler	Edit	1926.11.03.	Pozsony
7.	23009	Ádler	Fried Ella	1908.02.10.	Csenyéte
8.	23011	Ádler	Gertrúd	1929.04.20.	Pozsony
9.	23005	Ádler	Ida	1926.04.07.	Berezna
10.	23010	Ádler	Júlianna	1926.09.07.	Érsekújvár
11.	23007	Ádler	Margit	1925.11.23.	Berezna
12.	23006	Ádler	Regina	1925.03.23.	Berezna
13.	23008	Ádler	Sarolta	1915.06.12.	Érsekújvár
14.	23015	Ajlender	Ilona	1928.02.10.	Dombó
15.	23014	Alexander	Edit	1919.01.06.	Miskolc
16.	23016	Angyal	Teréz	1912.03.03.	Gádoros
17.	23019	Armuth	Éva	1923.11.07.	Nagykanizsa
18.	23017	Áron	Alice	1923.01.04.	Derecske
19.	23023	Balassa	Magdolna	1923.03.05.	Baja
20.	23021	Balázs	Braunné Irén	1905.12.11.	Mezőkövesd
21.	23028	Balla	Lívia	1926.10.18.	Debrecen
22.	23020	Bányász	Ilona	1910.05.19.	Derecske
23.	23022	Baradlai	Józsa	1919.01.31.	Budapest
24.	23026	Basch	Ibolya	1921.11.22.	Miskolc
25.	23025	Basch	Ilona	1920.09.18.	Miskolc
26.	23024	Bauer	Silberer Erzsébet	1918.07.07.	Szeged
27.	23027	Bauer	Júlia	1923.04.13.	Somogyszil
28.	23039	Becski	Katalin	1920.02.28.	Miskolc
29.	23038	Becski	Fedorné Olga	1917.11.15.	Kisszeben
30.	23029	Benedek	Judit	1922.03.02.	Budapest
31.	23032	Berger	Prágerné Edit	1919.10.24.	Keszthely
32.	23035	Bergerné	Weisz Erzsébet	1913.08.01.	Debrecen
33.	23034	Berger	Ilona	1919.03.21.	Debrecen
34.	23030	Berger	Klein Irén	1916.09.10.	Putnok
35.	23033	Berger	Katalin	1925.03.02.	Debrecen
36.	23031	Berger	Schlesinger Rózsi	1896.10.28.	Nagykanizsa
37.	23080	Berkovics	Gyöngyi	1925.07.15.	Hajdúhadház
38.	23081	Berkovics	Olga	1924.01.24.	Hajdúhadház
39.	23040	Berkovics	Horvai Zsuzsanna	1921.06.23.	Miskolc
40.	23037	Berliner	Piroska	1918.10.10.	Kassa
41.	23036	Birnbaum	Róza	1921.05.09.	Tornalja
42.	23043	Bíró	Frank Borbála	1902.10.19.	Kaposvár
43.	23042	Bíró	Katalin	1927.06.05.	Kaposvár
44.	23041	Bíró	Magdolna	1922.05.07.	Nagykanizsa
45.	23047	Blau	Frieda	1921.12.12.	Tét
46.	23045	Blau	Lukács Ilona	1906.05.01.	Szombathely
47.	23048	Blau	Márta	1926.03.07.	Tét
48.	23046	Blau	Márta	1926.03.29.	Szombathely
49.	23049	Blaustein	Weisz Ilona	1909.04.05.	Liszkatolcsva
50.	23050	Blechner	Barbara	1919.09.26.	

51.	23051	Blechner	Ferber Erzsébet	1914.08.28.	
52.	23085	Bleier	Weisz Anikó	1925.10.16.	Debrecen
53.	23054	Bleier	Magdolna	1923.09.27.	Öcsöd
54.	23089	Blum	Fischmann Edit	1923.08.08.	Pécs
55.	23077	Boczán	Teréz	1909.05.11.	Debrecen
56.	23086	Bokor	Epstein Piroska	1918.02.04.	Pomáz
57.	23087	Bokor	Zsuzsanna	1922.01.18.	Pécs
58.	23083	Bondi	Anna	1911.12.25.	Pincehely
59.	23082	Bondi	Olga	1903.03.02.	Pincehely
60.	23076	Bonyhai	Leer Mária	1914.10.03.	Bécs
61.	23079	Bozóky	Berger Alíz	1907.01.23.	Debrecen
62.	23078	Böhm	Zsuzsanna	1921.03.01.	
63.	23071	Braun	Györgyi	1919.07.06.	Domoszló
64.	23072	Braun	Jolán	1921.08.	Vécs
65.	23069	Braun	Klára	1922.10.15.	Mezőkeresztes
66.	23073	Braun	Breier Rózsi	1921.12.12.	Domoszló
67.	23070	Braun	Spitzer Sári	1915.01.23.	Kaposvár
68.	23053	Breier	Meier Ilona	1907.04.04.	
69.	23065	Breszlauer	Júlia	1925.06.25.	Szabadka
70.	23066	Breszlauer	Jelinek Olga	1895.12.12.	Budapest
71.	23055	Breuer	Majorovics Magdolna	1921.06.03.	Tiszalúc
72.	23068	Bricht	Margit	1906.02.	Sümeg
73.	23067	Brichta	Menczel Rózsi	1902.05.15.	Vágsellye
74.	23074	Brieger	Alíz	1925.03.19.	Tibolddaróc
75.	23052	Brieger	Spitzer A.	1907.02.04.	Márianosztra
76.	23064	Brill	Rózsi	1909.12.23.	Nemeskolta
77.	24000	Britz	Judit	1928.11.19.	Nyíregyháza
78.	23057	Bródi	Ágnes	1926.05.29.	Debrecen
79.	23056	Brodt	Erzsébet	1927.06.22.	Kaposvár
80.	23062	Bruck	Erika	1927.03.31.	Galánta
81.	23060	Bruck	Erna	1926.04.30.	Galánta
82.	23063	Bruck		1922.07.25.	Pozsony
83.	23061	Bruck	Sári	1923.06.14.	Galánta
84.	23084	Brummer	Braun Jolán	1896.03.24.	Vásárosnamény
85.	23058	Brüll	Éva	1928.02.13.	Dombóvár
86.	23059	Brüll	Ibolya	1924.04.14.	Budapest
87.	23075	Brüller	Irén	1910.10.11.	Kecskemét
88.	23044	Bügler	Kupfer Sári	1912.11.12.	Debrecen
89.	23090	Csák	Kemény Erzsébet	1908.04.05.	Budapest
90.	23092	Czeisler	Kató	1924.01.29.	Ónod
91.	23091	Czeisler	Magdolna	1923.05.16.	Ónod
92.	23094	Csillag	Éva	1919.12.26.	Kapuvár
93.	23093	Czinner	Reisz Klára	1915.12.21.	Hódmezővásárhely
94.	23095	Csizmazia	Reisz Etel	1919.11.29.	Kaposvár
95.	23096	Csizmazia	Braun Lilli	1918.02.21.	Kaposvár
96.	23996	Csizler	Margit	1909.03.11.	Miskolc
97.	23103	Dániel	Klein Margit	1912.10.06.	Törtel
98.	23097	Dávid	Schwarz Hajnal	1908.05.30.	Törökszentmiklós
99.	23098	Dávid	Kató	1928.05.11.	Püspökladány
100.	23099	Dávid	Urlsfeld Margit	1905.08.13.	Püspökladány

101.	23102	Dávidovics	Blanka	1926.11.06.	
102.	23101	Dávidovics	Éva	1924.08.07.	Bodrogkeresztúr
103.	23100	Davidovics	Friedmann Ida	1910.04.26.	Aknaszlatina
104.	23107	Dagos	Edit	1925.10.23.	Érsekújvár
105.	23108	Dégen	Magda	1925.12.01.	Érsekújvár
106.	23118	Demeter	Friedmann Matild	1910.08.19.	Jolsva
107.	23117	Demeter	Rozália	1926.07.17.	Jolsva
108.	23106	Desser	Éva	1926.02.23.	Pécel
109.	23105	Desser	Mária	1924.06.25.	Pécel
110.	23104	Desser	Auschpitz Rózsi	1907.11.13.	Salgótarján
111.	23109	Deutsch	Edit	1926.08.26.	Miskolc
112.	23116	Deutsch	Éva	1927.11.07.	Tét
113.	23113	Deutsch	Ilona	1920.03.05.	Jolsva
114.	23114	Deutsch	Ilona	1926.02.26.	Tét
115.	23112	Deutsch	Lili	1924.05.01.	Nagybózsva
116.	23110	Deutsch	Magdolna	1925.03.06.	Miskolc
117.	23111	Deutsch	Magdolna	1925.12.25.	Nagybozsva
118.	23115	Deutsch	Weinberger Sári	1907.05.25.	Zilah
119.	23018	Dicker	Jolán	1914.10.06.	Debrecen
120.	23123	Dobó	Júlia	1921.02.08.	Baja
121.	23119	Dohány	Éva	1912.08.29.	Szabadka
122.	23121	Domány	Weitzenfeld Olga	1910.12.16.	Miskolc
123.	23120	Domány	Zsuzsanna	1926.10.18.	Miskolc
124.	23124	Donáth	Schwartz Cecilia	1910.11.17.	Jászfalu
125.	23122	Duxlor	Éva	1923.08.27.	Érsekújvár
126.	23150	Eckstein	Bella	1926.07.14.	Pozsony
127.	23149	Eckstein	Emma	1924.09.21.	Elek
128.	23148	Eckstein	Olga	1923.08.07.	Elek
129.	23144	Ehrenfeld	Karola	1912.08.30.	Köröstopa
130.	23145	Ehrenfeld	Katalin	1924.03.09.	Saránd
131.	23147	Ehrenfeld	Klári	1907.07.28.	Álmosd
132.	23146	Ehrenfeld	Klein Sára	1918.10.30.	Debrecen
133.	23143	Ehrenfeld	Guttmann Sári	1908.03.23.	Lupény
134.	23139	Eichler	Gabriella	1920.06.07.	Budapest
135.	23135	Eilender	Rózsi	1928.01.28.	Dombó
136.	23140	Eisnitz	Czetter Anna	1904.02.08.	Cegléd
137.	23126	Elek	Lanz Ersébet	1910.02.12.	Miskolc
138.	23125	Elek	Éva	1926.08.16.	Miskolc
139.	23130	Ellenbogen	Alice	1924.05.15.	Érsekújvár
140.	23128	Ellenbogen	Anna	1923.09.28.	Érsekújvár
141.	23131	Ellenbogen	Lőwy Erzsébet	1921.05.21.	Kálkápolna
142.	23129	Ellenbogen	Klára	1926.04.15.	Érsekújvár
143.	23127	Ellenbogen	Vera	1927.10.27.	Érsekújvár
144.	23141	Emerich	Fränkel Sára	1912.10.19.	Debrecen
145.	23134	Engel	Ágnes	1904.04.24.	Nagykörű
146.	23133	Engel	Zsuzsanna	1919.08.20.	Vép
147.	23132	Engler	Wolheimer Magdolna	1912.06.24.	
148.	23142	Erczi	Grosz Éva	1914.07.21.	Izsák
149.	23138	Erdős	Fischer Éva	1925.05.15.	Budapest
150.	23136	Erdős	Judit	1921.02.27.	Debrecen

151.	23137	Erdős	Katalin	1926.05.17.	Ozora
152.	23151	Fahídi	Éva	1925.10.22.	Debrecen
153.	23152	Falus	Leier Rózsi	1904.02.26.	Gálszécs
154.	23156	Farkas	Irén	1913.11.12.	Zsáka
155.	23155	Farkas	Juliska	1914.07.24.	Váncs
156.	23153	Farkas	Sári	1923.06.22.	Berezna
157.	23154	Farkas	Zsuzsanna	1925.10.11.	Berezna
158.	23157	Feig	Frieda	1924.05.13.	Tiszakarácsonyfalva
159.	23158	Feig	Sári	1928.01.01.	Tiszakarácsonyfalva
160.	23159	Fehér	Magda	1919.06.19.	Miskolc
161.	23162	Feldmann	Alice	1923.11.27.	Hajdúszoboszló
162.	23161	Feldmann	Irén	1922.04.11.	Püspökladány
163.	23165	Feldmann	Irén	1923.03.17.	Újfehértó
164.	23164	Feldmann	Lili	1922.05.27.	Hajdúszoboszló
165.	23163	Feldmann	Magdolna	1921.02.21.	Hajdúszoboszló
166.	23166	Fenyves	Magdolna	1925.11.20.	Pozsony
167.	23160	Feldmar	Fekete Erzsébet	1910.02.25.	Hajdúböszörmény
168.	23168	Fenyves	Hedvig	1927.02.17.	Munkács
169.	23167	Fenyves	Donáth Sári	1900.03.04.	Érsekújvár
170.	23195	Feurer	Rózsa	1892.10.01.	Léva
171.	23169	Fisch	Erzsébet	1918.08.10.	Debrecen
172.	23170	Fisch	Mária	1919.01.01.	Debrecen
173.	23179	Fischer	Etel	1904.01.21.	
174.	23176	Fischer	Flóra	1902.07.22.	Szombathely
175.	23177	Fischer	Helén	1926.07.02.	Nagymegyer
176.	23175	Fischer	Ilona	1909.02.15.	Szombathely
177.	23172	Fischer	Stern Olga	1914.11.01.	Miskolc
178.	23173	Fischer	Bella	1926.11.07.	Zenta
179.	23174	Fischer	Hanna	1923.01.17.	Szombathely
180.	23178	Fischer	Rózsi	1915.05.04.	Zombor
181.	23171	Fischmann	Gréte	1927.08.25.	Pozsony
182.	23184	Fleischmann	Ella	1920.12.15.	Galánta
183.	23183	Fleischmann	Éva	1910.01.18.	Bécs
184.	23186	Fleischmann	Irén	1918.12.08.	Galánta
185.	23182	Fleischmann	Magdolna	1921.02.03.	Kaposvár
186.	23185	Fleischmann	Magdolna	1924.05.11.	Galánta
187.	23180	Flesch	Edit	1924.12.15.	Baja
188.	23181	Flesch	Magdolna	1923.03.23.	Baja
189.	23235	Flohr	Erzsébet	1918.07.18.	Onga
190.	23233	Fodor	Veronika	1922.02.19.	Miskolc
191.	23234	Fogel	Ilona	1919.12.08.	Miskolc
192.	23232	Forbáth	Marianna	1925.11.20.	Debrecen
193.	23187	Frank	Éva	1912.06.10.	Szabadka
194.	23188	Frank	Tarhi Flóra	1912.10.20.	Aszód
195.	23189	Frank	Vera	1924.06.27.	Debrecen
196.	23223	Frankl	Eszter	1913.03.29.	Vágsellye
197.	23222	Frankl	Frieda	1912.11.04.	Vágsellye
198.	23224	Frankl	Malvin	1906.04.11.	Vágsellye
199.	23191	Frankfurt	Schwartz Rózsi	1907.08.25.	Ózd
200.	23192	Fränkel	Gabriella	1915.03.06.	Hajdúsámson

201.	23194	Fränkel	Szerén	1927.04.12.	Beled
202.	23193	Fränkel	Salamon Szidónia	1912.11.28.	Szakállasdombó
203.	23226	Frei	Rónai Ilona	1916.11.15.	Miskolc
204.	23196	Freud	Rozman Erzsébet	1921.10.27.	Debrecen
205.	23197	Fried	Alice	1927.05.31.	Verebély
206.	23198	Fried	Rosenzweig Hilda	1908.08.30.	Nagybossány
207.	23199	Fried	Mária	1903.10.01.	Hács
208.	23221	Friedenthal	Erzsébet	1922.06.08.	Kaposvár
209.	23220	Friedenthal	Mária	1919.12.31.	Bálványos
210.	23202	Friedmann	Anna	1926.03.28.	Nagykőrös
211.	23214	Friedmann	Erzsébet	1916.11.12.	Dunaszerdahely
212.	23216	Friedmann	Erzsébet	1919.04.22.	Munkács
213.	23211	Friedmann	Frida	1922.05.05.	Beregszász
214.	23218	Friedmann	Gyöngyi	1923.12.19.	Munkács
215.	23217	Friedmann	Hedvig	1921.12.27.	Munkács
216.	23215	Friedmann	Herta	1924.06.27.	Érsekújvár
217.	23204	Friedmann	Geisz Irén	1925.01.22.	Miskolc
218.	23212	Friedmann	Irma	1920.07.17.	Érsekújvár
219.	23207	Friedmann	Julia	1923.10.25.	Debrecen
220.	23208	Friedmann	Katalin	1928.01.02.	Debrecen
221.	23209	Friedmann	Kató	1926.10.16.	Miskolc
222.	23201	Friedmann	Krämer Klára	1905.02.14.	Miskolc
223.	23213	Friedmann	Klára	1922.01.05.	Érsekújvár
224.	23205	Friedmann	Lili	1921.01.16.	Miskolc
225.	23203	Friedmann	Magdolna	1914.10.23.	Miskolc
226.	23210	Friedmann	Magdolna	1925.11.20.	Miskolc
227.	23206	Friedmann	Schäfer Margit	1909.04.16.	Miskolc
228.	23200	Friedmann	Rózsi	1928.06.18.	Bodrogolaszi
229.	23225	Frimm	Neumann Melanie	1906.02.01.	Graz
230.	23227	Fruchter	Ilona	1902.02.18.	Barcánfalva
231.	23219	Fuchs	Frieda	1914.05.20.	Csorna
232.	23229	Fuchs	Klára	1912.01.18.	Csorna
233.	23231	Futó	Éva	1922.06.01.	Debrecen
234.	23230	Futó	Ibolya	1919.10.03.	Debrecen
235.	23228	Fürth	Judit	1922.03.20.	Miskolc
236.	23244	Gábor	Lili	1923.12.27.	Cegléd
237.	23243	Gábor	Teréz	1925.04.25.	Cegléd
238.	23242	Gács	Ibolya	1923.02.07.	Debrecen
239.	23241	Gács	Irén	1925.03.21.	Debrecen
240.	23240	Gács	Mária	1927.12.07.	Debrecen
241.	23297	Galambos	Klára	1923.12.05.	Budapest
242.	23239	Ganz	Berkovics Helén	1913.01.03.	Kiskőrös
243.	23238	Garai	Gizella	1924.08.12.	Tolna
244.	23236	Garai	Ilona	1923.02.05.	Tolna
245.	23237	Garai	Rózsi	1921.07.22.	Tolna
246.	23247	Gärtrner	Adél	1922.02.18.	Szalonna
247.	23250	Gärtner	Erzsébet	1918.06.28.	Miskolc
248.	23245	Gärtner	Ilona	1917.06.15.	Szatmárökörító
249.	23248	Gärtner	Kati	1924.01.20.	Szalonna
250.	23249	Gärtner	Klári	1920.04.01.	

251.	23246	Gärtner	Sári	1920.06.15.	Szatmárökörító
252.	23263	Geiszler	Fellner Erzsébet	1904.04.14.	Ostffyasszonyfa
253.	23262	Geiszler	Éva	1926.11.12	
254.	23264	Geiszler	Magda	1925.01.29.	Ostffyasszonyfa
255.	23269	Gelb	Ella	1912.12.19.	Mezőkövesd
256.	23260	Gerő	Blanka	1906.04.16.	Feketebalog
257.	23261	Gerő	Valéria	1913.03.23.	Selmecbánya
258.	23266	Gestettner	Rózsi	1925.06.28.	Győr
259.	23265	Gestettner	Sári	1926.01.28.	Győr
260.	23341	Gewürtz	Frieda	1922.08.22.	Tét
261.	23270	Gewürtz	Renée	1916.04.08.	Kolozsvár
262.	23342	Gewürtz	Sára	1919.06.21.	Tét
263.	23259	Glied	Margit	1921.07.23.	Bereg
264.	23254	Glück	Erzsébet	1904.05.10.	Bácsalmás
265.	23255	Glück	Ilona	1928.01.25.	Alsóság
266.	23257	Glück	Klára	1915.09.19.	Alsóság
267.	23252	Glück	Klári	1926.11.03.	Miskolc
268.	23253	Glück	Lili	1924.12.19.	Miskolc
269.	23256	Glück	Magda	1923.04.08.	Alsóság
270.	23258	Glückmann	Erzsébet	1916.03.03.	Pusztadobos
271.	23271	Goldberger	Sarolta	1925.12.25.	Pápa
272.	23273	Goldmann	Anna	1925.10.08.	Csokva
273.	23272	Goldmann	Éva	1925.09.09.	Csokva
274.	23296	Goldschmied	Erzsébet	1927.03.18.	Kapuvár
275.	23274	Goldstein	Anna	1920.11.08.	Nyírcsaholy
276.	23326	Goldstein	Borbála	1928.01.09.	Diósgyőr
277.	23324	Goldstein	Edit	1919.07.19.	Diósgyőr
278.	23466	Goldstein	Ella	1914.03.12.	Ágcsernyő
279.	23325	Goldstein	Klára	1921.08.29.	Diósgyőr
280.	23276	Goldstein	Magdolna	1927.04.01.	Galánta
281.	23275	Goldstein	Olga	1922.05.25.	Nyírcsaholy
282.	23338	Gottlieb	Anna	1927.09.15.	Debrecen
283.	23339	Gottlieb	Balkányi Edit	1907.06.08.	Debrecen
284.	23336	Gottlieb	Erzsébet	1927.02.26.	Sárospatak
285.	23337	Gottlieb	Zsuzsanna	1924.03.17.	Nyírbátor
286.	23267	Götzl	Márta	1927.06.15.	Szombathely
287.	23268	Götzl	Spielmann Rózsa	1904.10.12.	Kőszegpaty
288.	23277	Grossmann	Grosz Júlia	1906.03.13.	Debrecen
289.	23278	Grossmann	Klári	1926.12.31.	Debrecen
290.	23315	Grosz	Ágnes	1918.03.19.	Szarvas
291.	23312	Grosz	Anna	1925.05.16.	Deáki
292.	23303	Grosz	Friedmann Aranka	1909.09.26.	Eperjes
293.	23302	Grosz	Erika	1927.04.19.	Miskolc
294.	23310	Grosz	Erzsébet	1905.04.01.	Kisjenő
295.	23306	Grosz	Erzsébet	1913.11.18.	Debrecen
296.	23305	Grosz	Éva	1925.11.30.	Debrecen
297.	23311	Grosz	Ilona	1926.04.08.	Técső
298.	23304	Grosz	Júlia	1922.02.14.	Újpest
299.	23318	Grosz	Júlia	1923.02.18.	Hajdúhadház
300.	23313	Grosz	Júlia	1924.02.09.	Debrecen

301.	23317	Grosz	Katalin	1927.05.28.	Hajdúböszörmény
302.	23309	Grosz	Magdolna	1924.12.11.	Okány
303.	23307	Grosz	Márta	1922.01.08.	Mezőkövesd
304.	23316	Grosz	Rózsi	1923.11.14.	Hajdúszoboszló
305.	23308	Grosz	Sári	1914.03.20.	Putnok
306.	23314	Grosz	Weisz Szerén	1908.06.04.	Pilis
307.	23319	Groszmann	Ibolya	1922.01.17.	Miskolc
308.	23322	Groszmann	Klára	1923.12.15.	Szihalom
309.	23321	Groszmann	Klein Lili	1926.07.05.	Debrecen
310.	23323	Groszmann	Magdolna	1924.04.01.	Miskolc
311.	23320	Groszmann	Fuchs Margit	1919.03.25.	Debrecen
312.	23346	Grün	Ibolya	1925.07.11.	Hajdúböszörmény
313.	23290	Grünbaum	Ilona	1903.03.19.	Győr
314.	23291	Grünberger	Edit	1925.09.14.	Miskolc
315.	23293	Grünberger	Erzsébet	1921.03.26.	Kaposvár
316.	23292	Grünberger	Regina	1918.07.06.	Hajdúsámson
317.	23283	Grünblatt	Knöpfler Ilona	1915.03.15.	Debrecen
318.	23340	Grüner	Ibolya	1826.06.18.	Hajdúböszörmény
319.	23285	Grünfeld	Edit	1910.01.19.	Szombathely
320.	23286	Grünfeld	Erzsébet	1908.03.20.	Szombathely
321.	23284	Grünfeld	Pfeifer Ilona	1909.07.18.	Jászkarajenő
322.	23288	Grünfeld	Ilona	1922.04.20.	Hajdúszoboszló
323.	23287	Grünfeld	Sári	1916.10.03.	Tornyosnémeti
324.	23289	Grünhut	Júlia	1911.11.07.	Zalaegerszeg
325.	23295	Grünmann	Ella	1914.11.14.	Debrecen
326.	23294	Grünmann	Irén	1913.11.28.	Debrecen
327.	23279	Grünwald	Schreiber Elza	1918.06.20.	Hejőcsaba
328.	23280	Grünwald	Katalin	1925.08.17.	Rozsnyó
329.	23282	Grünwald	Lili	1924.08.26.	Érsekújvár
330.	23281	Grünwald	Fodor Teréz	1905.03.01.	Rozsnyó
331.	23301	Grünzweig	Ibolya	1924.06.24.	Szedres
332.	23300	Grünzweig	Júlia	1921.01.01.	Szedres
333.	23299	Grünzweig	Piroska	1926.06.09.	Szedres
334.	23298	Grünzweig	Sára	1917.06.10.	Csenger
335.	23088	Gubics	Alice	1926.09.22.	Érsekújvár
336.	23345	Gubics	Edit	1925.05.04.	Érsekújvár
337.	23343	Gulyás	Lívia	1923.05.24.	Pincehely
338.	23329	Guttmann	Klár Emma	1919.08.01.	Karcag
339.	23328	Guttmann	Helén	1919.03.29.	Szolyva
340.	23327	Guttmann	Hermina	1926.06.21.	Szolyva
341.	23335	Guttmann	Ibolya	1922.10.10.	Sátoraljaújhely
342.	23332	Gutmann	Krámer Jolán	1906.05.01.	Tolna
343.	23334	Gutmann	Lídia	1926.09.27.	Dés
344.	23330	Guttmann	Magdolna	1926.10.12.	Miskolc
345.	23333	Gutmann	Márta	1928.04.14.	Dés
346.	23331	Guttmann	Erdős Mari	1909.01.17.	Keresztespüspöki
347.	23344	Gyémánt	Reiling Mária	1903.01.14.	Szolnok
348.	23350	Haas	Margit	1908.04.21.	Zalaegerszeg
349.	23384	Haber	Ilona	1909.06.09.	Tatabánya
350.	23383	Haber	Mária	1910.12.24.	Tatabánya

351.	23382	Hajdú	Vera	1923.12.27.	Pély
352.	23349	Hajnal	Karácsonyi Erzsébet	1905.04.01.	Budapest
353.	23386	Halász	Lívia	1921.08.25.	Szombathely
354.	23388	Halmos	Judit	1924.03.06.	Budapest
355.	23357	Halpert	Ligeti Klára	1917.07.05.	Kapolcs
356.	23347	Handler	Éva	1926.09.24.	Szilágysomlyó
357.	23385	Handler	Lusztig Irén	1906.03.10.	Tiszacsege
358.	23348	Handler	Vera	1925.03.22.	Pécs
359.	23359	Hans	Ilona	1910.03.15.	Harsány
360.	23358	Hans	Jolán	1917.07.15.	Harsány
361.	23387	Hartmann	Erzsébet	1915.01.27.	Ónód
362.	23356	Hartmann	Lili	1926.03.08.	Hangács
363.	23355	Hartmann	Deszberg Szerén	1900.09.03.	Hangács
364.	23381	Hartstein	Klein Márta	1921.08.26.	Eger
365.	23351	Hauer	Ágnes	1929.03.19.	Miskolc
366.	23352	Hauer	Roth Jolán	1898.10.17.	Tokaj
367.	23353	Havas	Kaiser Edit	1897.04.16.	Debrecen
368.	23354	Havas	Heimann Hajnal	1915.01.16.	Sárvár
369.	23367	Heimann	Etel	1911.12.30.	Berlin
370.	23393	Heimann	Lili	1917.06.02.	Debrecen
371.	23365	Heimann	Rózsi	1908.10.09.	Bori
372.	23366	Heimann	Szerafína	1920.02.02.	Sárvár
373.	23368	Heimlich	Anna	1926.06.08.	Debrecen
374.	23398	Heimlich	Márta	1926.10.11.	Tarcal
375.	23371	Heisler	Anna	1915.04.07.	Cegléd
376.	23369	Heisler	Auschpitz Éva	1911.03.12.	Szabadka
377.	23370	Heisler	Zopf Rózsi	1909.08.30.	Eszék
378.	23372	Hejduska	Strausz Teréz	1912.12.26.	Szabadka
379.	23364	Herskovics	Ágnes	1924.09.03.	Debrecen
380.	23362	Herskovics	Ibolya	1922.05.10.	Hajdúböszörmény
381.	23363	Herskovics	Schwarz Ilona	1915.07.13.	Debrecen
382.	23360	Herskovics	Ilona	1922.04.25.	Debrecen
383.	23361	Herskovics	Spitzer Magdolna	1915.04.27.	Hajdúböszörmény
384.	23374	Herz	Anna	1923.06.16.	Érsekújvár
385.	23373	Herz	Ilona	1922.02.01.	Érsekújvár
386.	23392	Herzog	Fisch Bella	1916.01.01.	Magyar sor
387.	23394	Hiller	Rózsi	1919.09.20.	Tapolca
388.	23397	Hirschfeld	Lenke	1922.10.07.	Vác
389.	23396	Hirschl	Roth Ella	1900.09.09.	Szabadka
390.	23407	Hirschl	Heyek Irma	1905.12.16.	Bécs
391.	23406	Hirschler	Jolán	1903.04.15.	Gutaháza
392.	23375	Hoch	Krakkauer Erzsébet	1904.02.18.	Jánoshalma
393.	23376	Hoffmann	Ágnes	1928.05.08.	Érsekújvár
394.	23378	Holczer	Magdolna	1923.07.02.	Szombathely
395.	23377	Holczer	Klein Szidónia	1906.09.09.	Egyházasrádóc
396.	23400	Holländer	Alice	1925.11.21.	Szombathely
397.	23401	Holländer	Zimmermann Edit	1922.05.02.	Szombathely
398.	23399	Holländer	Éva	1926.11.08.	Szombathely
399.	23395	Holländer	Frieda	1910.07.14.	Piszke
400.	23402	Holländer	Klára	1924.12.08.	Szombathely

401.	23379	Hollós	Friedmann Anna	1894.08.22.	Sátoraljaújhely
402.	23391	Holzmann	Blau Hermin	1910.06.22.	Nagykörű
403.	23380	Horn	Grosz Regina	1905.09.25.	Alsószőlős
404.	23405	Horn	Vera	1923.10.08.	Nyíregyháza
405.	23390	Horovitz	Judit	1928.12.03.	Dédes
406.	23389	Horovitz	Neufeld Szerén	1906.09.05.	Torna
407.	23404	Höflich	Aranka	1920.04.18.	Bakonytamási
408.	23403	Hönig	Ibolya	1922.02.10.	Rohod
409.	23411	Israel	Erzsébet	1909.12.30.	Egyek
410.	23410	Israel	Malvin	1910.03.15.	Szuhakálló
411.	23408	Israel	Rózsi	1914.08.08.	Egyek
412.	23409	Israel	Rózsi	1917.08.06.	Kaposvár
413.	23412	Jellinek	Olga	1915.04.01.	Kaposvár
414.	23413	József	Blanka	1921.02.09.	
415.	23414	Junger	Edit	1927.10.05.	Miskolc
416.	23416	Junger	Erzsébet	1925.09.11.	Miskolc
417.	23415	Junger	Gizella	1922.10.03.	Miskolc
418.	23473	Kaiser	Lili	1905.04.24.	Tapolca
419.	23427	Kaiser	Magda	1914.02.15.	Debrecen
420.	23542	Kállai	Singer Julianna	1900.04.13.	
421.	23540	Kammer	Margit	1908.01.12.	Nagymácséd
422.	23541	Kammer	Szidónia	1909.06.26.	Nagymácséd
423.	23533	Kardos	Spitzer Irén	1914.06.19.	Zalaszentmihályfa
424.	23531	Kaszás	Váradi Zsuzsanna	1920.12.16.	Győr
425.	23538	Katz	Róna Györgyi	1918.06.17.	Kaposvár
426.	23417	Katz	Husz Ilona	1915.02.05.	Bonyhád
427.	23418	Katz	Beregi Julianna	1906.01.19.	Kiskunfélegyháza
428.	23419	Katz	Katalin	1921.09.09.	Kecskemét
429.	23539	Katz	Margit	1925.03.25.	Érmihályfalva
430.	23420	Katz	Vera	1924.12.09.	Kecskemét
431.	23546	Kaufmann	Adler Erzsébet	1910.05.05.	Miskolc
432.	23545	Kaufmann	Valéria	1920.01.14.	Jolsva
433.	23543	Kazár	Lívia	1926.04.22.	Tornalja
434.	23544	Kazár	Schön Vilma	1906.04.03.	
435.	23488	Keller	Goldberger Magdolna	1910.12.18.	Mikepércs
436.	23481	Kemény	Fodor Erzsébet	1903.11.21.	Körmend
437.	23479	Kemény	Klára	1913.04.07.	Túrkeve
438.	23484	Kende	Kovács Éva	1924.09.10.	Debrecen
439.	23483	Kende	Fleischer Gizella	1914.11.20.	Újfehértó
440.	23482	Kender	Fleischer Rózsi	1921.12.28.	Fehértó
441.	23537	Kepes	Lívia	1913.10.20.	Nagyatád
442.	23480	Kerekes	Edit	1927.03.03.	Budapest
443.	23470	Kern	Ilona	1925.02.01.	Balmazújváros
444.	23532	Kerényi	Júlia	1916.07.10.	Cegléd
445.	23471	Kertész	Erzsébet	1917.06.03.	Miskolc
446.	23485	Kertész	Szabó Ilona	1904.12.04.	Hencida
447.	23486	Kertész	Kató	1925.11.02.	Hencida
448.	23487	Kertész	Magdolna	1923.09.08.	Hencida
449.	23478	Keszler	Bella	1928.06.16.	Borgoprund
450.	23477	Keszler	Ella	1925.01.15.	Debrecen

451.	23489	Keszler	Lampel Ilona	1909.05.19.	Dombóvár
452.	23526	Keszler	Katalin	1926.03.08.	Miskolc
453.	23527	Keszler	Fülöp Magdolna	1914.12.09.	Debrecen
454.	23475	Keszler	Magdolna	1923.07.05.	Debrecen
455.	23525	Keszler	Treitel Magdolna	1923.07.21.	Miskolc
456.	23474	Keszler	Ottilia	1926.06.26.	Debrecen
457.	23476	Keszler	Rózsi	1926.11.23.	Debrecen
458.	23530	Király	Mária	1920.10.17.	Tapolca
459.	23524	Kitaier	Spitzer Irma	1909.01.18.	Debrecen
460.	23500	Klinenberg	Olga	1912.05.20.	Péterréve
461.	23535	Klinger	Irén	1912.11.19.	Budapest
462.	23496	Klinger	Lili	1913.01.31.	Vágsellye
463.	23561	Klein	Reich Aranka	1911.07.18.	Ócsa
464.	23438	Klein	Edit	1924.02.04.	Ónod
465.	23431	Klein	Edit	1925.05.12.	Jolsva
466.	23564	Klein	Edit	1927.03.19.	
467.	23430	Klein	Hofmann Ella	1923.05.24.	Jolsva
468.	23425	Klein	Elza	1911.03.11.	Tiszacsege
469.	23549	Klein	Erzsébet	1908.04.07.	Biharnagybajom
470.	23433	Klein	Gabrierlla	1922.03.24.	Hajdúdorog
471.	23428	Klein	Rothné Hermin	1906.09.18.	Szabolcs
472.	23426	Klein	Kupfersteinné Ilona	1904.08.08.	Nagyrábé
473.	23422	Klein	Siegelbaumné Ilona	1903.11.01.	Miskolc
474.	23435	Klein	Ilona	1925.04.19.	Miskolc
475.	23441	Klein	Ilona	1927.07.27.	Tiszadada
476.	23421	Klein	Irén	1921.03.19.	Hajdúnánás
477.	23555	Klein	Irén	1927.12.27.	Szenc
478.	23552	Klein	Katalin	1919.01.21.	Debrecen
479.	23548	Klein	Klára	1908.07.14.	Budapest
480.	23553	Klein	Klára	1922.05.11.	Császártöltés
481.	23442	Klein	Grünbaumné Klára	1924.01.24.	Eger
482.	23432	Klein	Klára	1924.02.21.	Tiszadada
483.	23558	Klein	Leonóra	1926.01.08.	Győr
484.	23423	Klein	Lívia	1914.09.07.	Tiszacsege
485.	23560	Klein	Magdolna	1920.09.15.	Karcag
486.	23547	Klein	Magdolna	1921.12.10.	Nagyléta
487.	23437	Klein	Magdolna	1922.03.12.	Ónód
488.	23424	Klein	Magdolna	1923.08.12.	Debrecen
489.	23444	Klein	Magdolna	1924.11.26.	Csorna
490.	23556	Klein	Magdolna	1926.06.22.	Stomfa
491.	23563	Klein	Weiszné Malvin	1906.10.16.	Mezőkeresztes
492.	23559	Klein	Mária	1923.05.26.	Győr
493.	23550	Klein	Mária	1923.08.18.	Debrecen
494.	23434	Klein	Margit	1919.11.11.	Hajdúdorog
495.	23436	Klein	Margit	1926.11.13.	Ónod
496.	23429	Klein	Márta	1926.10.09.	Budapest
497.	23440	Klein	Márta	1927.07.15.	Tiszadada
498.	23443	Klein	Piroska	1921.10.25.	Csorna
499.	23551	Klein	Piroska	1924.10.27.	Debrecen
500.	23562	Klein	Róza	1918.06.21.	Mezőkeresztes

501.	23557	Klein	Róza	1927.03.20.	Csorna
502.	23554	Klein	Sarolta	1921.06.07.	Hajdúsámson
503.	23445	Klein	Teréz	1920.05.05.	Csorna
504.	23439	Klein	Veronika	1927.08.28.	Ónod
505.	23497	Klopot	Anna	1916.01.22.	Hajdúszoboszló
506.	23498	Klopot	Gitta	1923.10.31.	Hajdúszoboszló
507.	23513	Klór	Erzsébet	1922.03.15.	Nagyléta
508.	23512	Klor	Katalin	1923.08.16.	Nagyléta
509.	23521	Kluger	Goldberger Margit	1899.10.25.	Miskolc
510.	23494	Knöpfler	Irma	1912.04.12.	Debrecen
511.	23495	Knöpfler	Heimler Zsuzsanna	1918.09.03.	Szombathely
512.	23462	Kohn	Blanka	1918.07.14.	Valkház
513.	23449	Kohn	Blanka	1920.05.31.	Pozsony
514.	23456	Kohn	Cecilia	1923.08.24.	Dunaszerdahely
515.	23448	Kohn	Felbermann Edit	1920.07.01.	Sopron
516.	23454	Kohn	Erzsébet	1925.10.30.	Békéscsaba
517.	23455	Kohn	Erzsébet	1925.10.27.	Debrecen
518.	23458	Kohn	Eta	1916.06.17.	Kaposvár
519.	23459	Kohn	Komlós Éva	1911.03.07.	Baja
520.	23450	Kohn	Hedvig	1923.01.07.	Balassagyarmat
521.	23465	Kohn	Irén	1927.03.18.	Miskolc
522.	23461	Kohn	Jolán	1920.11.18.	Valkház
523.	23460	Kohn	Júlia	1923.05.05.	Sellye
524.	23457	Kohn	Kató	1918.05.05.	Keleviz
525.	23452	Kohn	Lenke	1924.04.25.	Békéscsaba
526.	23464	Kohn	Magdolna	1926.03.03.	Miskolc
527.	23446	Kohn	Margit	1909.01.08.	Mád
528.	23451	Kohn	Margit	1923.02.10.	Békéscsaba
529.	23447	Kohn	Leichtmann Rózsi	1909.12.21.	Debrecen
530.	23453	Kohn	Szerén	1921.10.29.	Békéscsaba
531.	23463	Kohn	Szerén	1922.01.07.	Sajóbábony
532.	23536	Kolb	Éva	1923.03.06.	Püspökladány
533.	23493	Kolisch	Erzsébet	1910.09.17.	Galánta
534.	23589	Kolisch	Klein Ilona	1916.01.19.	Gyöngyöspata
535.	23499	Korányi	Éva	1923.11.30.	Budapest
536.	23515	Kornhauser	Horovitz Gizella	1917.07.29.	Újfehértó
537.	23514	Kornhauser	Hedvig	1926.02.10.	Debrecen
538.	23528	Kostolitz	Edit	1915.08.24.	Celldömölk
539.	23529	Kostolitz	Éva	1924.06.16.	Celldömölk
540.	23503	Kovács	Anna	1922.05.18.	Miskolc
541.	23502	Kovács	Klein Erzsébet	1920.03.19.	Abaújbakta
542.	23506	Kovács	Kálmán Irén	1904.11.29.	Tapolca
543.	23504	Kovács	Júlia	1924.03.22.	Hosszúpályi
544.	23505	Kovács	Hoffmann Magdolna	1924.04.06.	Cegléd
545.	23501	Kovács	Vera	1924.08.15.	Miskolc
546.	23534	Kőnig	Taub Szerén	1902.10.16.	Várgede
547.	23490	Krakauer	Eszter	1925.03.15.	Tét
548.	23491	Krakauer	Neuschloss Margit	1919.12.11.	Tét
549.	23508	Kratz	Olga	1921.09.01.	Hajdúböszörmény
550.	23518	Krausz	Blanka	1921.04.08.	Szőny

551.	23516	Krausz	Etel	1923.05.19.	Parád
552.	23511	Krausz	Fruchter Lili	1912.10.25.	Felsővisó
553.	23519	Krausz	Lívia	1923.06.15.	Miskolc
554.	23509	Krausz	Löwy Magdolna	1906.04.14.	Újpest
555.	23520	Krausz	Margit	1922.04.05.	Miskolc
556.	23517	Krausz	Piroska	1918.09.09.	Kaposvár
557.	23510	Krausz	Valéria	1906.02.17.	Gyönk
558.	23472	Kreiszler	Lili	1914.01.03.	Berettyóújfalu
559.	23507	Kropf	Herskovics Sári	1914.02.14.	Karád
560.	23469	Kuhn	Ágnes	1925.12.19.	Debrecen
561.	23467	Kun	Ilona	1921.09.27.	Kisterenye
562.	23468	Kun	Feld Olga	1921.10.07.	Jolsva
563.	23492	Kun	Schwarz Rozália	1900.08.28.	Eger
564.	23522	Kupfer	Anna	1919.10.03.	Debrecen
565.	23523	Kupfer	Rizmovics Dóra	1912.11.17.	Taracköz
566.	23575	Ladányi	Ilona	1916.01.15.	Püspökladány
567.	23574	Landsmann	Cecilia	1927.05.17.	Miskolc
568.	23569	Langer	Rózsa Klára	1920.04.18.	Kaposvár
569.	23573	Latzer	Éva	1923.10.20.	Szombathely
570.	23570	Lax	Mandel Jolán	1919.11.20.	Ózd
571.	23571	Lax	Klára	1917.02.22.	Ózd
572.	23572	Lax	Mandel Mária	1915.07.28.	Ózd
573.	23567	Lázár	Polner Anna	1903.03.19.	Eger
574.	23566	Lázár	Judit	1927.09.13.	Sarkadkeresztúr
575.	23568	Lázár	Júlia	1925.08.22.	Pápa
576.	23565	Lázár	Olga	1926.07.07.	Szegi
577.	23606	Léb	Piroska	1918.06.01.	Nagyvárad
578.	23602	Lebovics	Ilona	1911.03.25.	Debrecen
579.	23577	Léderer	Jellinek Malvin	1895.01.15.	Mágocs
580.	23576	Léderer	Rózsi	1918.08.15.	Ószivác
581.	23601	Lefkovics	Lili	1926.02.05.	Miskolc
582.	23578	Lemberger	Klára	1920.01.15.	Mezőkövesd
583.	23607	Lencz	Gottessmann Szerén	1900.08.28.	Polocz
584.	23608	Lézer	Schreiber Rózsi	1923.06.08.	Kassa
585.	23600	Lichtner	Hedvig	1916.02.29.	Galánta
586.	23599	Lichtner	Bruck Teréz	1919.04.08.	Galánta
587.	23598	Liszauer	Júlia	1925.02.19.	Tornalja
588.	23605	Lok	Ilona	1922.06.17.	Bagamér
589.	23604	Lok	Margit	1926.06.21.	Bagamér
590.	23603	Lovasi	Gelberger Magdolna	1925.08.24.	Vámospércs
591.	23597	Löbl	Judit	1928.01.26.	Szekszárd
592.	23596	Löffler	Baum Edit	1922.02.10.	Érsekújvár
593.	23593	Löffler	Eszter	1925.08.15.	Érsekújvár
594.	23595	Löffler	Judit	1923.05.24.	Érsekújvár
595.	23591	Löffler	Lili	1922.07.14.	Érsekújvár
596.	23592	Löffler	Maritta	1926.09.18.	Érsekújvár
597.	23594	Löffler	Mira	1924.06.18.	Érsekújvár
598.	23590	Löwensohn	Spielmann Katarina	1905.08.05.	Kőszegpaty
599.	23588	Löwenstein	Sarolta	1925.07.06.	Beled
600.	23587	Löwinger	Irén	1926.02.28.	Vágfarkasd

601.	23586	Löwinger	Lili	1927.11.26.	Vágfarkasd
602.	23579	Löwinger	Margit	1917.06.13.	Galánta
603.	23581	Löwy	Korvai Ella	1906.06.07.	Miskolc
604.	23584	Löwy	Almási Etelka	1922.01.03.	Cegléd
605.	23582	Löwy	Ibolya	1922.01.17.	Miskolc
606.	23580	Löwy	Jolán	1920.03.30.	Miskolc
607.	23583	Löwy	Fried Klára	1914.12.20.	Csenyéte
608.	23585	Löwy	Váradi Magdolna	1910.01.01.	Alsókubin
609.	23609	Lukács	Reisz Ilona	1918.06.23.	Balassagyarmat
610.	23610	Lukács	Judit	1923.01.05.	Szombathely
611.	23628	Mály	Hoffer Franciska	1897.06.19.	Budapest
612.	23625	Mandel	Anna	1923.02.28.	Debrecen
613.	23626	Mandel	Erzsébet	1924.09.24.	Debrecen
614.	23621	Mandelbaum	Erzsébet	1923.01.14.	Berettyóújfalu
615.	23622	Mandelbaum	Éva	1924.12.12.	Berettyóújfalu
616.	23623	Mandelbaum	Ilona	1919.11.03.	Berettyóújfalu
617.	23624	Mandelbaum	Magdolna	1921.08.29.	Berettyóújfalu
618.	23619	Mandler	Zobel Judit	1908.02.04.	Érsekújvár
619.	23620	Mandler	Hoffmann Rózsa	1910.10.08.	Érsekújvár
620.	23612	Mannheim	Neuhaus Magdolna	1917.07.16.	Törökbecse
621.	23618	Markovits	Erzsébet	1924.06.19.	Tállya
622.	23627	Markovits	Magdolna	1915.10.29.	Miskolc
623.	23611	Márkus	Ilona	1922.08.11.	Harsány
624.	23757	Márkus	Sugár Magdolna	1920.05.07.	Budapest
625.	23615	Marmor	Erzsébet	1921.08.04.	Tornalja
626.	23614	Marmor	Sarolta	1920.01.21.	Tornalja
627.	23613	Marton	Lili	1911.04.04.	Tapolca
628.	23617	Mátyás	Kató	1922.12.21.	Debrecen
629.	23616	Max	Blanka	1903.03.14.	Sopron
630.	23631	Mendelevics	Ilona	1927.02.16.	Harsány
631.	23630	Mermelstein	Trankovics Blanka	1925.06.03.	Egerág
632.	23629	Mermelstein	Rózsi	1924.06.29.	Debrecen
633.	23632	Mészáros	Király Zsuzsanna	1919.10.04.	Pécs
634.	23636	Mindszenti	Marmorstein Rózsi	1910.08.25.	Szatmárnémeti
635.	23635	Molnár	Ilona	1911.06.10.	Tarcal
636.	23633	Moser	Groszfeld Szilvia	1896.03.17.	Gyulaháza
637.	23634	Mózes	Márta	1926.07.14.	Debrecen
638.	23641	Müller	Lina	1923.01.19.	Taracköz
639.	23639	Müller	Edit	1925.12.20.	Miskolc
640.	23643	Müller	Erna	1925.01.23.	Galánta
641.	23638	Müller	Ibolya	1924.05.19.	Miskolc
642.	23642	Müller	Klára	1925.12.17.	Alsószeli
643.	23637	Münster	Singer Magdolna	1919.04.30.	Baja
644.	23640	Müller	Magdolna	1926.06.10.	Miskolc
645.	23646	Nágel	Hermin	1905.03.20.	Szádalmás
646.	23647	Nágel	Margit	1906.09.05.	Pelyvás
647.	23645	Nagy	Gärtner Ilona	1920.02.13.	Diósgyőr
648.	23644	Nagy	Lili	1914.09.13.	Budapest
649.	23659	Nebenzahl	Éva	1924.07.05.	Hajdúsámson
650.	23660	Nenicska	Weisz Izabella	1900.10.16.	Tiszaszederkény

651.	23661	Nenicska	Magdolna	1924.01.11.	Miskolc
652.	23648	Neufeld	Zsuzsanna	1923.07.05.	Szabadka
653.	23652	Neubart	Katalin	1923.09.11.	Püspökladány
654.	23651	Neuhaus	Irén	1920.01.19.	Nagyfödémes
655.	23650	Neuhaus	Margit	1924.11.02.	Sály
656.	23654	Neumann	Edit	1923.08.03.	
657.	23653	Neumann	Erzsébet	1912.06.25.	Debrecen
658.	23655	Neumann	Irén	1908.10.19.	Pálfa
659.	23649	Neuschloss	Hermina	1918.07.19.	Paks
660.	23657	Neuwalder	Éva	1926.11.04.	Miskolc
661.	23656	Neuwalder	Magdolna	1925.07.16.	Miskolc
662.	23658	Nothi	Goldstein Anna	1914.04.03.	Tiszaszentmárton
663.	23662	Nyitrai	Berkovics Erzsébet	1905.12.21.	Kunszentmárton
664.	23663	Nyitrai	Kohn Klári	1904.08.18.	Székesfehérvár
665.	23664	Oberländer	Weisz Magda	1916.07.29.	Miskolc
666.	23666	Ohrenstein	Sugár Jolán	1915.05.31.	Kolozsvár
667.	23665	Öhlbaum	Terka	1923.10.16.	Püspökladány
668.	23669	Pál	Anna	1924.03.19.	Budapest
669.	23668	Pál	Hartmann Ella	1907.10.28.	Cegléd
670.	23667	Pártos	Steiner Margit	1916.09.10.	Szeged
671.	23670	Pauner	Richter Éva	1922.09.16.	Kaposvár
672.	23672	Perl	Erzsébet	1923.09.04.	Máramarossziget
673.	23671	Perl	Schwarz Gréte	1910.07.05.	Pozsony
674.	23673	Perlstein	Magda	1922.06.11.	Miskolc
675.	23685	Péter	Balázs Anna	1914.02.08.	Poroszló
676.	23698	Péter	Éva	1927.02.20.	Budapest
677.	23686	Péter	Magdolna	1927.11.07.	Abafalva
678.	23692	Pfeffer	Friedmann Aranka	1914.01.04.	Pusztaradvány
679.	23688	Pick	Klára	1919.08.31.	Szabadka
680.	23687	Pick	Reich Margit	1920.06.21.	Szabadka
681.	23695	Platzer	Walder Anna	1902.03.16.	
682.	23696	Platzer	Schnitzer Irén	1920.08.20.	Püspökladány
683.	23682	Polacsek	Teréz	1917.02.08.	Debrecen
684.	23680	Pollák	Blum Bözsi	1913.11.09.	Debrecen
685.	23679	Pollák	Francsics Lujza	1903.06.20.	Kőszeg
686.	23681	Pollák	Goldstein Margit	1908.02.13.	Debrecen
687.	23689	Politzer	Lánc Aranka	1905.07.04.	Miskolc
688.	23683	Popper	Edit	1924.02.28.	Kecskemét
689.	23684	Popper	Weiner Hilda	1910.10.06.	Nógrádpatak
690.	23690	Potok	Edit	1927.06.10.	Balassagyarmat
691.	23691	Potok	Irén	1928.05.06.	Balassagyarmat
692.	23697	Práger	Spitz Erzsébet	1909.04.07.	Derecske
693.	23676	Preisz	Alíz	1922.09.16.	Miskolc
694.	23674	Preisz	Edit	1925.06.08.	Miskolc
695.	23675	Preisz	Irén	1921.01.27.	Miskolc
696.	23677	Preisz	Judit	1924.03.12.	Miskolc
697.	23678	Preisz	Olga	1926.06.16.	Miskolc
698.	23693	Princz	Justitz Ilona	1908.07.12.	Miskolc
699.	23694	Princz	Spielmann Janka	1909.03.22.	Budapest
700.	23702	Rácz	Irén	1908.10.16.	Miskolc

701.	23701	Rauchwerger	Sarkadi Erzsébet	1904.11.28.	Nagyléta
702.	23710	Rechnitzer	Weinberger Gizella	1902.08.06.	Zalaegerszeg
703.	23716	Rechnitzer	Irma	1904.10.15.	Tapolca
704.	23708	Rehberger	Lea	1927.03.03.	Győr
705.	23711	Reich	Gárdos Judit	1923.09.11.	Debrecen
706.	23712	Reich	Balkány Rózsi	1906.05.01.	Sátoraljaújhely
707.	23709	Reimann	Kertész Judit	1924.05.14.	Kaposvár
708.	23700	Reiner	Marosi Ibolya	1917.07.04.	Budapest
709.	23699	Reiner	Valéria	1898.08.12.	Feltót
710.	23704	Reinherz	Berta	1924.09.04.	Zsolna
711.	23705	Reinherz	Zita	1921.03.21.	Ökörmező
712.	23713	Reinitz	Gizella	1912.10.13.	Forró-Encs
713.	23714	Reinitz	Magdolna	1927.07.19.	Miskolc
714.	23706	Reisinger	Schreiber Ella	1906.06.08.	Kapuvár
715.	23749	Reisinger	Reményi Ibolya	1916.09.14.	Szilágycseh
716.	23707	Reisinger	Nóra	1922.03.31.	Bécs
717.	23715	Retek	Ibolya	1926.11.21.	Miskolc
718.	23745	Réti	Hermann Rózsi	1909.02.08.	Mezőtúr
719.	23748	Riesz	Grünberg Olga	1896.01.31.	Miskolc
720.	23719	Ripp	Spitzer Frieda	1912.09.18.	Kemenessömjén
721.	23721	Ripp	Müller Olga	1907.08.28.	Nagykikinda
722.	23747	Ritscher	Hirsch Piroska	1900.08.01.	Tapolca
723.	23717	Róbert	Lang Anna	1919.09.14.	Pápa
724.	23725	Rosenbaum	Federer Margit	1899.10.09.	Jánosháza
725.	23737	Rosenberg	Erzséber	1912.03.26.	Kunhegyes
726.	23733	Rosenberg	Katalin	1924.07.13.	Miskolc
727.	23720	Rosenberg	Lili	1925.12.06.	Ózd
728.	23734	Rosenberg	Müller Róza	1899.12.25.	Diósgyőr
729.	23724	Rosenberger	Ilona	1925.01.28.	Tápióbicske
730.	23735	Rosenberger	Krausz Jolán	1912.09.12.	Lenti
731.	23736	Rosenberger	Margit	1909.02.18.	Igal
732.	23739	Rosenfeld	Anna	1916.10.01.	Debrecen
733.	23728	Rosenfeld	Éva	1925.11.02.	Bécs
734.	23731	Rosenfeld	Irén	1924.12.04.	Kaba
735.	23730	Rosenfeld	Judit	1926.06.28.	Győr
736.	23732	Rosenfeld	Magdolna	1923.03.26.	Debrecen
737.	23729	Rosenfeld	Löffler Rózsi	1905.12.22.	
738.	23726	Rosenheim	Klára	1926.01.15.	Nagykanizsa
739.	23746	Rosenstein	Erzsébet	1911.07.24.	Tuzsér
740.	23738	Rosenthal	Weisz Margit	1900.10.25.	Miskolc
741.	23727	Rosenwasser	Rózsi	1923.09.15.	Nagyrákos
742.	23722	Rosenzweig	Lili	1917.08.10.	Szabadka
743.	23723	Rosenzweig	Weisz Margit	1906.09.01.	Nyírcsávoly
744.	23740	Rosmann	Edit	1922.08.27.	Miskolc
745.	23753	Roth	Emma	1914.10.01.	Ártánd
746.	23754	Roth	Klára	1913.05.19.	Kecskemét
747.	23718	Roth	Rosenfeld Rózsi	1902.09.05.	Paks
748.	23703	Rothschild	Judit	1925.04.14.	Sümeg
749.	23743	Rózsa	Edit	1927.12.18.	Galánta
750.	23744	Rózsa	Szidónia	1921.05.19.	Pincehely

751.	23742	Rózsahegyi	Ilona	1926.09.08.	Debrecen
752.	23741	Rózsahegyi	Magdolna	1927.11.28.	Debrecen
753.	23755	Rubinstein	Sára	1922.02.17.	Máramarossziget
754.	23751	Rude	Dóra	1914.05.20.	Rozsnyó
755.	23750	Rude	Elza	1916.06.02.	Máramarossziget
756.	23752	Russ	Zsuzsanna	1923.07.01.	Érsekújvár
757.	23850	Stein	Ábrahám Róza	1910.02.23.	Ószivác
758.	23852	Stein	Szidónia	1926.02.26.	
759.	23851	Stein	Vera	1923.03.21.	Érsekújvár
760.	23880	Steinberger	Vera	1921.03.21.	Tolna
761.	23887	Steiner	Dóra	1915.10.10.	Kóka
762.	23885	Steiner	Erzsébet	1911.08.14.	Szombathely
763.	23889	Steiner	Katarina	1924.02.12.	Parád
764.	23886	Steiner	Magda	1925.10.09.	Érsekújvár
765.	23888	Steiner	Szabó Margit	1914.04.03.	Budapest
766.	23910	Steinfeld	Jász Borbála	1902.10.10.	Zólyóm
767.	23909	Steinfeld	Erzsébet	1921.06.13.	Cegléd
768.	23840	Stern	Löwy Böske	1902.08.24.	Nagytétény
769.	23838	Stern	Ella	1918.11.18.	Dombóvár
770.	23848	Stern	Klein Erzsébet	1908.12.12.	Eger
771.	23836	Stern	Scwartz Éva	1922.07.24.	Kassa
772.	23839	Stern	Berta	1926.03.28.	Nemeskosút
773.	23844	Stern	Eisler Ibolya	1917.08.25.	Mezőkövesd
774.	23843	Stern	Magdolna	1919.05.29.	Mezőkövesd
775.	23837	Stern	Lebkovics Mária	1923.07.01.	Miskolc
776.	23849	Stern	Landler Irma	1902.03.14.	Nagyszakácsi
777.	23847	Stern	Lenke	1925.10.20.	Szombathely
778.	23841	Stern	Sári	1926.10.27.	Beled
779.	23842	Stern	Wertheimer Borcsa	1915.03.19.	Mezőkövesd
780.	23845	Stern	Bruck Valéria	1903.03.24.	Felsőoszkó
781.	23846	Stern	Zsuzsanna	1925.02.09.	Szombathely
782.	23834	Strausz	Weisz Borbála	1908.10.21.	Törökszentmiklós
783.	23832	Strausz	Éva	1922.02.15.	Pozsony
784.	23833	Strausz	Lea	1923.12.15.	Pozsony
785.	23835	Strausz	Lenke	1914.11.14.	Hőgyész
786.	23884	Strauszmann	Ilona	1924.03.16.	Debrecen
787.	23882	Strauszmann	Katalin	1922.10.11.	Debrecen
788.	23883	Strauszmann	Magdolna	1925.11.06.	Debrecen
789.	23878	Struch	Hamburger Eleonóra	1906.10.23.	Alsópáhok
790.	23822	Sáfrány	Friedländer Hedvig	1921.10.22.	Miskolc
791.	23821	Sáfrány	Steiner Mária	1919.03.28.	Kispest
792.	23820	Sáfrány	Rózsi	1914.09.01.	Miskolc
793.	23756	Saphir	Katalin	1923.10.09.	Tarcal
794.	23759	Sauber	Amália	1917.12.20.	Sztropkó
795.	23913	Sauber	Römer Helén	1912.03.17.	
796.	23758	Sauber	Rózsi	1915.05.16.	Sztropkó
797.	23908	Seidler	Eszter	1927.04.02.	Pozsony
798.	23881	Siklósi	Fleischer Sári	1914.04.15.	Szekszárd
799.	23867	Silber	Schwartz Margit	1903.08.24.	
800.	23868	Silberer	Rózsa	1923.05.18.	Debrecen

801.	23873	Silberstein	Weisz Lujza	1912.05.14.	Újvidék
802.	23760	Simon	Anna	1925.07.29.	Székesfehérvár
803.	23855	Singer	Schiller Erzsébet	1926.05.10.	Pincehely
804.	23857	Singer	Bauer Etelka	1909.10.18.	Péterréve
805.	23858	Singer	Ilona	1906.11.11.	Vágfarkasd
806.	23854	Singer	Haas Jolán	1903.09.23.	Zalaegerszeg
807.	23856	Singer	Klára	1911.08.12.	Munkács
808.	23853	Singer	Lili	1928.05.01.	Csáktornya
809.	23859	Singer	Rózsa	1918.11.19.	Mezőcsokonya
810.	23870	Sipos	Brett Anna	1911.12.30.	Kecskemét
811.	23871	Sipos	Vera	1924.05.12.	Debrecen
812.	23872	Sipos	Vadas Zsuzsanna	1921.08.14.	Debrecen
813.	23875	Solti	Éva	1923.10.18.	Szolnok
814.	23874	Solti	Lívia	1921.01.02.	Szolnok
815.	23784	Sommer	Éva	1926.07.14.	Szekszárd
816.	23999	Sommer	Szerén	1918.11.16.	Galánta
817.	23783	Sonnenberg	Júlia	1926.08.29.	Szabadka
818.	23775	Spiegel	László Marianna	1919.05.17.	Budapest
819.	23776	Spielmann	Grosz Ella	1918.08.07.	Gyulakeszi
820.	23865	Spitzer	Hajnal	1927.05.04.	Miskolc
821.	23864	Spitzer	Kaufmann Judit	1905.04.06.	Szabadka
822.	23866	Spitzer	Margit	1920.08.03.	Magyaratád
823.	23863	Spitzer	Eisenberger Margit	1913.03.20.	Újfehértó
824.	23860	Spitzer	Margit	1916.01.01.	Miskolc
825.	23862	Spitzer	Klein Mária	1907.07.12.	Debrecen
826.	23861	Spitzer	Sarolta	1907.10.18.	Debrecen
827.	23869	Sugár	Neumann Róza	1914.11.	Debrecen
828.	23768	Svéd	Maniner Júlia	1912.01.12.	Hajdúböszörmény
829.	23830	Szabadi	Magdolna	1918.09.30.	Cegléd
830.	23831	Szalai	Sára	1924.07.05.	Pécs
831.	23898	Szandel	Gitta	1914.06.29.	Tiszabogdány
832.	23892	Szász	Szilágyi Aranka	1903.04.28.	Kalocsa
833.	23891	Szász	Vielwahr Margit	1911.01.30.	Sümeg
834.	23251	Szatmári	Ilona	1919.01.17.	Losoncapátfalva
835.	23765	Szedő	Magda	1925.07.25.	Szarvas
836.	23879	Székely	Mária	1922.01.07.	Budapest
837.	23911	Szemere	Kraj Anna	1909.12.10.	Megyaszó
838.	23762	Szófer	Olga	1927.02.09.	Zenta
839.	23761	Szófer	Teréz	1920.05.24.	Tét
840.	23763	Szőlősi	Rosenzweig Kató	1914.10.10.	Szabadka
841.	23769	Schäffer	Eckstein Eta	1916.04.17.	Debrecen
842.	23771	Schäffer	Klára	1926.06.16.	Szabadka
843.	23770	Schäffer	Singer Viktória	1906.08.03.	Péterréve
844.	23890	Scheer	Edit	1919.12.16.	Szeged
845.	23907	Scheiber	Lenke	1913.10.19.	Kemenesmagasi
846.	23899	Schiller	Bäck Lili	1910.04.09.	Nyitra
847.	23772	Schillinger	Éva	1923.09.13.	Szeged
848.	23766	Schlesinger	Grümberger Ilona	1913.09.12.	Celldömölk
849.	23767	Schlesinger	Zsuzsanna	1922.07.09.	Kecskemét
850.	23773	Schliesser	Klár Piroska	1915.05.01.	Hajdúdorog

851.	23827	Schlüssler	Mezei Rózsi	1905.03.30.	Marosvásárhely
852.	23829	Schnitzler	Margit	1896.03.03.	Abádszalók
853.	23912	Schochmann	Mária	1925.08.20.	Nagycsongova
854.	23897	Schön	Rosenbaum Berta	1914.03.03.	Debrecen
855.	23896	Schön	Erzsébet	1914.01.02.	Debrecen
856.	23894	Schön	Lefkovics Ilona	1910.07.16.	Debrecen
857.	23893	Schön	Magda	1914.05.10.	Kaposvár
858.	23895	Schön	Margit	1916.01.24.	Miskolc
859.	23826	Schönbaum	Frida	1920.05.12.	Vágvecse
860.	23824	Schönbaum	Margit	1905.06.17.	Vágvecse
861.	23823	Schönbaum	Rózsi	1915.03.18.	Vágvecse
862.	23825	Schönbaum	Zsuzsanna	1925.08.11.	Vágvecse
863.	23777	Schönberger	Magda	1924.08.30.	Miskolc
864.	23900	Schönberger	Noémi	1922.09.23.	Szeged
865.	23774	Schöntag	Lukács Kamilla	1905.12.31.	Szombathely
866.	23901	Schreiber	Adrienne	1922.03.08.	Hejőcsaba
867.	23905	Schreiber	Blanka	1917.03.01.	Jolsva
868.	23904	Schreiber	Edit	1920.09.23.	Jolsva
869.	23906	Schreiber	Erzsébet	1915.02.14.	Jolsva
870.	23903	Schreiber	Hajnal	1915.10.18.	Ungvár
871.	23902	Schreiber	Rózsi	1920.10.22.	Hejőcsaba
872.	23780	Schultz	Etel	1912.10.24.	Galánta
873.	23782	Schultz	Hilda	1926.06.17.	Galánta
874.	23779	Schultz	Magda	1926.10.29.	Tornalja
875.	23778	Schultz	Sára	1924.01.09.	Tornalja
876.	23781	Schultz	Sári	1912.10.20.	Galánta
877.	23828	Schwalb	Éva	1926.06.29.	Eger
878.	23877	Schwalb	Fanni	1923.06.24.	Kunhegyes
879.	23876	Schwalb	Gizella	1924.06.24.	Kunhegyes
880.	23789	Schwartz	Aranka	1925.07.24.	Szentistván
881.	23788	Schwartz	Borbála	1923.10.23.	Szentistván
882.	23816	Schwartz	Strikker Elíza	1912.11.09.	Szombathely
883.	23806	Schwartz	Erzsébet	1917.01.15.	Debrecen
884.	23791	Schwartz	Erzsébet	1921.05.05.	Tornalja
885.	23797	Schwartz	Erzsébet	1921.10.01.	Deáki
886.	23798	Schwartz	Ezsébet	1925.01.05.	Nyitraújlak
887.	23814	Schwartz	Éva	1925.06.22.	Földes
888.	23794	Schwartz	Éva	1926.05.22.	Pécel
889.	23800	Scnwartz	Helén	1906.05.06.	Kisdobsza
890.	23805	Schwartz	Ilona	1909.01.26.	Nyírbököny
891.	23793	Schwartz	Ilona	1916.05.11.	Debrecen
892.	23809	Schwartz	Julianna	1922.03.23.	Miskolc
893.	23817	Schwartz	Klára	1926.12.26.	Szekszárd
894.	23795	Schwartz	Lívia	1927.09.29.	Kecskemét
895.	23785	Schwartz	Klein Margit	1902.02.17.	Tiszadada
896.	23813	Schwartz	Margit	1922.06.25.	Szarvas
897.	23792	Schwartz	Margit	1923.04.16.	Tornalja
898.	23811	Schwartz	Mária	1904.02.16.	Diósgyőr
899.	23787	Schwartz	Márta	1926.11.20.	Miskolc
900.	23808	Schwartz	Klein Olga	1920.05.05.	Debrecen

901.	23801	Schwartz	Rózsi	1903.05.24.	Diósgyőr
902.	23812	Schwartz	Rózsi	1905.08.19.	Ábrány
903.	23786	Schwartz	Rózsi	1916.08.31.	Miskolc
904.	23807	Schwartz	Rózsi	1918.01.30.	Debrecen
905.	23796	Schwartz	Rózsi	1922.05.01.	Técső
906.	23804	Schwartz	József Sári	1907.11.12.	
907.	23810	Schwartz	Sarolta	1919.10.09.	Putnok
908.	23802	Schwartz	Sarolta	1921.01.02.	
909.	23799	Schwartz	Valéria	1926.03.16.	Nyitraújlak
910.	23790	Schwarz	Berta	1901.12.09.	Nagyléta
911.	23815	Schwarz	Weisz Klára	1916.03.24.	Szekszárd
912.	23803	Schwarz	Glück Rózsi	1914.09.05.	Tárna
913.	23818	Schwartzenfeld	Weisz Mária	1900.01.15.	Diósgyőr
914.	23819	Schwartzkopf	Éva	1925.10.28.	Debrecen
915.	23916	Tichler	Erzsébet	1919.12.16.	Érsekújvár
916.	23190	Trankovics	Ibolya	1925.10.02.	Pécs
917.	23914	Tuppler	Gottlieb Erzsébet	1904.08.10.	Sátoraljaújhely
918.	23915	Tuppler	Zsuzsanna	1922.09.25.	Ungvár
919.	23917	Ungár	Schönberger Erzsébet	1905.06.22.	Fertőszentmiklós
920.	23918	Unger	Berta	1926.08.29.	Kapuvár
921.	23919	Ungerleider	Kovács Elza	1909.05.15.	Debrecen
922.	23985	Vajda	Lőbl Ada	1920.08.15.	Selmecbánya
923.	23995	Vass	Schön Rózsi	1910.07.07.	Nyíregyháza
924.	23994	Veszprémi	Etelka	1896.12.09.	Győr
925.	23992	Vilmos	Frischmann Zsuzsanna	1922.01.21.	Miskolc
926.	23991	Virág	Breslauer Lívia	1919.11.05.	Szabadka
927.	23990	Vogel	Cecília	1917.09.10.	Szolyva
928.	23988	Vogel	Blobstein Fanni	1914.08.29.	Tornalja
929.	23989	Vogel	Mária	1917.09.10.	Szolyva
930.	23959	Wachs	Helén	1927.03.16.	Felsővizsó
931.	23960	Wachs	Pick Mária	1900.03.05.	Abony
932.	23976	Wachs	Teréz	1912.07.10.	Cegléd
933.	23963	Wahl	Eisler Mária	1907.03.15.	Csepreg
934.	23964	Wahl	Roth Rozália	1922.11.08.	Szatmárnémeti
935.	23981	Walder	Ilona	1905.12.01.	Somogyszil
936.	23978	Walfisch	Klára	1916.05.30.	Szarvas
937.	23979	Wächter	Ibolya	1925.11.07.	Mezőnagymihály
938.	23987	Weichselbaum	Edit	1925.02.07.	Miskolc
939.	23952	Weinberger	Löwingen Ágnes	1922.12.09.	Miskolc
940.	23951	Weinberger	Malvin	1922.11.13.	Miskolc
941.	23953	Weinberger	Margit	1921.11.28.	Miskolc
942.	23974	Weissenstein	Erzsébet	1904.02.10.	Felsőábrány
943.	23975	Weissenstein	Irén	1902.03.16.	Felsőábrány
944.	23933	Weisz	Berger Anna	1920.10.20.	Pozsony
945.	23938	Weisz	Adél	1916.09.16.	Debrecen
946.	23993	Weisz	Bella	1922.02.18.	Galánta
947.	23926	Weisz	Edit	1922.03.22.	Érsekújvár
948.	23929	Weisz	Edit	1926.08.04.	Eger
949.	23936	Weisz	Ella	1914.09.18.	Kunhegyes
950.	23932	Weisz	Ella	1921.06.20.	Kányaháza

951.	23928	Weisz	Elza	1923.11.04.	Beregszász
952.	23931	Weisz	Klein Erzsébet	1912.11.25.	Miskolc
953.	23949	Weisz	Kostelitz Eszter	1907.10.10.	Bonyhád
954.	23935	Weisz	Eszter	1922.05.31.	Debrecen
955.	23945	Weisz	Éva	1921.03.12.	Vágsellye
956.	23940	Weisz	Éva	1923.07.18.	Derecske
957.	23946	Weisz	Kató	1923.12.06.	Debrecen
958.	23941	Weisz	Glück Lili	1918.05.28.	Dombóvár
959.	23920	Weisz	Schwartz Lujza	1908.10.01.	Sajószentpéter
960.	23948	Weisz	Magdolna	1920.12.25.	Kisújszállás
961.	23939	Weisz	Magdolna	1923.03.15.	Derecske
962.	23923	Weisz	Margit	1912.12.06.	Ónod
963.	23924	Weisz	Margit	1919.04.01.	Mikepércs
964.	23930	Weisz	Margit	1920.05.17.	Jolsva
965.	23921	Weisz	Margit	1922.01.22.	Debrecen
966.	23937	Weisz	Klein Mária	1901.12.07.	Torna
967.	23925	Weisz	Mária	1915.11.09.	Budapest
968.	23927	Weisz	Mária	1922.05.03.	Beregszász
969.	23944	Weisz	Mária	1927.01.07.	Galánta
970.	23942	Weisz	Pollák Matild	1900.05.16.	Öcsöd
971.	23947	Weisz	Schwartz Rózsi	1905.05.29.	Gyoma
972.	23950	Weisz	Sári	1917.09.23.	Pozsony
973.	23922	Weisz	Szerén	1909.07.21.	Ónod
974.	23943	Weisz	Vera	1926.06.04.	Nyitra
975.	23968	Weiszberger	Elza	1922.05.02.	Miskolc
976.	23969	Weiszberger	Eta	1924.02.19.	Meszes
977.	23934	Weisz	Halász Reich Erzsébet	1908.10.29.	Pécs
978.	23982	Weitzenfeld	Teréz	1917.05.15.	Miskolc
979.	23954	Weltlinger	Erzsébet	1925.07.28.	Egyházasrádóc
980.	23955	Weltlinger	Magdolna	1923.12.29.	Egyházasrádóc
981.	23983	Wertheimer	Margit	1917.05.08.	Hajdúsámson
982.	23980	Wichter	Rózsi	1925.10.03.	Csorna
983.	23958	Wieder	Edit	1930.03.27.	Debrecen
984.	23957	Wieder	Ibolya	1929.01.15.	Debrecen
985.	23956	Wieder	Irén	1924.03.04.	Felsőzsolca
986.	23962	Wiener	Edit	1924.05.18.	Tiszacsege
987.	23961	Wiener	Pollák Gréte	1916.03.20.	Tiszacsege
988.	23984	Wiesel	Mária	1922.09.01.	Miskolc
989.	23977	Wiesner	Gizella	1920.05.17.	Téglás
990.	23967	Wilhelm	Edit	1926.12.21.	Szombathely
991.	23965	Wilhelm	Margit	1914.08.30.	Szombathely
992.	23966	Wilhelm	Rózsi	1920.05.03.	Szombathely
993.	23970	Winkler	Ilona	1913.06.20.	Sopron
994.	23971	Winkler	Katalin	1919.08.27.	Szombathely
995.	23986	Wohlfeiler	Erzsébet	1929.04.16.	Szepesváralja
996.	23972	Wollstein	Éva	1925.01.26.	Beled
997.	23973	Wollstein	Valéria	1926.02.18.	Beled
998.	23764	Zafern	Sarolta	1926.08.21.	Nagykároly
999.	23997	Zollner	Heimler Eszter	1902.01.24.	Csánig
1000.	23998	Zollschan	Margit	1910.08.04.	Völcsej

Herausgegeben im Auftrag des Internationalen Auschwitz Komitees, Berlin, und der Gedenkstätte Deutscher Widerstand, Berlin

Internationales Auschwitz Komitee

Gedenkstätte Deutscher Widerstand

Beauftragter der Bundesregierung für Kultur und Medien

Gefördert vom Beauftragten der Bundesregierung für Kultur und Medien aufgrund eines Beschlusses des Deutschen Bundestages

Gefördert durch:

Bundesministerium des Innern

aufgrund eines Beschlusses des Deutschen Bundestages

Die Originalausgabe erschien 2005 unter dem Titel *Anima Rerum. A Dolgok Lelke* bei Tudomány Kiadó, Budapest.

3. durchgesehene und erweiterte Auflage 2022

Lukas Verlag für Kunst- und Geistesgeschichte
Kollwitzstraße 57
D 10405 Berlin
www.lukasverlag.com

Übersetzung aus dem Ungarischen: Doris Fischer
Redaktion der deutschen Ausgabe: Ute Stiepani
Umschlagfotos: Privatbesitz / Yad Vashem
Layout, Satz und Umschlag: Verlag
Druck: Westermann Druck Zwickau GmbH

Printed in Germany
ISBN 978-3-86732-413-7